JN221289

次世代管理会計の進展

上總康行 [編]

中央経済社

はしがき

　21世紀も四半世紀を過ぎようとしているが，世界情勢は激変している。ロシアのウクライナ軍事侵攻，中国の不動産バブル崩壊，ロシア，中国，韓国からの日本企業の撤退，インド経済の躍進，サプライチェーンの再構築，新型コロナウィルス感染症収束に伴う国内需要の回復，トヨタ自動車のEV全方位戦略の高い評価とグループ企業の不祥事，人工知能（AI）ブーム，DX推進などが話題になり，さらには新NISA導入の追い風を受けて，2024年3月4日には，日経平均株価が史上最高の4万円を超えるという勢いである。日本企業の経営者には，これだけ企業内外の経営環境が激変すれば，喫緊の経営課題が山積みだろう。

　かかる経営環境下では，経営者は足下の戦略的対応に必要な情報だけではなく，目標利益の獲得に向けて企業活動を計画どおりに管理するための経営情報も必要とする。同時にそれらに連携する会計情報を処理する管理会計（management accounting）もまた必要である。

　ここで指摘した管理会計を対象とする研究には，従来から2つのアプローチがあった。1つは，「管理会計」のうち，「会計」に注目した「管理のための会計」（accounting for management）であり，もう1つは「管理」に注目した「会計による管理」（management through accounting）である。

　まず「管理のための会計」では，ある管理を想定し「計算」を重視する会計計算論ないし会計構造論が議論されてきた。「異なる目的には異なる原価」が強調され，異なる管理会計技法，つまり実際原価計算，標準原価計算，直接原価計算，損益分岐点分析，予算システム，投資経済計算などが開発され，これらの管理会計技法が会計情報システムに組み込まれ，統合されて管理会計システムが構築された。経営者は必要に応じていくつかの管理会計技法を自由に組合せできるので，企業では，独自の管理会計システムが運用されてきた。

　次に「会計による管理」では，管理会計情報を使って「管理」することに焦点を当てて会計管理論が展開される。管理会計システムは見かけが同じでも，管理会計技法（管理会計情報）の使い方は経営者によって大きく異なっている。

さらに言えば，経営者が管理会計情報を利用する熟練度（使い方の上手，下手）によっても経営管理の態様やその結果である企業業績にも大きな影響が生じることになる。ここから，会計の「使い方」を重視する「会計による管理」に注目が集まることになる。

「会計による管理」では，とくに注意すべきことがある。経営者が「管理」を展開するという場合，管理主体である経営者さらには管理者集団が指令どおりに動く機械ではなく，生きた人間であること，意思決定では経営者の経験や勘に加えて，いろいろな外部情報や経営情報が多用されるので，管理会計情報はその一部にしかすぎないことがそれである。このため，管理会計情報がどの程度「管理」に影響を及ぼしたかを判別することは，論理的には可能であっても，実際には，その判別がかなり難しいこともある。

編者（上總）が大学院で研究を始めたころの，およそ半世紀前には，2つのアプローチをめぐって議論されたようだが，やがて「計算」を重視する「管理のための会計」が通用のアプローチとなった。

管理会計研究は，編者が提唱した研究循環論でももちろん説明できる。研究循環論とは次のようなものである（上總［2017］『管理会計論』（第2版）新世社，p.62）。

管理会計学の研究領域では，(1)会計実務（含経営実践）の中から会計問題を摘出するために，聞取調査，ケース研究，アンケート調査などの「調査研究」が行われ，(2)入手した調査データを解析して，会計問題の原因が追求され，因果関係の理論化を目指した「理論研究」が行われる。(3)理論研究の成果を受けて，あるいはこれと協力して「応用研究」が行われ，問題解決手段の開発が行われる。原価企画，活動基準原価計算（ABC），バランスト・スコアカード（BSC）などの会計技法の開発がそれである。そして(4)会計問題を解決するため，経営コンサルタントや管理会計人によって現実により適した「会計処方研究」が行われ，かかる会計技法が実務に適用される。個別企業では，会計技法の実務適用→問題摘出→調査研究→会計処方研究→実務適用という定着サイクルを通じて管理会計技法の導入・普及が図られることになる。(引用文のゴシック体は無視した)

　研究循環論では，(1)調査研究→(2)理論研究→(3)応用研究→(4)会計処方研究が循環して展開されることになるが，上の引用文では，主として「管理のための会計」に焦点を当てて説明がなされている。当然，管理会計の「計算」の側面も「使い方」の側面も等しく管理会計研究の対象である。これまでは，管理会計の「計算」の側面が強烈に脚光を浴びてきただけであって，「使い方」の側面が忘れ去られていたわけでは決してない。やがて舞台が回って脚光を浴びる時代がやってくる。

　1987年，ハーバード大学の著名な管理会計研究者であったキャプランはジョンソンと共に，「管理会計論は実務では役に立たない」という意味を込めて『適合性の喪失』（*Relevance Lost*）と題する「衝撃の書」を出版した。キャプランは，その解決策として「管理のための会計」を刷新することを目指して，活動基準原価計算（Activity Based Costing: ABC）を提唱した。これを契機として，ABM，ABB，TD-ABCといった一連のABC関連原価計算，品質原価計算，スループット会計，BSCなど「管理のための会計」に分類できる管理会計技法が多数発表された。これらの管理会計技法はすぐさま日本にも紹介されたが，日本企業では，いずれも低水準の普及に留まっている。20世紀には隆盛を究めた「管理のための会計」ではあるが，21世紀に入ってからは新しい管理会計技法がほとんど発表されていない。それは，管理会計の「計算」の側面に焦点を当てた「応用研究」の停滞ないし衰退を意味している。

　他方，ヨーロッパでは，アメリカとは異なり，管理会計の「使い方」の側面を強く意識した「会計による管理」に関する研究が盛んとなり，会計現象をこれまでの経済学ではなく，むしろ社会学を援用して解釈する管理会計研究が進んでいった。高寺貞男教授（京都大学）が創刊初期（1986年1月）から編集委員として深く関わっておられた国際学術雑誌『会計，組織，社会』（*Accounting, Organization and Society: AOS*）には，「会計による管理」に関する論文が多数掲載されるようになった。

　この「使い方」に焦点を当てた「会計による管理」に関する研究は，21世紀に入って，ヨーロッパのみならず，アメリカや日本などでも広く展開されている。まさに半世紀前にはとうてい想像もつかなかったような盛況ぶりである。「会計による管理」の研究では，まず会計現象を把握する「調査研究」から始

まるが，そこでは，「証拠」（evidence）を確保するため，インタビュー調査，アンケート調査，公表データ処理，研究室実験などの研究方法が利用される。次に，この「証拠」を解釈して一定の法則を見出す「理論研究」が行われる。ここでは，伝統的には，経済学であったが，いまや社会学，心理学，生理学，物理学，統計学，モデル分析などの研究方法が使われている。

　現時点では，「調査研究」に関する論文が数多く公表され，さらに「理論研究」も進んでいるようである。研究循環論によれば，「理論研究」の成果を受けて，「応用研究」から「会計処方研究」へと進むことになるが，まだ時間がかかりそうである。そうであれば，日本の研究者にも大いにチャンスがある。日本企業の管理会計実践が理論化され，管理会計の「計算」と「使い方」の両方を組み込んだ「応用研究」＝「規範論」が提起され，「会計処方研究」を通じて世界中の企業において「カイゼン」（Kaizen）や原価企画（Target Costing）と同様の意味をもって「日の丸会計」（Japanese Costing）が実践される可能性も高い。編者はこれを夢見る1人である。

　本書は，編者である上總の傘寿を記念して，京都大学の会計学研究室に縁あって集っている研究者がそれぞれの研究目標に向けて研鑽してきた研究成果の一部を取りまとめたものである。執筆に際して，編者は「世界研究市場」で勝利できる管理会計研究者を目指して，一歩と言わずに二歩でも三歩でも前進した論文を書いてほしいとお願いした。たとえ後退することがあっても，継続して前に一歩ずつ歩むことこそが勝利への道であると信じるからである。その思いを込めて書名を『次世代管理会計の進展』とした次第である。

　本書には，管理会計に関する12本の研究論文が収められているが，論文の属性に応じて，第Ⅰ部「管理会計システム研究の新展開」，第Ⅱ部「新しい文脈における管理会計研究」，第Ⅲ部「中小企業の管理会計研究」として論文を整理し編集した。内容的には伝統的な管理会計の「計算」に焦点を当てた「管理のための会計」よりも，最近の顕著な傾向である「使い方」に焦点を当てた「会計による管理」に関する論文が多いようである。いろいろな方法論を用いて研究テーマと真摯に対峙してはいるが，比較的順調に前進している論文もあれば，かなり悪戦苦闘している姿も垣間見える。「世界研究市場」で活躍できそうな論文であるかどうかの判断は読者にお任せする。是非ともご一読いただ

き，ご批判ご意見を頂戴できれば幸甚である。執筆者に代わってお願いする次第である。

　最後に，本書の編集刊行にご協力ご尽力いただいた名城大学，京都大学，福井県立大学の上總ゼミ関係者の皆様には御礼を申し上げたい。とくに傘寿記念出版実行委員会を組織して編集と出版関係の作業に時間と労力を提供していただいた足立洋君（県立広島大学教授），浅田拓史君（大阪経済大学教授），篠原巨司馬君（福岡大学教授），吉川晃史君（関西学院大学教授），そしていまは京都大学会計学研究室の総司令官である澤邉紀生教授に対して厚く御礼を申し上げる次第である。有難うございました。また，本書の企画をご快諾いただいた株式会社中央経済社の山本継社長ならびに編集を担当していただいた長田烈氏には，深甚の謝意を表する次第である。

2024年5月27日

京都鳴滝の庵にて

編者　上總康行

◆執筆者一覧

第1章　丸田起大　九州大学大学院 経済学研究院　教授

第2章　篠原巨司馬　福岡大学 商学部　教授

第3章　柊　紫乃　愛知工業大学 経営学部　教授

第4章　篠田朝也　岐阜大学 社会システム経営学環　教授

第5章　浅田拓史　大阪経済大学 情報社会学部　教授

第6章　吉川晃史　関西学院大学 商学部　教授

第7章　セルメス鈴木寛之　京都大学大学院 経済学研究科　講師

第8章　桐畑哲也　立命館大学 経営学部　教授

第9章　飛田　努　福岡大学 商学部　准教授

第10章　木下和久　福井県立大学 経済学部　准教授

第11章　足立　洋　県立広島大学 地域創生学部　教授

第12章　飯塚隼光　京都大学 経営管理大学院　特定講師

目　　次

第4章

意思決定会計と人間心理

第II部　　新しい文脈における管理会計研究

第5章

自律創造型コントロールと信頼

第6章

自発的参加型組織の総合管理

第Ⅲ部　　中小企業の管理会計研究

第 9 章

経営者と組織成員の共創に基づく経営管理システムのデザイン
―アントレプレナーシップの発揚を促進するメカニズム―

第10章

優良中小企業の利益責任会計―株式会社TOKOの調査から―

第11章

小規模企業の管理会計構造：大企業との試論的比較

第12章

新製品開発における管理会計実践
―エクスプローラージーンズの事例から―

第I部

管理会計システム研究の新展開

第1章

マツダにおける原価企画の進化
―次世代原価企画の可能性―

1 ◆ はじめに

　本章は，自動車メーカーのマツダにおける原価企画の展開と現状について考察するものである。

　上總教授の京都大学退職記念號にトヨタ・パブリカ開発における原価企画の論稿（丸田, 2006）を寄稿して以来，これまでわが国における原価企画の生成・発展・伝播のプロセスの解明を続けてきた（丸田, 2009, 2011, 2013, 2016）。これまでの研究により，自動車産業における原価企画の生成と普及は1959年から始まり，その後の自動車会社の間の相互交流の過程で伝播していったことを明らかにしてきた。しかしその過程で，マツダ（当時は東洋工業）も何らかの影響を受けた可能性があるが，これまで明らかにできていなかった。

　マツダの原価企画に言及している可能性のある関連文献として確認できているものは，東洋工業時代の40周年・50周年の社史（1920～1970年），マツダ100周年の社史（～2020年），現役・退職社員の論稿や講演資料，同社を調査した学術論文，ジャーナリストの著書などごく少数に限られている。現在，マツダの原価企画に対する関心は高まっており（窪田ほか, 2019; 鈴木, 2020），本章では，これらの既存文献における断片的な記述を総合することで，マツダの現在の原価企画の全体像やこれまでの展開過程について整理・分析したい。

　マツダの業績推移と原価企画の展開について，マツダの原価企画本部（当時）の森野慎一郎氏は図1-1を提示している。ここでは，原価企画はコスト開発と称されているが，2011年を境にして原価企画が変化したとされており，そこから業績のV字回復を見せている。この境目になっている年がフォードの

完全撤退の年である。これを踏まえて本章では，フォード傘下に入った1996年以前の原価企画，1996年からのフォード傘下時代の原価企画，および2011年以降のフォード撤退後の原価企画という時代区分を採用して，その進化プロセスを考察する。

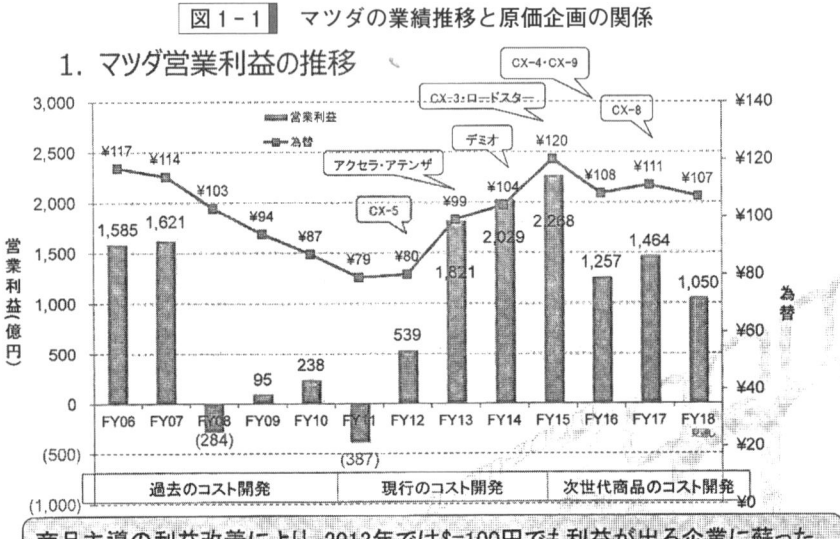

図1-1 マツダの業績推移と原価企画の関係

（出所）森野, 2019: 17

2 ◆ 分析枠組み―進化論的アプローチ―

　本章では，分析枠組みとして進化論的パースペクティブを採用する。近年，管理会計研究において進化論的アプローチによる研究が進められている（Burns and Scapens, 2000; 澤邉, 2006; Coad and Cullen, 2006; 挽, 2007; Johansson and Siverbo, 2009; 浅田, 2009a, 2009 b; 澤邉, 2012; 丸田, 2016; 木村, 2020など）。管理会計は，形式的構造が明示的であり，組織内（個体）レベルや組織間（個体群）レベルでの複製や変異の形跡を同定しやすく，事前合理性だけでは説明できないような現象を事後合理的な帰結と解釈することにより，管理会計の生成や普及といった動態的なプロセスを説明するにあたって，進化論的アプローチを適用す

ることが有益である（澤邉, 2006, 2012; 挽, 2007; 丸田, 2016）。以下では，管理会計研究における進化論的アプローチの基本構想を，澤邉（2006, 2012），Johansson and Siverbo（2009），および丸田（2016）の所説を中心にして整理する。

　進化論的アプローチでは，環境制約のもとで主体的な意思を持って行為する主体である個人や組織を，相互作用子（interactor）と位置づける。ここで環境制約とは，相互作用子の相互作用の方向性や選択肢に制約をかける要因であり，相互作用子はお互いにとって環境制約ともなる。管理会計技法は，この相互作用子の行動を指示するルール（rules）として位置づけられる。進化論的アプローチでは，管理会計技法と行動（behavior）の結びつき方を管理会計実践としてのルーティン（routines）として分析する。管理会計技法やルーティンは複製子（replicator）として位置づけられ，たとえば他社の実務が模倣されたり，教科書の技法が採用されるなど，相互作用子の相互作用を通じて，組織内や組織間で複製されうる実体として理解されている（図1-2）。

図1-2　管理会計の相互作用子と複製子

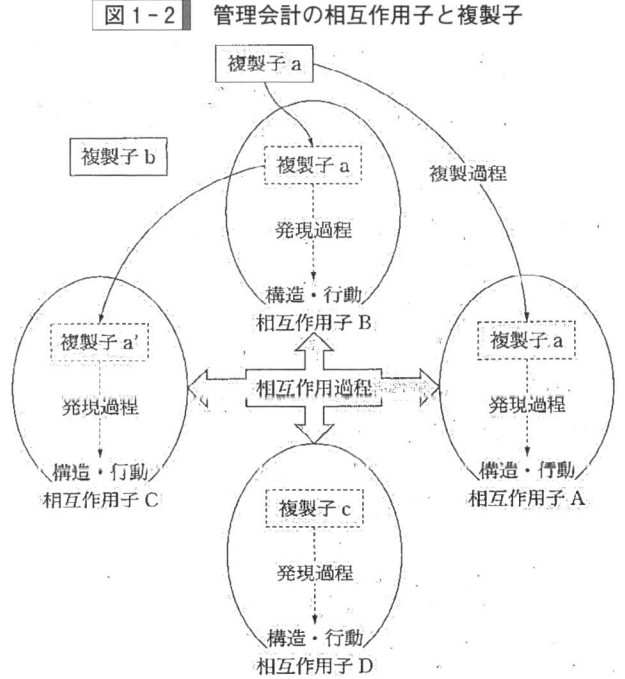

（出所）澤邉, 2012: 274

　進化論的アプローチでは，管理会計の変化や安定性を，変異・淘汰・保持の
プロセスとして理解する。変異（variation）は，外生的（exogenous）だけでな
く，内生的（endogenous）にも生じると考えられている。新たな管理会計技
法・実践の生成は複製子の変異であり，変異は相互作用子の主体的な選択に
よっても生じうる。淘汰（selection）は，市場や制度など組織外部（external）
からの圧力だけでなく，組織内部（internal）でも人為的（artificial）に生じう
ると考える。すなわち既存の複製子が変異を淘汰すれば管理会計は安定し，変
異のほうが既存の複製子を淘汰すれば管理会計は変化することになる。また複
製子としての管理会計技法自体だけでなく，相互作用子としての個人や組織も
淘汰の対象となる。保持（retention）とは，淘汰されなかったルールやルー
ティンが自明視されている状態である。管理会計技法のもつ|目的・状況・手
段|の組み合わせが望ましいパフォーマンスを示すと，組織学習によってその
組み合わせが再生産され，制度として安定する（図1-3）。

図1-3　管理会計の変異・淘汰・保持

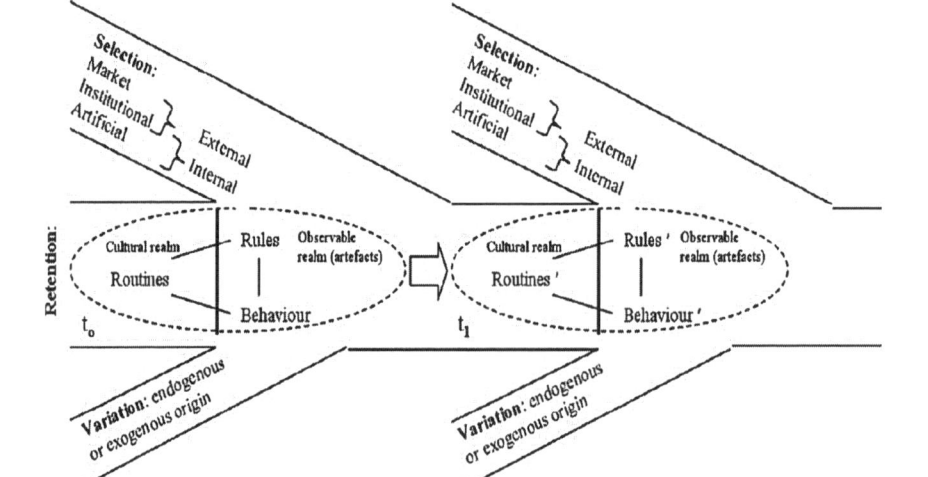

（出所）Johansson and Siverbo, 2009: 158

3 ◆　フォード傘下以前の原価企画（1970年代〜1996年）

3.1　VA ／ VEの導入と取組み

　まず，1920〜1970年を扱っている東洋工業時代の 2 冊の社史（東洋工業株式会社, 1960;東洋工業株式会社五十年史編纂委員会, 1970）およびそれ以降を扱っているマツダ100周年の社史（マツダ株式会社, 2020）には，いずれも原価企画に関連する記述は見られなかった。

　一方で，マツダの技術者の有志が発行した資料が存在し，これによれば1960年にVAが導入されたとされている（マツダ技術技能の発掘ボランティアチーム, 2000: 42）。また，当時の『自動車技術』でも東洋工業のVA・VE導入が紹介されており，VAの導入および普及について以下のような記述がある。

　　1960年，資材管理者協会主催のハインリッヒ氏のVA講習会に購買課長を出席させ，社内にVA技法を紹介させた。職制改革がおこなわれ，原価低減の全社的な総合補整を担当する機関として，コスト・コントロール・センターが新設された。このコスト・コントロール・センターのなかの統制課がVA技法を習得し，設計，生産技術，購買，外注，品質管理の各部と協力して主要自動車部品を対象にVAの実施にとりかかった（増田, 1965: 109）。

　ハインリッヒ氏は，わが国へのVA普及に大きな影響を与えたキーパーソンであり（山本, 2010. 218），ハインリッヒ氏のセミナーに多くの自動車メーカーが参加して交流した可能性が高いが，詳しいことはわかっていない。

　その後，下記の記述のとおり，1963年には，VEへの取組みが始まっている。

　　1963年，設計部内各課，生産技術課，統制課が，毎週 1 回定例会議をおこない，当面の設計上の問題についてVAの討議を開始した。その結果，生産前分析（VE）が効果的に実施されるようになった（増田, 1965: 109）。

　その後，社長の交代を契機に，1970年にコスト・コントロール・センターは解散されたが，VA／VEは生産技術部内の監査課で継続された（マツダ技術技能の発掘ボランティアチーム，2000: 44）。

3.2　原価企画の導入

　オイルショック後の経営危機を受けて，原価企画の重要性が認識され，1975年にコスト・コントロール部が再設置された。当初は，そのなかの管理課管理係が原価企画を推進した（マツダ技術技能の発掘ボランティアチーム，2000: 46）。当時の様子が以下のように記されている。

　　従来の原価管理では，新企画製品の原価管理は『神聖領域』で，コストコントロールからはずされた分野だった。全社を上げて売上原価率の低減，限界利益率確保，国内デーラーマージンの確保を目指した（マツダ技術技能の発掘ボランティアチーム，2000: 47，原文ママ）。

　そして1977年に，専門部署として原価企画課が発足しており，以下のような機能を担っていたことが記されている。

　　原価企画課。①新製品の目標原価の設定および統制評価。②現行製品の原価改善目標の設定統制評価。③原価管理上の諸基準の設定管理。④部品・設備の採算性の分析評価（マツダ技術技能の発掘ボランティアチーム，2000: 48）。

　　原価企画は，原価の発生の源泉に遡って，IE，QC，VEなどの手法を取り混ぜ，設計，開発，商品企画の段階より，原価を作り込む活動で，品質，納期，機能，コストを同時に達成するためのコストマネジメントである（マツダ技術技能の発掘ボランティアチーム，2000: 49）。

　原価企画の定着の契機となったのが，原価企画課のもとで開発された新型ファミリアの成功体験であったことが，以下のように記されている。

短期原価低減活動の1つとして，新型ファミリア開発のときに，設計，生産技術，製造，生産管理，品質管理，購買などの開発に関与する関係部門が，全社的協力体制で，品質，納期，コストの目標を設定し努力した結果，目標を達成し，原価企画の必要性の認識が社内に高まった（マツダ技術技能の発掘ボランティアチーム，2000: 48）。

ここでの「新型ファミリア」とは，1980年6月に発売された5代目ファミリアであり，初めてFF方式を採用したことからFFファミリアの愛称でも知られ，第1回日本カー・オブ・ザ・イヤーを受賞している。

新型ファミリアのヒットも手伝って経営危機を脱したマツダでは，その後，担当部署は商品開発室原価企画グループ（1979年〜）や商品本部原価企画部（1990年〜）に変わりながら，原価企画は継続された（マツダ技術技能の発掘ボランティアチーム，2000: 50）。

しかし，1990年代の業績低迷期になると，原価企画への不信感が高まっていったことが，以下のように記されている。

1990年，商品本部に原価企画部が設けられた。…対外黒字の累積から円高が定着し，輸出採算の悪化が続いて，製造原価の見直しをせまられ，主査の原価目標達成，見積もり構造改善，試作台数パイロットなどの開発工数削減と併せて原価企画部の強化が図られた。しかしこれらはいずれも従来部品と新規部品との仕様差を見積もる原価算出法によるもので，既存部品の原価の妥当性は評価していない。なんらかの事情で高い契約が結ばれたりすると，それが既得権となりやすい問題は残った（マツダ技術技能の発掘ボランティアチーム，2000: 50）。

『原価の作り込み』という発想はすばらしいことだが，それの実現には『正しい運用』大変困難を伴うものである。例えば，サプライヤーに原価低減を肩代わりさせたり，開発部門以外の各部門に肩代わりさせたり，設計者に強い負担を強いたり，場合によっては，品質を落とすとか，目先の原価低減を実現するということにもなりかねない。『原価企画』は原価低減の切り札でもあるが，誤った運用は『凶器』にもなりかねないので，『原価企画の本質』を正しく理解して，正しい運用を

心掛けねばならない（マツダ技術技能の発掘ボランティアチーム，2000：51，原文ママ）。

4 ◆ フォード傘下時代の原価企画（1996〜2010年）

バブル崩壊後の経営危機を受けて，1996年にフォードが筆頭株主となり，社長をはじめとして，フォードから経営陣が送られた。ヘクスター氏が財務担当専務，シャンクス氏が原価企画本部長，1998年にリーチ氏が主査本部長に就任するなど，原価企画関連部門の管理職もフォード出身者となっていった（谷口，1998：56など）。フォードは，スケールメリット信仰が強く，規模の経済性を追求するために，マツダとボルボからなるグループ3社で，車のサイズ別のプラットフォームを世界共通にすることを求めた（山中，2019：153-155）。

フォード出身の経営者・管理者のもと，コスト意識や財務的規律がより求められるように変わっていったことが，以下のように記されている。

以前から，主査が収益責任を持つことになっていたが，ほとんどの主査は技術者出身であり，利益計算の実際は他の部門にまかせていればよいとする慣習もあった。…主査がほとんどを決めるようになりました。財務にも主査がもっとコミットしていかなければならないというように変わりました（谷口・延岡，2000：5-6，ある主査の証言）。

原価企画にしても，チェックが徹底されている。これまで必要なイベントマイルストーンだけ報告書を作成していた。それが，現在では毎月コスト開発状況を報告する必要がある（谷口・延岡，2000：10）。

コストレポートを開発中にマンスリーでしているんですね。プロセスを追いかけるのに執念深い。先月との差異を重視する（谷口・延岡，2003：11，ある日本人マネージャーの証言）。

昔は利益計画の結果を追求されなかった。例えば，経営会議に通してしまえばそれでよかった。今なら，あるモデルがリリースされて，例えば未達で終わるでしょ。

次のモデルに未達分を積み上げてくるんですよ。昔はチャラにしてたところがあった。量産以降でも当初の目標に入るまで継続するとか。それから目標を変えない。そういう意味では開発はしんどいですね。コスト自体も実際下がっている（谷口・延岡, 2000: 10, ある日本人マネージャーの証言）。

　フォードから求められた財務規律のなかには，ABS（Affordable Business Structure）と呼ばれるものがあり，見積販売価格から目標利益を控除して目標原価を設定する考え方が徹底された（窪田ほか, 2019: 440）。

5 ◆ フォード撤退後の原価企画（2011年〜）

5.1　原価企画の担当部署と原価企画体制

　2008年のリーマンショックを契機に，フォードはマツダの持株比率を徐々に下げていき，2010年にマツダの経営から撤退した（窪田ほか, 2019: 440）。
　原価企画本部コスト革新推進部VEセンター参事（当時）の鈴木隆氏によれば，原価企画本部の原価企画部が，新製品の原価企画を担当する部署とされている。

原価企画本部が全社のVE活動を推進する部門です。原価企画本部は，全社の『コスト最適活動の企画立案とコスト目標の達成活動の推進を司る』役割を担っています。原価企画本部の構成は，『原価企画部』と『コスト革新推進部』の2つの部を設けています。原価企画部は，新製品のコスト目標の設定およびその達成に向けた諸活動の推進が主たる業務となります。コスト革新推進部は，地場のお取引先の現場力強化を進めるJ-ABCチームと，全社VE活動の促進をするVEセンターが，夫々の業務となります（鈴木, 2016: 15）

　そして，原価企画の体制については以下のように記されている。図1-4がイメージ図である。

　…標準的な新車開発の場合で全行程はおおよそ40か月，図面化以降は量産までは

15か月です。原価企画本部は，このプロセスに則り，収益／コスト目標を設定し，マイルストーン毎にステータスを報告し，コスト開発の進捗を図ります。併せて，関連部門と協働で改善活動の提案／推進を行い，目標達成をリードしていきます。具体的には，デミオ，アクセラ，アテンザといった商品ごとの原価企画を推進する部署と，地域要素や活動要素など機能軸で推進する部署とが，タテ・ヨコに交わってクロスファンクショナルな体制をとるのが特長です（鈴木, 2016: 16）。

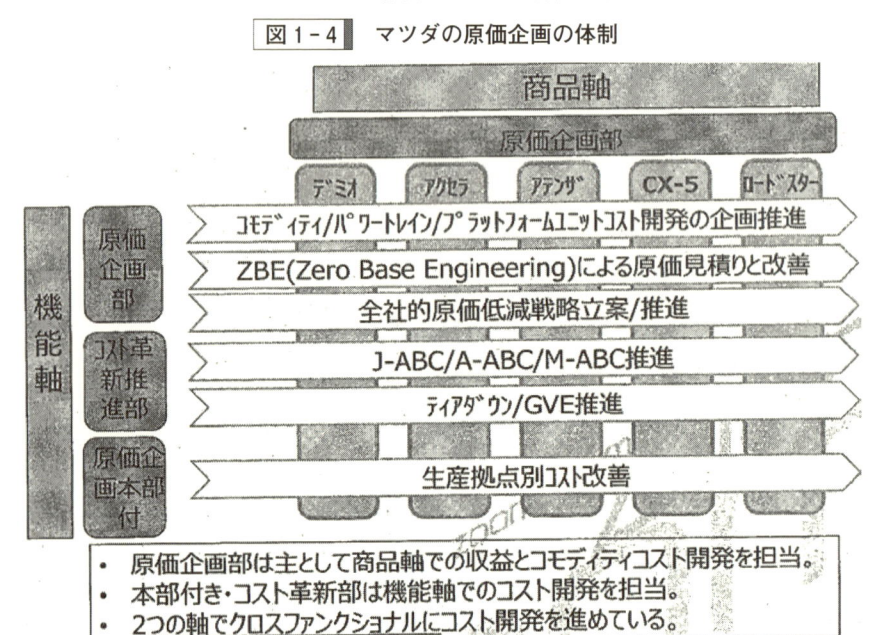

図1−4 マツダの原価企画の体制

（出所）森野 , 2019: 14

5.2　開発体制の特徴

マツダの開発体制の特徴として，以下の４つの取組みが行われている。

従来は車種毎にそれぞれ商品企画をしていましたがこれを改め，開発世代順にひとまとめとして，世代共通の筋通しを行う商品開発に改めました。…これを実現するための具体的な取り組みとして，…①CCP（コモディティサイクルプラン），②コモンアーキテクチャー構想，③グローバル最適調達，④フレキシブル生産があ

ります（鈴木, 2016: 17-18）。

　ここで「世代」とは8〜9年の期間を指し，一般的な自動車の開発サイクルで考えるとモデルチェンジ2回分に相当し，長期といえる。そして，図1-5のとおり，複数商品をこの「世代」としてくくり，全商品を「一括企画」している（鈴木, 2016: 18）。以下，4つの取組みについて整理する。

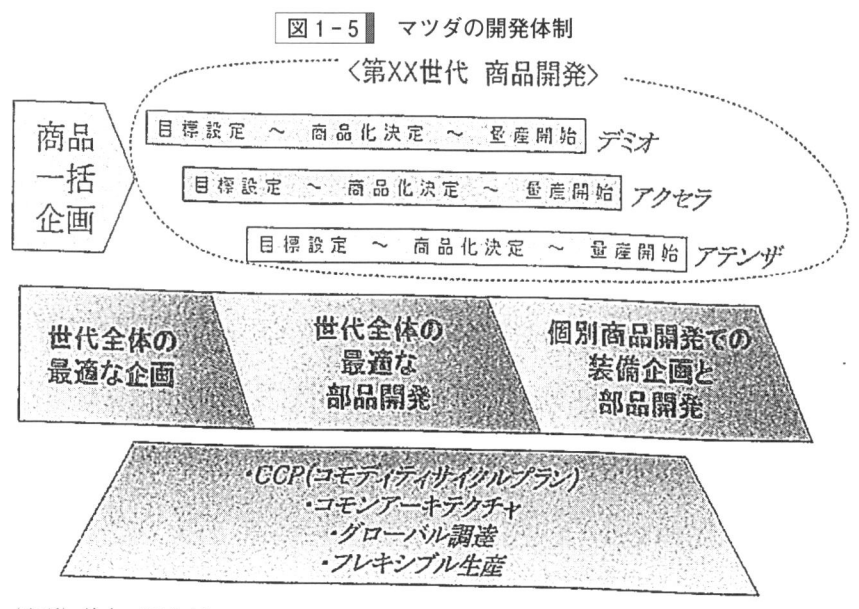

図1-5　マツダの開発体制

（出所）鈴木, 2016: 18

5.2.1　コモディティサイクルプラン

　コモディティサイクルプランについては以下のように説明されており，コモディティとは世代の全商品で共有する機能部品群を意味している。

　CCP，コモディティサイクルプランですが，これはランプ系統の部品，ブレーキ系統の部品，空調システムの部品など，車両を構成する機能部品のくくりをコモディティと呼んでいます。このコモディティの単位で車種共通で使える最適スペックを追求する活動です（鈴木, 2016: 18）。

…最小の投資で優れた部品を創出し，部品メーカーさんの製造工程でも，どの車種の注文が来ても平準化された1つの製造ラインで対応できるようになりました（鈴木, 2016: 18）。

車1台を108のコモディティ（機能部品群）に分け，コモディティ毎に理想の仕様を追求する（森野, 2019: 37）。

コモディティの例として，図1-6をもとに，ブレーキペダルの例が以下のように説明されている。

これまでの開発では個別の商品毎に最適構造を設計していたため，車種毎に形状が異なるブレーキペダルが生まれていました。…全ての車種への共通化においては，乗用車やSUV，ミニバンといった車格の違いで，運転姿勢が異なるために，ペダル踏みつけ角度の違いが課題となりました。これについてはアームとペダルの溶接面を円弧を描く形状として，その位置を上下に調整しつつ溶接する製造方法と

図1-6 マツダのコモディティ開発の例

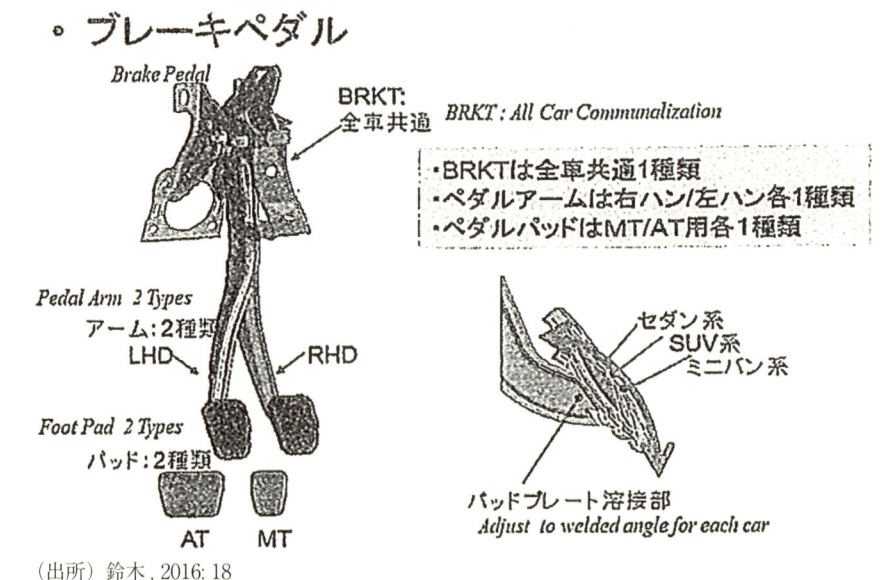

（出所）鈴木, 2016: 18

することで，車種ごとに適切な角度を実現し，解決しました。現在では，右ハンドル車と左ハンドル車といった大きな違いを除き，構成要素はすべて共通になりました（鈴木, 2016: 18）。

5.2.2　コモンアーキテクチャー

コモンアーキテクチャーについては，以下のように説明されている。

『車格を越えた共通化思想に基づく，固定要素と変動要素を定義した標準構造』のことを，コモンアーキテクチャーと呼んでいます。…コモンアーキテクチャー構想により，固定部分と変動部分に切り分け，車格が違っていても基本アーキテクチャーを共通にして共通要素を高めています（鈴木, 2016: 18）。

つまり，コモディティの開発にあたって，全車種に共通させるべき固定要素を設定しながら，車格への対応のために必要な部分は変動要素として自由度を残す，という設計思想である。

5.2.3　グローバル最適調達

グローバル最適調達に関しては次のような記述がある。

グローバル最適調達について説明します。…市況の最も安い所で素材を仕入れ，最適な場所で加工し，部品製造拠点間で得意な部品を補完し合いながら最終部品を造り上げ，マツダの生産拠点で完成車にする。このような調達戦略を部品の要素毎に取り組んだ結果，最安コストの実現とともに，為替変動に対して強い調達体制を整えることができました（鈴木, 2016: 19）。

5.2.4　フレキシブル生産

フレキシブル生産に関しては次のような記述がある。

フレキシブル生産についてです。…この言葉の持つ意味は，生産車種の切り替えや生産量の変化に対し柔軟かつ短期間で，そして効率良く変化に対応できる変種

変量の混流生産方式です。この変種変量生産を導入することで，各地の生産ライ
ンを同体質化し生産変動に対する車種補完や新車種追加時の量産準備を短期間で
実現できるほか，設備の汎用化や専用設備の極小化により，最低限の投資で最大
のパフォーマンスを発揮することが可能となりました（鈴木, 2016: 19）。

つまり，コモディティサイクルプランとコモンアーキテクチャーにより，車
種ごとに個性を出せる余地を残しながら部品の共通化と生産工程の共通化が確
保され，グローバル最適調達とフレキシブル生産により，競争力のある素材調
達と部品生産のボリューム効果を実現させるというメカニズムになっている。

5.3　コモディティとプログラムの関係

マツダでは，商品のことを「プログラム」と呼んでいるが（鈴木, 2016: 16），
フォード傘下時代，フォードはグループ他社との共同開発のことを「ジョイン
トプログラム」と呼んでいたと記されている（人見, 2015: 45）。

コスト革新推進本部本部長（当時）の岩本忠司氏によれば，コモディティと
プログラムは下記のような関係になっている。

仕組みとしては，コモディティつまり部品の特性に応じたコスト低減戦略を推進
していくことにしようと。これまでは車ごとにコストを下げようとしましたが，
それでは限界がある。コモディティごとに戦略を立てようということで，大きな
方針の転換をした訳です。…コモディティを軸とした活動とはどういうことかを
表したのが図表 1 です。縦にコモディティ。横軸はプログラムです。…各コモディ
ティはいろいろな車に使われる，その車と整合を取りながら進めていこうという
活動を開始致しました（岩本, 2006: 4-5。なお引用中の図表 1 を図 1-7 として示す）。

図1-7　マツダのコモディティとプログラムの関係

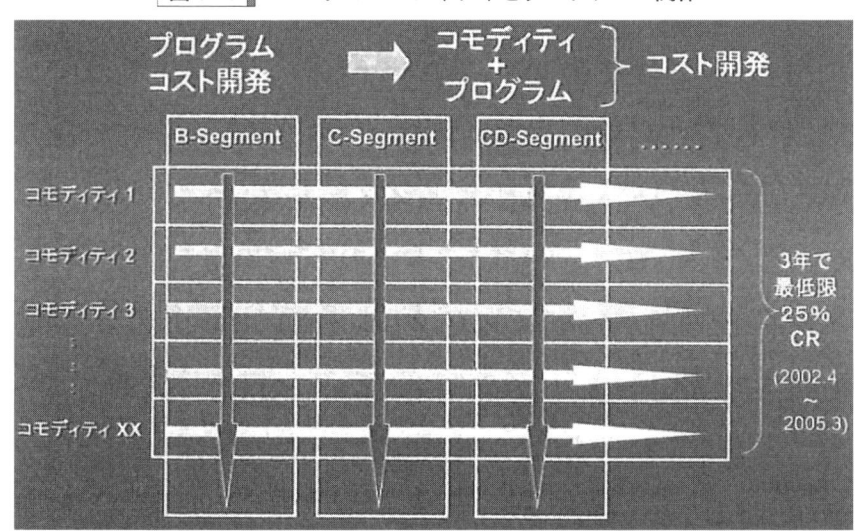

（出所）岩本, 2006: 5

5.4　編集設計

　また，以下の記述のとおり，プログラム（商品）開発よりもコモディティ（部品）開発のほうが優先されており，この考え方は編集設計と呼ばれている。

　市場の変化が激しい自動車業界では，まず自動車を企画しそれに適合する部品を作っていたら間に合わない。優れたコモディティを作り，それを組み合わせて市場のニーズに合った車を短期に開発し投入すること。つまり車種開発軸からコモディティ開発軸に移行していこう。優れたコモディティをプログラムが選んで編集して車にしよう，という考え方です（岩本, 2006: 7）。

5.5　コモディティの理想コスト

　そして，プログラム開発よりも優先されているコモディティ開発において，コスト目標の設定については次のような考え方がとられている。

コモディティ別のストレッチベンチマーキング。つまり部品ごとに現在のコスト
を調べまして，図のようにプロット致します。そして将来こうなるであろう，競
合他社はこうなってくるであろうという予測の線を出すのです。でもこの予測線
では将来の勝負に勝てません。したがって，更にストレッチした線を引いてそこ
を狙っていくという計画を立てました（岩本, 2006: 5，図は掲載されていない）。

　つまり，商品開発よりも部品開発が優先され，部品開発にコスト目標が設定
されている。
　コモディティ別のコスト進化の見える化について，山本（2023）は図1-8
に基づいて，以下のように紹介している。なお山本秀樹氏はマツダの元原価企
画部長であり，1981年に入社して，できて間もない原価企画課に配属されてい
る（山本, 2023: 3）。

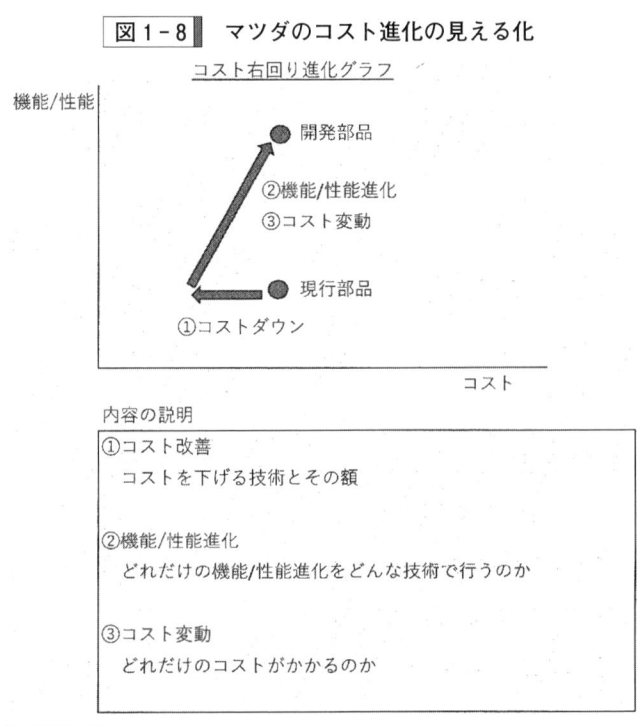

図1-8　マツダのコスト進化の見える化

（出所）山本, 2023: 43

現行品のコストを起点にする。②現行品に対して，どんな技術とアイデアでコストを進化させる（コストを下げる）のかを示す。③機能性能進化に対して，どんな技術とアイデアでどれだけのコストをかけるのかを示す。④その結果としてのコストの絶対値を示す。⑤最後に目標コストにミートしている事を示す（山本, 2023: 42）。

つまり，「現行部品と同等のコストで性能進化させる」（山本, 2023: 57）という考え方がとられており，現行部品のコストダウン努力がまず求められ，コストダウンの成果を原資として，新規部品の性能アップの追求を認める考え方となっている。

5.6　目標コスト設定プロセスの変更

コモディティ開発におけるコスト目標の設定の従来の考え方は，次のような問題を引き起こしたとされている。

（従来の原価企画では）目標コストの設定／合意に多くの工数を投入する等，内部調整に力が注がれている（森野, 2019: 29，括弧内は引用者による補足）。

設計見積りを積み上げて，目標コストとのGAPを明らかにし，それを一律コスト改善タスクとして配分していた（森野, 2019: 44）。

コストを下げる事より予算を取る事に注力するようになった。タスクがくることを加味して高めのコスト見積りを行うようになった。見積りコストの精査と適正な予算配分をするという内部調整（価値のない仕事）にエネルギーを浪費し疲弊している（森野, 2019: 44）。

同様に，山本（2023）も，原価企画の従来のやり方の問題点を，以下のように説明している。

目標コストは，価格−期待利益＝目標コストの考え方に基づいて設定していた。

これは経営的には正しいのだが，企画部門が算出した『経営視点による単なる計算値』になっていた。実現性は確認されず，やるべき数字として示された。また，目標コストの提示は上意下達式で行われていたので実現困難な数字だと思った実施部門は口では『頑張ります』と言いながら，本心では達成出来ないだろうと思っていた。必ず達成するという意識は希薄だった（山本, 2023: 76）。

目標コストを配分するやり方は『積み上げタスク方式』と呼ばれる手法で行っていた。製品を構成する部品毎に見積もりコストを出してもらう。それを積み上げ，目標コストとの差を算出する。差額を一律％で各部品に割り振るというやり方である。このやり方は公平感という観点ではいいやり方に思えるが，このやり方にも問題があった。無理な目標コストを設定されたくないという思いから，後からタスクが来る事を見越して，最初は高い見積もりコストを提示するようになった（山本, 2023: 76-77）。

そして，この問題に対処するために，図1-1にある2015年以降の次世代の原価企画（コスト開発）に向けて，以下のような変革が進められている。

目標コストは与えられるものではなく，自ら設定するものとした。理想仕様の追求を行いその結果を目標コストとする事により，各部門を本来やるべき事（理想構造の追求）に集中させる。部品別の目標コストの設定に工数は使わない。活動前に目標コストの妥当性の議論はしない（森野, 2019: 44）。

『全員参加で目標コストを設定する』という考え方にたどり着いた。改善のポイントは，①設定プロセスに実施部門も参画して『実現性のある目標コスト』にする。②実施部門の参画により，『自ら設定した目標コスト』という意識を持たせ，関係部門がやる気を持って達成活動に取り組めるようにする（山本, 2023: 77-78）。

6 ◆ ま と め

6.1 マツダの現在の原価企画の特徴

原価企画の伝統的なモデルは，田中（1995）や吉田（2012）に基づいて整理すると，以下のとおりである。

① 開発単位は，商品ごとの個別企画がベースである。
② 個別企画が先導して，各企画のなかで部品開発が進められる。
③ 企画商品ごとに，積上げ法や控除法により，目標コストが設定される。部品の目標コストは，企画商品の目標コストを，細分割付して設定する。
④ 同時並行的に企画されている商品間で，横断的に部品共有化を進めることで，量産効果を狙う。

前節までの文献調査の結果に基づいて，マツダの現在の原価企画の特徴を整理すると，以下のようにまとめられる。

① 複数のプログラムを，「世代」としてくくり，「一括企画」している。「コモンアーキテクチャー」「グローバル最適調達」「フレキシブル生産」のもとで，最適調達された素材と標準化された生産ラインで，どのコモディティをどこでも製造できるように，固定要素を確保しながら，プログラムや車格ごとの多様性に対応するために，変動要素を残している。
② 商品を意味する「プログラム」の開発よりも，機能部品を意味する「コモディティ」の開発のほうが，先行し優先されている。先行して開発された優れたコモディティを，プログラムが選んで組み合わせる「編集設計」という考え方が取られている。
③ プログラムに，収益目標やコスト目標は設定されているが，コモディティには，製品目標コストの細分割付をせず，ストレッチな「理想コスト」を設計者自らに設定させる。コスト進化をグラフで見える化し，現行部品の

コストダウン成果を原資にして，現行部品と同等のコストで性能進化を促す。

④　「コモディティサイクルプラン」のもとで，同時開発しているプログラムにまたがる短期的な共有化だけでなく，後続開発されるプログラムも含めた世代内での大規模で長期的な共有化により，さらに大きな量産効果が図られている。

6.2　マツダにおける原価企画の進化プロセス

そして，マツダの現在の原価企画にいたるプロセスを，進化論的パースペクティブによって分析すると，以下のように解釈できる（表1-1）。

まず，VA／VEの導入と取組みは1960年代初頭であり他の自動車メーカーと同時期であるが，原価企画の導入はオイルショック（環境制約）を契機とした1970年代後半であり，他の自動車メーカーと比べれば遅かった。そして先述のとおり，1977年に「原価企画」課という専門部署が発足していたことから，導入当初から「原価企画」という名称を使っていたことが確認された。「原価企画」という名称はトヨタ自動車が独自に命名したことが明らかになっており（丸田, 2006, 2009），マツダが他社から外生的に導入したことの証左になるが，導入にあたり影響を与えた相互作用子がトヨタ自身であったのかは特定できなかった。

次に，経営危機によりフォードの傘下に入ったのち（環境制約），フォード（相互作用子）流のトップダウンによる厳しい財務規律のもと，「規模の経済性」の追求というルールとグローバルなグループ内での大規模で水平的な部品共有化というルーティンが持ち込まれ，原価企画が強化されることで業績の回復を実現した。これは，環境制約の変化を受けたルーティンの外生的な複製であったと思われる。

そして，フォード撤退後（環境制約）も，業績の回復という成功体験に根差した「規模の経済性」の追求というルールは保持され，マツダ単独でも実現できるように，世代内の全商品にまたがる「大規模で長期的」な部品共有化というルーティンを創り出し，コモディティサイクルプラン・コモンアーキテクチャー・グローバル最適調達・フレキシブル生産からなる一括企画の原価企画

体制を構築した。これは，環境制約の変化を受けたルーティンの内生的な変異であったと思われる。

　しかし，現行の原価企画体制における商品の「目標コスト」の割付けというルーティンにともなう逆機能問題に対処するために，部品開発チームが自ら「理想コスト」を設定する方法への変革が進められている。これは，新たなルーティンによる既存のルーティンに対する淘汰であるが，その新たなルーティンが内生的な変異なのか，外生的なものなのかについては明らかにならなかった。

表1-1　マツダの原価企画の進化プロセス

	フォード傘下 以前	フォード傘下 時代	フォード撤退 以降
開発単位	個別企画		一括企画
開発軸の主従	商品軸＞部品軸	商品軸＜部品軸	
部品の 目標コスト	商品の目標コストを 細分割付		ストレッチな 理想コスト を自ら設定
部品の共有化	自社内の 同時開発商品での 小規模で短期的な 共有化	グローバル グループ内の 同時開発商品 での大規模で 短期的な共有化	世代開発全商品にまたがる 大規模で長期的な共有化
財務規律	弱い	トップダウンで 強化	自律化
規模の経済性の 追求	弱い	強い	

（出所）筆者作成

　本章で明らかにしたとおり，マツダでは，まず1960年代の国内の自動車会社間でのVA／VEや原価企画の普及過程で他社から強い影響を受けたのではないかとの予想に反して，原価企画の導入は1970年代のオイルショック後と遅かったこと，次に1990年代から2000年代にかけてコスト意識の徹底や規模の経済性の追求といったルールを国外企業のフォードから学んだこと，さらに2011年のフォード撤退後もそのルールを積極的に保持することで一括企画という原価企画へと進化をとげている。

　目標原価の設定や割付けに起因するスラック問題やモチベーション問題は，

原価企画の課題としていまでも議論されているが（たとえば加藤・小林, 2021; 今井, 2023），原価企画の伝統的モデルの限界を克服し次世代のモデルを考えるうえで，マツダの取組みは注目すべき事例であると思われる。

◆付記

　本章は丸田（2021）をベースにして加筆修正したものである。

◆参考文献

Burns, J., & Scapens, R. W.（2000）. Conceptualizing management accounting change: an institutional framework. *Management Accounting Research, 11*(1), 3-25.

Coad, A. F., & Cullen, J.（2006）. Inter-organisational cost management: Towards an evolutionary perspective. *Management Accounting Research, 17*(4), 342-369.

Johansson, T., & Siverbo, S.（2009）. Why is research on management accounting change not explicitly evolutionary? Taking the next step in the conceptualisation of management accounting change. *Management Accounting Research, 20*(2), 146-162.

浅田拓史（2009 a ）.「管理会計変化研究の動向」『メルコ管理会計研究』2，77-85.

浅田拓史（2009 b ）.「管理会計の変化と進化的アプローチ－㈱村田製作所における管理会計技法の進化－」『管理会計学』18(1)，71-86.

今井範行（2023）.「トヨタのコスト・マネジメントと今後の課題」『管理会計学』31(2)，35-46.

岩本忠司（2006）.「講演　マツダの原価低減活動のしくみとしかけ」『バリューエンジニアリング』（日本VE協会）234，4-11.

加藤典生・小林英幸（2021）.「会計主導の原価企画と行動的原価企画－トヨタの事例から－」『原価計算研究』45(1)，14-24.

木村眞実（2020）.「自動車解体業における原価計算の導入過程－進化論的アプローチからの検討－」『会計理論学会年報』34，62-71.

窪田祐一・梶原武久・小沢浩（2019）.「原価企画における組織間コストマネジメント－マツダのモノ造り革新の事例－」『南山経営研究』33(3)，435-452.

澤邉紀生（2006）.「管理会計研究における進化概念の応用について－制度進化パースペクティブによる技法研究と応用研究の統合－」『経済論叢』（京都大学）178(4)，473-496.

澤邉紀生（2012）.「歴史的方法－管理会計研究における制度学派と進化論的アプローチ－」廣本敏郎ほか責任編集『日本企業の管理会計システム』（体系現代会計学第12巻）中央経済社，253-287.

鈴木新（2020）.「製品・商品を開発する」國部克彦・大西靖・東田明編著『１からの管理会計』碩学舎，167-182.

鈴木隆（2016）.「マイルズ賞受賞報告　マツダの原価企画とVE」『バリューエンジニアリング』（日本VE協会）292，14-21.

田中雅康（1995）.『原価企画の理論と実践』中央経済社.

谷口真美（1998）.「外国人社長下の人事改革－マツダ社の事例－」『広島経済大学経済研究論集』21(2)，51-73.

谷口真美・延岡健太郎（2000）．「異質の経営モデルの融合－フォード主導によるマツダの経営革新－」，ディスカッションペーパー，神戸大学経済経営研究所，1-19.

谷口真美・延岡健太郎（2003）．「経営モデルの融合プロセス－フォード資本提携強化後のマツダの経営革新－」『国民経済雑誌』187（3），1-17.

東洋工業株式会社（1960）．『東洋工業四十年史』．

東洋工業株式会社五十年史編纂委員会（1970）．『東洋工業五十年史　1920-1970』東洋工業株式会社．

挽文子（2007）．『管理会計の進化－日本企業にみる進化の過程－』森山書店．

人見光男（2015）．『答えは必ずある－逆境をはね返したマツダの発想力』ダイヤモンド社．

増田栄次（1965）．「価値分析（V.A.）のすすめ方について」『自動車技術』19（2），109-110.

マツダ株式会社（2020）．『マツダ百年史－エピソード編－』．

マツダ技術技能の発掘ボランティアチーム（2000）．『マツダ技術技能史』マツダ株式会社．

丸田起大（2006）．「トヨタ・パブリカ開発における原価企画－原価企画の系譜学へ向けて－」『経済論叢』（京都大学）178（4），50-68.

丸田起大（2009）．「トヨタ・パブリカ開発における原価企画」『原価計算研究』33（1），28-40.

丸田起大（2011）．「原価企画の形成と伝播－1950年代を中心に－」『原価計算研究』35（1），48-58.

丸田起大（2013）．「原価企画の形成初期の実務例－1950〜1960年代の自動車・家電・機械産業－」『経済学研究』（九州大学）79（5・6），175-202.

丸田起大（2016）．「管理会計研究における進化論的アプローチの構想と成果」『會計』189（2），14-24.

丸田起大（2021）．「原価企画の進化プロセス－マツダのケース－」『会計理論学会年報』35，71-81.

森野慎一郎（2019）．「新製品開発における原価企画活動－目標達成への取り組みと活動の進化－」日本VE協会第50回大会発表資料．

山中浩之（2019）．『マツダ　心を燃やす逆転の経営』日経BP.

山本浩二編著（2010）．『原価計算の導入と発展』森山書店．

山本秀樹（2023）．『マツダの原価企画－企業として生き残り成長するためにやるべき事－』NextPublishing Authors Press.

吉田栄介（2012）．「原価企画」廣本敏郎ほか責任編集『日本企業の管理会計システム』（体系現代会計学第12巻）中央経済社，95-137.

第**2**章

ゲームビジネスにおける戦略実践と管理会計
—予備的考察—

1 ◆ はじめに

　本章ではゲームビジネスにおける戦略実践の中で管理会計をどのように位置づけることができるかについて考察することを目的とする。ゲームビジネスを生業とする企業はゲーム制作プロジェクトが中心となるプロジェクト主導型の組織である。ゲームメーカーは開発を主に行うデベロッパーと，企画・販売を主に行うパブリッシャーに分類されることがある。本章ではこの両方の機能を持つゲームメーカーを総合ゲームメーカーと定義し，これを対象として議論する[1]。総合ゲームメーカーにおいては，プロジェクトごとに資金が投下され，プロジェクトごとに市場と相対している。資源配分のプロセスとして戦略を読み替えると，企業全体ではどのようなプロジェクトに資金を投下するのかという戦略的な意思決定と，投下されたプロジェクト1つひとつがその市場でどのような製品開発を行うかという製品レベルの戦略を持っている。本章ではこれらの戦略が作られ，組織に展開されるプロセスと管理会計の関係性に注目する。

　以下，第2節では管理会計と戦略に関する一般的な議論の流れを整埋し，第3節では戦略の新しい視点として実践としての戦略について検討する。第4節では実践としての戦略に関連する管理会計の研究について整理する。第5節では日本のゲームビジネスの構造について概説し，戦略の実践が発生する場を明らかにし，そこで管理会計がどのような影響力を持っているかを検討し，第6節でまとめとする。

2 ◆ 実践としての戦略と管理会計の関係

　Mintzberg（1994）が戦略計画への没入を批判して以降，戦略計画と戦略実現あるいはイノベーションとの関係は長く検討されてきた。近年の研究によると，経営計画自体は今でも有効であり（高見, 2013; 福嶋ほか, 2013），特に管理会計とイノベーションの関係性に関する議論では，経営計画を立案しつつ，その計画に固執することなく柔軟に運用していくこと（柔軟性）がイノベーションを促進するという結果が得られている（Brews and Hunt, 1999; Dibrell et al., 2014; 篠原・足立, 2022; 福嶋ほか, 2013参照）。経営計画によって企業が財務面から予測を立てつつ，環境の不確実性に対しては，変化を許容しながらイノベーションの余地を残し活動していると考えれば納得できることである。

　そもそも経営者が将来構想に向けて経営計画を用い日々の活動を展開するという仕組みは柔軟性を縮減するものである。企業全体の種々の目標を従業員の活動レベルまで展開することで目標との差分を診断することができる。計画との差分を分析することで，是正活動を促し目標への到達を目指す。このような業績管理の仕組みの基となるのが経営計画である。つまり経営者は将来構想を経営計画に落とし込み，数値化することで資源配分の是非を判断することが可能になる。管理可能な計画を立案することで，診断型コントロールシステム（DCS）を展開することができる（Simons, 1994）。逆に言えば，経営計画は，組織構成員の活動を目標に合致するように活動を「囲い込む」のである。この「囲い込み」は組織構成員の目標に対する合意のもとで成り立つものであるため，前述したとおりイノベーションに有効だからといって計画自体を柔軟に変更する運用をするとなると，活動のガイドラインとしての信頼性が一定程度損なわれてしまう。これが経営計画の問題点の1つ目である。

　もう1つの問題として，経営計画は戦略計画であるという前提に立つならば，どのような戦略的な意思決定が計画の段階で行われているかという点がある。競争優位をもたらすために市場における自社の位置づけを決めること（ポジショニング・アプローチ: Porter, 1985），自社の希少資源を生み出し維持すること（資源ベース・アプローチ: Barney and Clark, 2007），その両者を目指すために

現在から未来にわたりどのように自社資源を配分していくかに関する方針が経営計画に含まれているならば戦略計画として捉えることができる。前述したように計画は組織の合意プロセスによって駆動するとするならば，これらの戦略計画を経営者はどのように組織に展開していくのかという点が重要になる。つまり戦略計画プロセスの実践を捉える必要がある（Whittington, 2003）。

　特に営業や開発が主活動の組織においてはこの問題は大きいと考えられる。営業や開発においては人的資源が価値創造の源泉となっており，コストの大半は人件費である。このような場合，資源配分の方針として決められるのは人材の配置や事業領域である。営業部門や開発部門は現業レベルで直に市場と接しており，価格や製品・サービスの質に関して意思決定を行っていくことになる。市場にどのようにポジションを取り，社内の希少資源である顧客関係や開発力をどのように築いていくかといった具体的な活動こそが人材の資源配分そのものである。つまり経営者の示す方針だけではなく，部門管理者のレベルでも戦略的な意思決定が行われる可能性があるのである。このような戦略の内容や計画プロセスそのものだけでなく，活動レベルから戦略的な組織行動を捉えようとする実践としての戦略という視点が登場している。次節ではこの実践としての戦略という概念について検討する。

3 ◆ 実践としての戦略（あるいは戦略化[2]）

　戦略計画の策定と柔軟な運用を考える際には戦略が作られるプロセス，運用されるプロセスを考える必要がある。そこで本節では近年登場した実践としての戦略（strategy as practice）および戦略化（strategizing）という視点について検討し，計画設定と統制との関係を考える際にどのような要素を観察する必要があるのかについて整理し理論的枠組みを検討する。

3.1　実践としての戦略（Strategy as Practice），戦略化（Strategizing）とは何か

　実践としての戦略という言葉は，Whittington（1996）に端緒を見ることができる。Whittington（1996）は戦略研究の新たな領域として，実践としての

戦略研究を提言した。図2−1はWhittington（1996）が示した戦略の4つの視座である。縦軸は「基本的に方向性を重視し，戦略がどこに向かうべきかに関心を寄せる戦略思想の大集団（研究群）と，実際にそこに到達するための方法論に焦点を当てた同じく重要な流れ（研究群）」（Whittington, 1996: 731: 傍点および鈎括弧内は本章の筆者追記）とに分類している。横軸は「全体としての組織単位に集中する人々（研究者）と，個々のアクター‐‐戦略立案に関与する実際のマネジャーやコンサルタント‐‐により関心を寄せる人々（研究者）」（Whittington, 1996: 731: 鈎括弧内は本章の筆者追記）に分類している。

図2−1　戦略の4つの視座

		階層	
		組織	経営者
課題	どこに（向かう）	②方針（研究）	①計画（研究）
	どのように（向かう）	③プロセス（研究）	④実践（研究）

（出所）Whittington, 1996: 732: 番号および括弧内は筆者追記

　図2−1によると，①は1960年代ごろから盛んに研究された領域である。経営者が戦略的意思決定を行う，すなわち戦略的な計画を立てる際に役立つツールを発見しようとした研究群であり計画アプローチとしている。先述したポジショニング・アプローチや資源ベース・アプローチで提案された各種の戦略分析ツールの研究はここに分類できる。②は1970年代から盛んに研究されるようになった領域で「多角化戦略」，「イノベーション」，「買収」，「合弁事業」，「国際化」といった組織の戦略的方向性についての政策を研究する群である。③は「組織がどのようにして戦略的変革の必要性を最初に認識し，その後，実際にそれを達成するようになるのかを探求してきた」（ibid.: 732: 傍点は筆者）プロセス研究群である。そして④はプロセス研究に比べて，より戦略家という個々のアクターの活動に焦点を当てた研究であり，戦略家がどのように「戦略化」するかに関心を持つ。Whittington（1996）は戦略実現するための方法論を組織の全体像で捉えるだけでなく，個々のアクターの活動の中から戦略を捉える研究の必要性を訴えたのである。

　次項ではより詳細に実践としての戦略のアプローチを検討し，分析枠組みを提示する。

3.2　実践としての戦略の視座

　Johnson et al.（2007）は，「実践としての戦略を戦略に関連して何を人々が行なっているか，そうした行いが組織と制度のコンテキストからどのように影響をうけ，また影響を及ぼすのかに関心を持つ研究である」（Johnson et al., 2007: 訳書 2012: 9）としている。この非常に広範な研究領域をJohnson et al.（2007）は図2-2のようにまとめている。

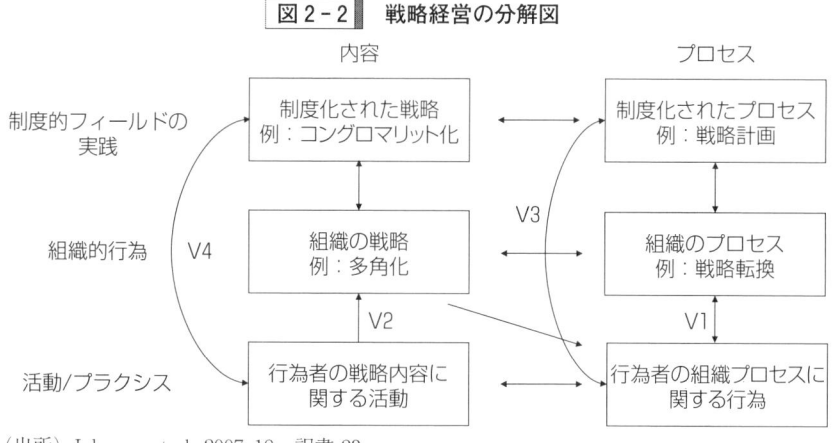

図2-2　戦略経営の分解図

（出所）Johnson et al., 2007: 18　訳書 23

　図2-2は，戦略に対するアプローチを内容とプロセスに分け，分析対象を制度的フィールドの実践，組織的行為，活動/プラクシスの3つに分類したものである。実践としての戦略が扱う範囲はV1からV4の矢印部分である。

　V1とV2は組織的行為と個々の活動との関係に焦点を当てるものである。V1は組織レベルのプロセスと行為者の組織レベルのプロセスに関する行為の関係性を扱う領域である。ここでは2つの方向性がある。1つ目は「組織プロセスを知らしめたり構成したりする人々の相互作用」（ibid.: 訳書22）であり，組織プロセスについては「コンサルタントを雇う」，「プロジェクトチームのミーティング」,「戦略のワークショップや社外研究」などが例としてあげられている（ibid.）。たとえば管理会計の研究においては近年盛んに行われている管理会計担当者の研究（Fourné et al., 2023; Goretzki et al., 2018など）に戦略を位置づ

ける視点と言える。もう1つは「人々の行動や人々の間の関係が，戦略のマネジメントとの関わりの中で，より公式的なシステムや組織のルーティンにどのように影響を与えるのか」（Johnson et al., 2007: 邦訳書 23）という問いに関するものである。たとえばBurgelman（2002）はインテルの事例から，組織進化論を援用して戦略形成プロセスを考察している。V2は，「戦略の基盤となる活動に焦点を合わせ」ることで「人々の活動の観点から見て，戦略のイニシアティヴをどのように研究すべきか」ということを問題としている（Johnson et al., 2007: 邦訳書 27）。組織の戦略と行為者の戦略内容に関する活動を扱う領域である。

V3は制度化されたプロセスと行為者の組織プロセスに関する行為の関係性を扱う領域である。制度化されたプロセスというのは組織の外部のより広い社会的な動きの影響プロセスのことであり，たとえば抽象化された経営ツールがビジネススクールなどを通して企業の経営活動に与える影響などを扱うものである。他にも「コンサルティングの介入は，社会に広く普及した規範，期待，評判に依存する」（ibid.: 邦訳書 29）ため，企業の活動にネガティブにもポジティブにも影響を与えたりする。こうした影響力が活動にどのように影響を与えるのかといった問いも研究機会として提示されている。V4は制度化された戦略と行為者の戦略内容に関する活動を扱う領域である。制度化された戦略とはコングロマリット化や差別化戦略といった一般化された戦略内容を組織構成員がどのように成し遂げているのか，組織構成員の活動がどのように制度化された戦略に影響を与えるのかという問いを扱う。

以上のように対象とする領域が説明されている。繰り返しになるが，この視点の最大の特徴はマネジャーの活動そのものに焦点を当て戦略や戦略プロセスとの相互関係を考察することにある。本章で対象とするゲーム開発プロセスは開発活動の中で市場との接点から製品の市場適合が徐々に進んでいく側面がある。よって組織的な戦略展開と現場の実作業とが相互に影響して製品が完成していくプロセスの中に戦略的な意思決定が含まれていることが推察できる。これはV1およびV2に関連する領域である。次節ではV1およびV2に関連する管理会計の先行研究を整理する。

4 ◆　管理会計研究における戦略と実践としての戦略との関係

管理会計を戦略との関連で検討した研究はこれまで数多く行われてきた[3]。「実践としての戦略」に関連する研究も近年増加してきている。実践としての戦略に関連する研究はChapman（2005）が提言するように，管理会計を中心としたマネジメント・コントロールが企業の「革新的かつ戦略的な対応を可能とする」（Chapman, 2005: 2）という認識のもと管理会計のツールやマネジメント・コントロールの実践が戦略とどのように相互作用を起こしているのかということを明らかにしようとしてきた。経営計画のような資源の囲い込みや数値計算による説明責任が管理者個人の意思決定や組織に影響を与えるというプロセスと，逆にそもそも抽象化された戦略的な言語やそれに付随する計算が事業活動のレベルで解釈され戦略に関連する活動を生み出すプロセスとの両方が検討されている。

4.1　戦略理解と具体化

管理会計と実践としての戦略に関する1つのテーマとして，組織成員の戦略理解と戦略内容の具体化に管理会計が機能するメカニズムを中心に捉えるものがある。

Jørgensen and Messner（2010）は，新製品開発における戦略化プロセスについて会計数値を用いたコントロールの実践を分析している。会計による計算可能性に限界があり，全体主義志向の低い新製品開発プロセスにおいても，収益性という一般的埋解が戦略目標についての調整を促したという事例が紹介されている。彼らの事例では「ステージゲートプロセスにおいて，プロダクトマネジャーやエンジニアに収益性という全体的な目標の重要性を再認識させ，正式な説明責任の構造を作り上げた」（Jørgensen and Messner, 2010: 201）。ステージゲートを通過する際には，「正式な基準」として戦略目標数値が説明責任として求められた。一方でステージゲート間の開発プロセスにおいては「戦略目標に対する説明責任は，さまざまなアクターが，自分がよく知っている実践（たとえば顧客関連のプラクティス）の実践理解の上に立って，議論の中でごく

『自然に』これらの目標を引き出せるという事実を通じて実現された」(ibid.: 202)。

Skærbæk and Tryggestad（2010）は会計が戦略の実行だけでなく戦略の採用にも積極的な役割を果たしていることをケースを通して示した。外部からもたらされる戦略に会計が適応する「フレーミング効果」だけでなく，その枠組みから「溢れ出す」という動きも伴う。この会計の動きをアクターが活用することで積極的に戦略を再構築していくとした。ここでの戦略の見方は戦略を策定と実行の2つに分けることができず，戦略という枠組みの構築と再構築が繰り返されていくという実践として捉えたものであったと言える。会計という計算装置は，「戦略との共適応に関してのみ，使用され，その後，引っくり返される」といったプロセスを経てアクターに局所的な説得力を与えるとともに，企業活動を駆動しているのである。

Fauré and Rouleau（2011）は，会計担当者や中間管理職が予算編成の際に行う計算を形成する戦略の実践的知識を調査することで，「数字の位置的機能性」(Ahrens and Chapman, 2007）の概念を発展させようとした（Fauré and Rouleau, 2011: 167)。予算編成に関する会話の詳細な分析により，経理担当者と中間管理職の戦略的能力を構成する3つの計算のミクロプラクティスを明らかにした。会計担当者と中間管理職は，「予算編成の会話において，さまざまな計算のミクロ実践を活性化させることによって，状況適合的な機能性を発揮する」ということを観察し，これを戦略的能力という概念として定義づけた。また予算編成の会話においては，スラックのプラスの効果が確認され，スラックが会計の平滑化の内的な起源となり，矛盾する圧力を実際的に解決していると分析している。この研究は，会計士と中間管理者というアクターが戦略を組織に翻訳していくプロセスにおいて競争優位をもたらす可能性を示唆している。

Begkos et al.（2019）は，戦略化においては，戦略家は多様な組織階層に存在するという前提でケース研究を行った。組織階層の各アクターが持つ戦略的意図はそれぞれ違ったものであり，それぞれが不一致であることもある。Begkosらの研究によって示唆されていることは，普段は内在的で見えない戦略的意図を会計によって具現化することができるということであろう。説明されていたケースでは会計は，争う，適合する，回避するという3つのパターンの反

応を押し通すために使われるツールであった。

　李（2011）は，Adler and Borys（1996）の強権的（coercive）コントロールと授権的（enabling）コントロールの概念を用い，管理会計が能動的に戦略を形成する事例の分析を行った。この研究では，管理会計が，外部環境に変化が生じたときに，それを組織成員に意識させ，戦略的活動を引き起こす文脈として作用し，また，戦略の具体的展開のための枠組みを提供していたことを明らかにしている。堀井（2021）は中期会計目標が期中管理の中で戦略化に対して規範性と柔軟性をもたらしたケースを分析している。そのケースでは管理会計の期間が多様に存在し，期間が相互に作用しながら併存することで，管理会計が遂行的に機能することが示されている。

　このように，戦略化に関連する研究の進展の中では，会計制度は戦略の「一時的な枠組み」として捉えることができるだろう。一次的な枠組みとして資源を囲い込むとともに，枠組みによって生まれるアクターの相互作用によって企業活動が変化しながら進んでいくという戦略と会計の新しい関係性が示されていると言える。

4.2　戦略的活動をもたらす創造性とイノベーションに対する管理会計の影響

　戦略に関する組織プロセスとして，図2-2において戦略転換があげられているように組織の方針転換は大きなテーマである。戦略を実現するための経路としてイノベーションや創造性がしばしば扱われる。戦略の実践として管理会計がどのように資源を囲い込み，あるいは囲い込みから「溢れ出す」ことで創造性を発揮するのか，その帰結としてイノベーションを起こすのかというのは1つのテーマである。浅田（2023）は認知的合理性に感情が伴うことで管理会計実践が生じるとし，認知的合理性は既存の知識と創造性の組み合わせであると論じた（浅田, 2023: 67）。戦略の実践との関係を考えてみると，戦略によりフレーミングされた活動の枠組みは計画を通したコントロールとして管理会計制度によって担保される。浅田（2023）の示した管理会計に対する既存の知識に加え，戦略に関する知識あるいは戦略的能力が組み合わさり（Begkos et al., 2019; Fauré and Rouleau, 2011），戦略の実践が生じる。

van der Meer-Kooistra and Scapens（2015）は，多様な技術的知識を持つ複数の関係者が共同で新製品を開発し，市場に投入する製品開発プロジェクトのガバナンスについて研究している。経済的構造，制度的構造，社会的構造，技術的構造からなる最小構造が，創造性を刺激するのに必要な堅さと柔軟性をどのように提供し，同時に，製品共同開発プロジェクトに貢献するさまざまな関係者をどのように調整するのかを検討している。検討されたケースでは社会的・技術的な構造が日々の製品開発活動を支配する一方で，経済的・制度的な構造がプロジェクトの背景を提供し，協力組織間の関係を支配していた。プロジェクトの境界を設定するために会計ベースの情報が使用されており，これらの境界が広いか狭いか，透明性があるかないかで，異なる形態の柔軟性を生み出すことができると考察している。

プロジェクトマネジメントと管理会計の関連に関する研究も行われている。中村（2022）はプロジェクト実行段階ではプロジェクト管理の上位者が予算管理により「計画に沿った PJ 遂行に加え，PJ チームの主体的な行動としての提案と事前調整作業，提案を巡る検討や承認という形で，開発担当組織として効率性と柔軟性が両立した業務遂行」（中村, 2022: 99）を行っていることを明らかにしている。また，齊藤ほか（2023）はプロジェクトの特性（新規性，不確実性，技術的難易度，戦略面の重要性）によりアジャイル型とウォーターフォール型の組織体制の選択がなされ，アジャイル型の場合における双方向型のコントロールの重要性を考察している。

このように，組織の計画に織り込まれていない既存知識外の情報を取り込むことがイノベーションのために重要であるという認識のもと，管理会計制度の新たな利用法についての探索が行われている。

より具体的にビジネスモデル上の特性に焦点を当てた研究もある。Wikhamn and Styhre（2023）[4]はゲーム開発におけるイノベーションのロジックとして，内向きで開発者中心のアプローチと外向きでユーザー中心のアプローチのどちらを選択するかについて周囲のエコシステムとの関係の「開放性」という側面から検討している。内向きのアプローチの採用を正当化する論理は出資者の外的要求と内的要求とをデカップリングさせることで行われていた。デカップリングは，「開発段階で外部からのフィードバックから自らを守

る」こと，「商品化段階では『良いゲームはそれ自体で売れる』というスタンスを貫くか，専門家（コンサルタント会社やパブリッシャー）にマーケティング業務を任せ，市場志向の活動から身を隠す」ことという2つの方法で行われた（Wkhamn and Styhre, 2023: 576）。ユーザー中心のアプローチを採用する場合は，「特定のゲームやゲームスタジオ自体を中心としたサポーターのコミュニティを動員」（ibid.: 577）することが一般的であった。「市場での認知度や名声は，ゲーム・スタジオ自身やそのゲーム・プロジェクトに関連して強く求められること」が多く，そうした外部のステークホルダーの影響を取り込むことが「ゲーム開発のフィードバックを得る手段としても，ゲーム発売時の売上を伸ばす手段としても重要であると認識されていた」（ibid.）。この事例はゲーム開発というビジネスモデルの特性に企業活動が影響されるという当たり前の前提を外さずに外部の情報をいかに活用するかという論点を検討している。戦略と管理会計の関係から創造性やイノベーションを扱おうとする際には，創造性やイノベーションという概念で何を捉えようとしているのかが重要となる。

4.3　小括：戦略 − 会計 − 創造性の関係性

　戦略をコンテンツでもなくプロセスでもなく個別具体的な活動を通して捉えることにより，戦略と組織内で起きる活動を動的に捉えることを目指したのが実践としての戦略という視点であろう。組織の中で生じる意思決定を「一時的な」資源の囲い込みであるという視点によって，その囲い込みを組織成員がうまく利用したり，逆に囲い込みから逸脱したりした結果，戦略が実現していく（Mintzberg, 1987）現象を捉えることができる。管理会計は，この一時的な意思決定を説明可能にする計算構造や，囲い込みに応じた行動を動機づける仕組みとして理解できる。これ自体は管理会計がこれまで果たしてきた役割と変わらないのだが，実践という視点により，戦略的意思決定が起こる際に管理会計が実際に使われる場とアクターの戦略的行動の理解が進んできている。さらには実践を捉える際には，現象の具体性と理論との関係性をいかに結びつけるかという論理がより重要になる。次節ではゲームビジネスについて実践としての戦略という視点から捉え，管理会計研究の知見とのギャップを明らかにする。

5 ◆ 大規模共創活動としてのゲーム開発と管理会計

　本節では，実践としての戦略の視点からゲームビジネスの構造を検討し，管理会計が現れる場を検討する。ゲームという製品特性とプロジェクト型の組織で開発が進行するという点に特徴がある。まずは前提となる製品特性と典型的な組織形態について検討する。

5.1　ゲームの製品特性

　生稲（2012）は，デジタルゲームの製品特性を2つの側面から捉えている。1つは製品が「コンピュータ・ソフトウェアの一種」である点，もう1つは「娯楽を提供し，ユーザーを楽しませる」目的を持ったものである点である（生稲, 2012: 43）。まず1点目のコンピュータ・ソフトウェアの一種であるという特徴について説明する。ゲームソフトはデジタルデータとして開発されるため「開発活動途中での設計変更が，コストや時間のかかる製造工程や金型，試作品などの変更に繋がらない（ibid.: 44）」。よって他の製造業と比べると工程設計変更が容易である。また「他産業で重要な活動である製造工程の設計，工程エンジニアリングをほとんど行うことなく，製品設計に集中できる（ibid.）」ことから，ゲームソフトウェア企画開発企業の主活動はゲームの企画と製品設計であると言える[5]。主活動がゲームの企画と製品設計のプロセスであるため，労働集約的な側面が強い点もあげられる。管理という側面から考えるなら，スタッフの時間管理やスタッフの創造性のマネジメントが課題となる。

　次に「娯楽を提供し，ユーザーを楽しませる」目的という特徴について説明する。デジタルゲームソフトが提供する娯楽は，「画像と音声の表現によって仮想の世界を構成し，その仮想世界の中でユーザーが取る行動とそれに対する反応を楽しむ」娯楽であるとされている（ibid.: 45）。ゲーム開発者はユーザーに対して「感情」を動かすような仕組みを提供しようと努力する。感情に働きかける製品の要素は画像や音声，操作に対するフィードバックなどであるが，これらのちょっとした違いが商品の売れ行きに大きく影響する。さらにはユーザーには娯楽を求めてゲームソフトを消費するという「自己目的性」があるた

め「ユーザのニーズが多義的で曖昧であり，常に製品に新奇性が求められる」（ibid.）。

　一方で，ゲームソフトウェア市場は1つの巨大な市場というわけではない。これまでの長い歴史の中で，多様なゲームジャンルが生まれており，一定規模の市場となっている。ジャンルの分類は多様であるが，たとえば，生稲（2012）は1999年時点で16のジャンル[6]に分けジャンルの発生について検討している（ibid.: 168）。ゲームジャンルによって市場規模が異なるため，企画の際の売上計画を立てる際に参考となる。またジャンルごとに製品開発のノウハウが異なる，たとえば，アクションゲームとロールプレイングゲーム（RPG）ではゲームの体験設計がまったく異なるため，開発資源も異なる点も特筆すべき点である。逆に言えば，まったく新しい体験を生むことが新しいジャンルを生むことになる。この場合，新規の顧客をいかに獲得できるかが論点となる。

　このように，ゲームソフトウェアの開発においては，一定程度既存市場の知識を用いながら企画することで，市場の予測を立てることが可能である。一方で，その市場の中での差別化を図るために作り込む段階での創造性の発揮すなわち新奇性の漸進的な獲得が開発プロセスに求められるのである。第1の特徴であげられたスタッフの創造性のマネジメントにおいて，開発プロセスに参加するスタッフが発揮する製品の仕様への影響を考える必要があるということである。逆にいえば，製品開発が始まる企画段階では製品の競争力を判断することが難しい。これに関連して，ゲーム開発会社がどのように製品戦略を選択するかについてはWikhamn and Styhre（2023）が検討したとおり，投資を決める出資者からの情報を遮断する方針か，ユーザーの声を集めることでプロジェクトへの投資を促進するかという2つの方向性があり，それぞれに情報との接点をコントロールする戦略が存在することがわかっている。

5.2　ゲームソフトウェアビジネスの企画・開発プロセス

　大規模なデジタルゲームはプロジェクトチームが組成され企画開発される。大規模になってくるとプロジェクトにはリーダーが複数任命されることがある。その場合，役割分担として，製品のビジネス面を担当するプロデューサーと製品の作り込みを担当するディレクターがプロジェクトを主導する。生稲

（2012）によると，プロデューサーは「プロジェクトチームの外部に目を向けて社内調整，販売面の業務，利益面の管理」を行う者であり，ディレクターは「プロジェクトチームの内部に目を配り，製品の開発過程を管理する」者である。

　ゲームソフトウェアの開発プロセスはコンセプト創造，仕様書作成のA段階，アルゴリズム・データ作成のB段階，デバッグ，ゲームバランス調整のC段階に分類されている（生稲, 2012）。生稲（2012）によると，A段階ではプロデューサー，ディレクターをはじめとする少数の企画者がコンテンツの骨子を作る。A段階は「企画の提案に始まり製品の基本的方向性を決める段階」であり，「コンセプト創造，仕様書の作成」が行われる（生稲, 2012: 37）。A段階において企画が承認されプロジェクトへの投資が継続されると，B段階へと移行する。B段階では商品化を前提として，「一定の期間で一定のクォリティの製品を完成させることが義務となる」（ibid.: 59）。A段階で作られた企画の骨子に合わせてコンテンツの体験を構成するグラフィック，プログラム，音楽などが作り込まれていく。各種の創作の専門家がプロジェクトに入り，ディレクターの先導のもと具体的なデータが作られる。B段階で完成した試作品はC段階で「デバッグやゲームバランスの調整を行って最終的に仕上げ」られる（生稲, 2012: 37）。デバッグとは「プログラム上の過誤（バグ）を発見，訂正する作業」であり，ゲームバランスの調整とは「ゲームソフトに含まれるさまざまな表現－キャラクタや背景の動き，効果音など－の中で不適切なものを発見して訂正したり，製品の難易度を適切なレベルにしたりする作業」である（ibid.: 40）。この段階では，開発者だけでなく，デバッガーと呼ばれる職種もプロジェクトに参加し，製品の評価・修正を通して市場性を確認していくプロセスである。

　このようなゲーム開発プロジェクトが複数同時に進行しているのが大手ゲーム企業である。大手ゲーム企業では，さまざまな段階のプロジェクトを複数抱えており，これらのプロジェクトに適切に資源配分を行う必要がある。どのようなプロジェクトに資源配分を行っていくかに関する方針が企業戦略である。たとえばスクウェア・エニックス・グループでは，デジタルエンタテイメントの領域において「中長期のタイトルポートフォリオを構築」するとしている[7]。株式会社カプコンでは開発戦略として「コンシューマータイトルに開発投資額

の約8割を割り当て，『バイオハザード』や『モンスターハンター』など人気IPシリーズをさまざまなプラットフォームに安定的に展開して収益責任を果たす」ことや，「新規IPの創出にもチャレンジ」することを公表している[8]。このように企業全体として資源配分の方針である開発のポートフォリオを持っていることがわかる。また，このような開発資源の配分方針をコンテンツ志向で行うだけでなく，品質や表現に関する戦略も同時に立案している。たとえばスクウェア・エニックス・グループでは「面白さの本質」の追求こそが重要であるとしており，株式会社カプコンは開発の全体方針として従来のノウハウに加え「ユーザーの好奇心を刺激し続ける運営ビジネス」や「インパクトのあるビジュアルを実現する映像技術に加え，クロスプレイなど，多様なデバイスに対応できるネットワーク技術を高め」ることなど開発における差別化資源の方向性が掲げられている。

5.3　ゲームソフトウェアの戦略プロセスと戦略実践

　ここまで説明したゲームビジネスにおける戦略の論理構造をプロジェクト単位に注目して整理したものが図2-3である。ここまで概観してきたとおり，総合ゲームメーカー[9]は数々の開発プロジェクトを抱えており，それらを束ねるための経営戦略が設定されている。プロジェクトを適時に進めるために資源配分の方針として利益計画が立案される。一方で，それぞれのプロジェクトは製品としての戦略がありそれぞれが直面する市場における顧客の獲得を目指すことになる。新製品の企画段階ではコンセプトの設計，プロジェクトの見積り，想定販売数量の見積りがなされるが資源配分の全体方針の中で予算を獲得することになる。予算が獲得されると開発活動に移るが，本開発活動でも価値の作り込みが行われる。開発活動が始まるとプロジェクトマネジメントの範疇となってくる。予算によって開発期間と人員が規定されるため，限られた枠の中でどこまで作り込むべきかという問題に直面する。たとえば，制作現場の開発者によるアイデアをどこまで取り入れるかという問題に管理者は予算，つまりは制作期間との兼ね合いで判断をし続けるのである。Wikhamn and Styhre（2023）はユーザー志向での開発と開発者志向での開発に分けて検討していた。現場の開発者も自身の創造性に依拠するにせよ，ユーザーの声に耳を傾けるに

せよ，開発が進んでいる製品に対して市場との折り合いをつけながら開発活動が行われる。管理者は予算に制約されるだけでなく，企業の方針と開発者の創造性それぞれを両睨みしながらプロジェクトを管理し，製品の価値の最大化を目指すことになる。

　以上のように戦略実践の場はプロジェクトへの投資が決まる企画の段階と本開発の段階それぞれにあると考えられる。戦略実践を考える際に戦略のプロセスと活動の関係を捉える視点からすると，本節でまとめた戦略の論理構造により，資源の囲い込みが起こる。その結果，プロデューサーとディレクターからなる管理者は予算の制約と市場や自社資源の理解といった戦略的な枠組みとの相互作用による戦略実践が起こっていることが想定できる。

図2-3　ゲームソフトウェア企業の戦略の論理構造

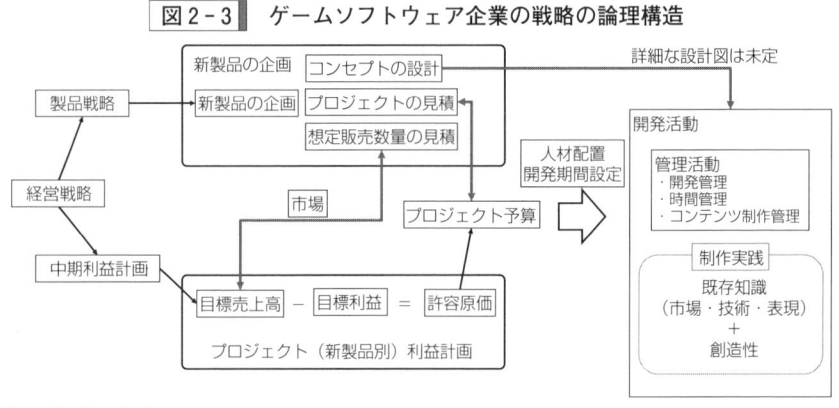

（出所）筆者作成

6 ◆ おわりに

　本章はゲームビジネスにおける戦略実践の中での管理会計の役割を検討するための予備的考察を行った。具体的には実践としての戦略の枠組みとそれに関連する研究を概観し，戦略実践で捉えることの意義を整理した。そのうえでゲームビジネスの構造から，戦略の実践が起こる場を考察した。実践としての戦略の視点を活用し，管理会計を捉えようとするならばゲームビジネスの特殊性を前提とし，資源の配分プロセスを全社的な意思決定の側面で捉えると同時に，開発現場における市場との接点を考察する必要があることがわかった。今

後の研究においては，開発現場で起こる市場環境との関係や自社プロセスの中での管理者の制度設計や利用に焦点を当てて管理会計の役割を明らかにしていくことを目指す。本章では先行研究を足がかりに研究の枠組みを示すことと，ゲームビジネスに関する論点の整理のみに留まっている。今後の課題は明確になったと言えるだろう。

●注

1　小林・山根（1996）は「この分類も，多分に過渡的なものである」としている（小林・山根, 1996: 16）。この分類は企業の境界線がどこに引かれているかによって両者を兼ねたり，他の機能が組み合わさったりする。本章ではゲームソフトウェア制作の全体像を捉えたいため，総合ゲームメーカーを対象とした。

2　strategizingはstrategy as practiceとほぼ同義で用いられる。これは本章でも説明しているとおり，戦略策定から実現までの一連のプロセスを扱おうという視点である。strategizingはing形であることから，戦略ができ上がっていくプロセスを強調した表現であると考えられる。一方，strategizingは戦略化と日本語に訳されることが多い。本章ではこの概念については「実践としての戦略」あるいはプロセスを強調する場合には「戦略実践プロセス」という言葉を用いる。ただし，戦略化という表現はMintzberg（1987）の提示した創発戦略のような，事前には戦略として規定していなかった活動が戦略となっていくという現象を強調した表現とも捉えられる。本章ではプロセス全体を強調したいため，戦略化ではなく上記の言葉を用いることとする。

3　管理会計研究で戦略を扱ったものは多様であり，多くのレビューが行われている。そこでは戦略概念が用いられていることが示され，さまざまな整理が行われている（Chenhall, 2005; Langfield-Smith, 1997; 新江, 2005; 根本, 2020; 堀井, 2003）。日本の管理会計研究においては，特定の戦略論に基づかない技法であっても戦略管理会計として位置づけて研究されているという結果が示されている（根本, 2020: 144）。

4　管理会計が主なテーマの研究ではないが，関連するものとしてここで参照した。

5　生稲（2012）はさらに開発段階の品質・機能が実際製品の品質・機能と乖離しない点も特徴としてあげている。

6　アクション，スポーツ，テーブルゲーム，シューティング，RPG，アドベンチャー，戦略シミュレーション，パズル，対戦格闘アクション，シミュレーション，レース，恋愛シミュレーション，アクションRPG，育成シミュレーション，ガンシューティング，音楽アクションの16種類である。またジャンルに分類できない製品も存在している。

7　スクウェア・エニックス・グループウェブサイト「中長期目標の進捗と今後の課題」ページより。https://www.hd.square-enix.com/jpn/ir/policy/message2023_3.html（2024.0203閲覧）

8　株式会社カプコン統合報告書2021「開発トップが語る開発戦略」より。https://www.capcom.co.jp/ir/data/oar/2021/devtop.html（2024.0203閲覧）

9　ゲームソフトウェア製品を販売している企業は，開発を外注する場合と内製する場合の両方のパターンがある。外注の場合は，外注先の開発会社の戦略論理も考える必要があるが，複雑になるため今回は割愛し，今後の検討課題とする。

◆謝辞
本研究はJSPS科研費（JP18K12913，JP21H00763）の助成を受けたものである。

◆参考文献

Adler, P. S., & Borys, B.（1996）. Two Types of Bureaucracy: Enabling and Coercive. *Administrative Science Quarterly, 41*(1), 61–89.

Ahrens, T., & Chapman, C. S.（2007）. Management accounting as practice. *Accounting, Organizations and Society, 32*(1), 1–27.

Barney, J. B., & Clark, D. N.（2007）. *Resource-Based Theory: Creating and Sustaining Competitive Advantage*. OUP Oxford.

Begkos, C., Llewellyn, S., & Walshe, K.（2019）. Strategizing in English hospitals: accounting, practical coping and strategic intent. *Accounting, Auditing & Accountability Journal, 32*(5), 1270–1296.

Brews, P. J., & Hunt, M. R.（1999）. Learning to plan and planning to learn: resolving the planning school/learning school debate. *Strategic Management Journal, 20*(10), 889–913.

Burgelman, R. A.（2002）. Strategy as Vector and the Inertia of Coevolutionary Lock-in. *Administrative Science Quarterly, 47*(2), 325–357.

Chapman, C. S.（Ed.）.（2005）. *Controlling strategy: Management, accounting, and performance measurement*. Oxford University Press.

Chenhall, R. H.（2005）. Content and Process Approaches to Studying Strategy and Management Control Systems. Chapman, C. S. 2005. *Controlling Strategy: Management, Accounting, and Performance Measurement*. Oxford University Press（澤邉紀生・堀井悟志監訳.（2008）.『戦略をコントロールする』中央経済社）.

Dibrell, C., Craig, J. B., & Neubaum, D. O.（2014）. Linking the formal strategic planning process, planning flexibility, and innovativeness to firm performance. *Journal of Business Research, 67*(9), 2000–2007.

Fauré, B., & Rouleau, L.（2011）. The strategic competence of accountants and middle managers in budget making. *Accounting, Organizations and Society, 36*(3), 167–182.

Fourné, S. P. L., Guessow, D., Margolin, M., & Schäffer, U.（2023）. Controllers and strategic decision-making: The role of cognitive flexibility in controller-manager collaboration. *Management Accounting Research*, 100840.

Goretzki, L., Strauss, E., & Wiegmann, L.（2018）. Exploring the roles of vernacular accounting systems in the development of 'enabling' global accounting and control systems. *Contemporary Accounting Research, 35*(4), 1888–1916.

Jørgensen, B., & Messner, M.（2010）. Accounting and strategising: A case study from new product development. *Accounting, Organizations and Society, 35*(2), 184–204.

Johnson, G., Langley, A., Melin, L. & Whittington, R.（2007）. *Strategy as Practice: Research Directions and Resources*. Cambridge University Press.（高橋正泰 監訳（2012）『実践としての戦略－新たなパースペクティブの展開』文眞堂）

Langfield-Smith, K.（1997）. Management control systems and strategy: A critical review. *Accounting, Organizations and Society, 22*(2), 207–232.

Mintzberg, H.（1987）. The Strategy Concept I: Five Ps for Strategy. *California Management Review, 30*(1), 11-24.

Mintzberg, H.（1994）. *Rise and Fall of Strategic Planning.* Free Press.

Porter, E, M.（1985）. *COMPETITIVE ADVANTAGE: Creating and Sustaining Superior Performance.* Free Press.

Simons, R.（1994）. *Levers of Control: How Managers Use Innovative Control Systems to Drive Strategic Renewal.* Harvard Business Press.

Skærbæk, P., & Tryggestad, K.（2010）. The role of accounting devices in performing corporate strategy. *Accounting, Organizations and Society, 35*(1), 108-124.

van der Meer-Kooistra, J., & Scapens, R. W.（2015）. Governing product co-development projects: The role of minimal structures. *Management Accounting Research, 28*, 68-91.

Whittington, R.（1996）. Strategy as practice. *Long Range Planning, 29*(5), 731-735.

Whittington, R.（2003）. The work of strategizing and organizing: for a practice perspective. *Strategic Organization, 1*(2), 117-125.

Wikhamn, B. R., & Styhre, A.（2023）. Innovation approaches and innovation logics: An empirical study on developing entertaining digital games. *Creativity and Innovation Management, 32*(4), 568-583.

浅田拓史（2023）.『自律創造型コントロールの理論と実践』中央経済社.

新江孝（2005）.『戦略管理会計研究』同文舘出版.

生稲史彦（2012）.『開発生産性のディレンマ－デジタル化時代のイノベーション・パターン』有斐閣.

小林啓孝・山根節（1996）.『マルチメディア管理会計－コンテンツ・ビジネスの経営と会計』中央経済社.

齊藤毅・中村正伸・井芹薫・中島洋行（2023）.「P2Mのためのマネジメントコントロールパッケージに関する事例研究」『国際P2M学会誌』17(2), 1-21.

篠原巨司馬・足立洋（2017）.「中期経営計画による戦略共有と戦略形成－中小企業の経営会議のエスノグラフィに基づく考察－」『原価計算研究』41(2), 84-96.

篠原巨司馬・足立洋（2022）.「経営計画：環境変化に対処し、イノベーションを促進する」加登豊・吉田栄介・新井康平編著『実務に活かす管理会計のエビデンス』中央経済社, 37-47

高見茂雄（2013）.「中期経営計画が経営成果に及ぼす影響－大手化学メーカーを対象とした実証研究－」『メルコ管理会計研究』6 (1/2), 37-49.

中村正伸（2022）.「製品開発プロジェクトの実行段階における予算管理での調整と意思決定」『管理会計学』30(1), 89-103.

根本萌希（2020）.「我が国における戦略管理会計の研究動向－文献研究に基づいて－」『管理会計学』28(1), 131-153.

福嶋誠宣・米満洋己・新井康平・梶原武久（2013）.「経営計画が企業業績に与える影響」『管理会計学』21(2), 3-21.

堀井悟志（2003）.「マネジメント・コントロール論の変化と戦略管理会計論」『管理会計学』11(2), 57-69.

堀井悟志（2021）.「戦略化における願望としての中期会計目標の遂行性」『メルコ管理会計研究』13(1), 29-45.

李燕（2011）.「戦略化における管理会計の役割: －新事業ドメインへの展開に関する事例研究－」『メルコ管理会計研究』 4 (1), 23–40.

第3章

現場改善会計論による生産能力測定の試論的考察
―単純1工程・増産可能モデルを中心として―

　現場改善（Gemba Kaizen）は，主として生産現場における実践的活動であり，長らく日本の製造企業の強みといわれてきた。トヨタ自動車株式会社という個社において長年にわたって進化し続けてきたトヨタ生産システム（Toyota Production System，以下TPSと略記）を基盤としつつ，現在では，生産現場だけでなくさまざまな現場に普及している。ここで，現場とは，「あらゆる場所，あらゆる企業において，人が価値創造を行う場所」（Womack, 2013: INTRODUCTION xix）を意味する。製造企業の間接部門はもとより，農林水産業などの第1次産業，あるいはサービス業などの第3次産業も改善対象の範疇に入る。

　このような現場改善を支援するための新たな管理会計理論が現場改善会計論（Gemba Kaizen Costing，以下GKCと略記）である（Hiiragi and Kazusa, 2017, 2023; 上總, 2018; 上總・柊, 2023; 柊 2019, 2020a, 2021, 2023a, 2023b; 柊・上總, 2016, 2017, 2018, 2022）。

　「GKCは，京都大学の上總康行名誉教授とともに筆者が提唱している会計理論である…GKC は，原価計算の計算構造に『機会損失』概念を導入することで現場改善効果の会計的測定を可能とした」（柊, 2023 a : 48）。この理論のもとでは，改善により創出された余剰生産能力（Free Capacity）が重視される。これらの生産能力の変化が数値測定により見える化できれば，改善対象や計画を立案する際の役立ちが期待される。しかしながら，生産能力を金額測定する試みは，これまでわずかに柊（2020 a ）で一部が取り上げられたのみである。本章では，GKCで提唱されている主な生産能力について，将来の金額測定を見据えながら，まずは時間や生産量などの物量レベルでの数値計算を試みたい。

1 ◆ 現場改善会計論

　すでに述べたように，GKCは現場改善を支援する新しい管理会計理論と計算手法である。本章では，すでに公刊された先行研究のうち，主として上總・柊（2023）をもとに，GKCのフレームワークおよび計算構造の概要を示す。

1.1　現場改善会計論（GKC）のフレームワーク

　本節では，GKCのフレームワークについて簡単に整理する。「製造企業では，経営資源が生産システムに投入され，良品が産出される。投入された経営資源がすべて良品に転換される訳ではない。そこにはムダが生じている。このムダを排除することが現場改善である」（上總・柊, 2023: 94）。GKCでは，「ムダとは，企業活動における顧客価値を生まない行為である」（ibid.）という定義のもとで，「ムダに消費された経営資源を金額的に測定すれば，「ムダ原価」を計算できる」（ibid.）とされる。

　TPSの生みの親といわれる大野耐一氏は，生産現場における作業者の動きをムダと作業に分け，さらに，作業を「付加価値のない作業」と「付加価値を高める正味作業」に分類された。結果として，あらゆる活動は，ムダ，非付加価値作業，正味作業として3分類される（大野, 1978: 102-103）。

　GKCにおける「『ムダ』の定義の下では，作業者の動きのうち，『ムダ』は元よりムダであり，『非付加価値作業』もまた『本来ムダと考えられるが，現状の条件下ではやらなければならない作業』という条件付きムダである。『正味作業』のみが製品の生産に貢献する」（ibid.: 95，傍点原文のまま）。

　ところで，生産現場には，作業者だけではなく機械設備，原材料，エネルギー，情報など，さまざまな経営資源が投入される。それらが生産プロセスを経て，製品に変換される。現実の世界では，当然のように減損や仕損も存在するため，それらを除いた良品（完成品）が最終的な産出物となる。これらの投入・産出をもたらす仕組みが生産システムと呼ばれる。

　ここで，良品の生産に貢献した経営資源を「付加価値資源」と呼び，それ以外を，良品の生産に貢献しない「非付加価値資源」と呼ぶことにすれば，生産

システムは，図3-1の概念図で表される。

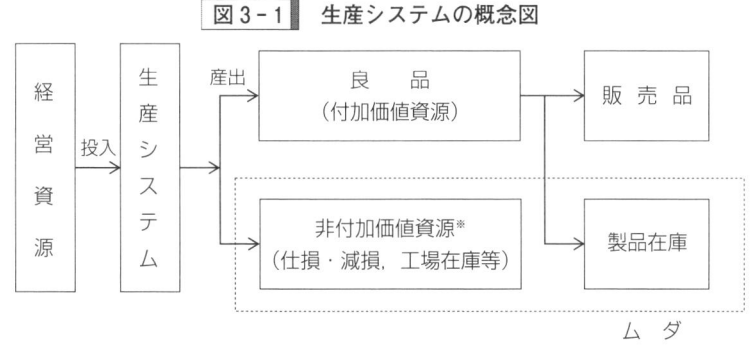

図3-1　生産システムの概念図

※非付加価値資源とは，良品の生産に貢献しない経営資源である。

（出所）上總・杮，2023: 95

　図3-1によれば，「経営資源が生産システムに投入され，生産システムから
は良品が産出される。この良品の生産に貢献した経営資源は付加価値資源であ
る。生産システムに投入された経営資源のうち，良品の生産に貢献しない経営
資源はすべて『非付加価値資源』である。そこには，仕損や減損，手待ち時間，
さらに工程，工場，倉庫に保管されている原材料，部品，仕掛品などの『工場
在庫』も含まれている。これらはすべてムダである。…（中略）…製品在庫も
また顧客価値を生まないためムダである。つまり，販売品にならなかった経営
資源（点線で囲んだ部分）は，すべてムダである」（上總・杮，2023: 95-96）。GKC
は，このような資源の活用とムダの関係に着目して，それを原価計算・損益計
算に適用することで，改善効果を見える化し，あるいは，改善可能性を見出す
ことを可能にするものである。

1.2　GKC損益計算書

　本節では，GKCの計算構造について簡単な例を示す。前節で示したGKCに
おける投入資源のムダ（非付加価値資源）は，ムダであるが資源を費消するため，
当然ながらそこにコストが発生する。「このムダに随伴して費消された経営資
源を金額的に測定すれば，『ムダ原価』を計算できる」（上總・杮，2023: 128）。
厳密にいえば，前述の大野氏が指摘した作業者の動きの3分類に従って，正味
作業によって消費される経営資源の経済価値を正味原価（real cost），非付加価

値作業で消費される経営資源の経済価値を非付加価値原価（non value-added cost），ムダに消費される経営資源の経済価値をムダ原価（waste cost）と定義することができる（上總・柊, 2023: 132）。また，「非付加価値原価とムダ原価が同時に発生することがあるので，その場合には，この２つの原価をあわせて非正味原価（non-real cost）と呼ぶことができる」(ibid.)。表３-１は，この考え方を，一般に用いられている原価計算と対比している。

表３-１　従来の原価勘定とGKC原価の関係

GKC原価 従来の原価勘定	正味原価	非正味原価	
		非付加価値原価	ムダ原価
直接材料費	○	○	○
直接労務費	○	○	○
直接経費	○	○	○
製造間接費	×	○	○
仕損費他	×	×	○

（備考）表中，○は勘定科目にGKC原価が含まれる。
　　　　×は勘定科目にGKC原価が含まれていない。

（出所）上總・柊, 2023: 133

　表３-１によれば，正味原価は製造直接費である直接材料費，直接労務費，直接経費のみに含まれる。同時に，これらの費用の中にも非付加価値原価やムダ原価が存在する。一方で，製造間接費は，理論上は非付加価値原価とムダ原価で構成されることになる。さらに，仕損費他の損失は，まさにムダ原価にほかならない。

　通常の全部原価計算では，これらの原価はすべて製造原価として計算される。仮にすべての非付加価作業やムダが削除された「理想状態では，現場改善会計と全部原価計算の製品原価は同一である」（上總・柊, 2023: 133）。しかし，現実にはそれは無理なので，これまではこれらの原価を区分せず，すべて製造原価，ひいては売上原価に計上することで，かかったコストを回収するという目的に資する計算を実現してきた。しかし，現場改善の視点からみれば，これらの違いを区別することで，現時点での生産現場の実力値としての現状や，これからの改善の余地が見える化される。図３-２は，従前からの損益計算書に対して，正味原価，および非正味原価（非付加価値原価＋ムダ原価）を区分したGKC損

益計算書の例である。

図3-2　現場改善会計論のGKC損益計算書（改善前）

売上高		8,000,000円
正味原価		
直接材料費	2,000,000	
直接労務費	1,600,000	3,600,000
正味利益		4,400,000
非正味原価		
直接材料費	300,000	
直接労務費	400,000	
製造間接費	1,500,000	2,200,000
売上総利益		2,200,000
販売費	800,000	
一般管理費	800,000	1,600,000
営業利益		600,000円

（出所）上總・柊，2023: 144

　図3-2では，正味直接材料費と正味直接労務費について，直接材料費と直接労務費として略記している。同様に，非正味原価の内訳として，非正味直接材料費と非正味直接労務費として示すべきところ，直接材料費と直接労務費として略記している（上總・柊，2023: 144）。しかし，通常の製造原価を正味原価と非正味原価に分けている。これを改善前の損益計算書だとすれば，改善が進捗した段階で，同様の損益計算書を作成することにより，非正味原価が減少することが数値計算されるのである。図3-3は，改善前後の比較損益計算書の例である。

　図3-3の左側の列は図3-2のGKC損益計算書と同じ数値であり，改善前の状態を示す。真ん中の列は改善後のGKC損益計算書の数値である。これらを比較することにより改善効果金額が計算される（上總・柊，2023: 148-150）。このように，GKCは，改善の前と後をそれぞれ計算していくことで，改善された効果金額を常に計算し続けることを可能にする。

　ところで，GKC損益計算書には，もう1つ重要な概念が加味されている。それが「機会損失」概念である。ここで，機会損失とは，現場改善により創出

| 図3-3 | 現場改善会計論による改善前後のGKC比較損益計算書 | | |

	改善前	改善後	改善効果額
売上高	8,000,000円	8,000,000円	－円
正味原価			
直接材料費	2,000,000	2,000,000	0
直接労務費	1,600,000	1,600,000	0
正味利益	4,400,000	4,400,000	0
非正味原価			
直接材料費	300,000	0	300,000
直接労務費	400,000	0	－
機会損失	－	400,000	400,000
製造間接費	1,500,000	1,200,000	－
機会損失	－	300,000	300,000
売上総利益	2,200,000	2,500,000	1,000,000
販売費	800,000	800,000	0
一般管理費	800,000	800,000	0
営業利益	600,000円	900,000円	1,000,000円

（出所）上總・柊, 2023: 148

されたが，十分な需要がないために，現時点では活用されておらず，そのために利益を得る機会を失うということを意味する。現場改善によって創出された，「余剰生産能力は，そのまま放置すれば利益を得る機会を失うという意味での機会損失の創出を意味している」（上總, 2017: 338）。このような機会損失について，上總教授は，特に，日本的経営との関係性から，景気好調期と停滞期に分けて論じられた（上總, 2016）。その上で，「日本的経営では，現場改善で創出された余剰生産能力（機会損失）の戦略的活用，より直截にいえば受注増大指向型経営改革が重要課題の１つであるが，会計的視点からは，余剰生産能力したがってまた機会損失の見える化が重要である」（上總, 2018: 17, 傍点原文のまま）と指摘された。それにより，日本的経営と密接にかかわる固定費の活用という重要課題について，機会損失という概念を新たに適用することにより検討が可能になることを指摘されたのである。

　GKCでは，このような経営課題と機会損失概念の適用を前提として，余剰生産能力の創出の重要性を以下のように述べている。

私たちは，「現場改善効果を原価低減や営業利益の増大として認識する」という大多数の見解，つまり多数説とは異なり，現場改善によって創出された余剰生産能力（free capacity）に注目する。現場改善の効果をまずは「余剰生産能力の創出」であると捉える。次に，この創出された余剰生産能力を基礎として会計上の現場改善効果である原価低減額と機会損失額を計算するのである。…（中略）…生産システムに経営資源が投入され，製品を生産する能力を有することになるが，これを生産能力と呼んでいる。現場改善によって増加した生産能力が余剰生産能力である（上總・杮, 2023: 97-99）。

さらに，GKCでは，余剰生産能力について，以下のように定義している。

余剰生産能力は，性質上，2つに区分できる。1つは，余剰生産能力を形成する生産要素を生産システムから取り外して投入された経営資源に還元できる「変動性余剰生産能力」である。典型的には，原材料等であり，変動性生産能力の性質を持つ。もう1つは，余剰生産能力を形成する生産要素を生産システムから取り外せないため，生産能力をそのまま維持する「固定性余剰生産能力」である。典型的には，正規従業員（労働力）や機械設備等であり，固定性生産能力の性質を持っている。(ibid: 108)

変動性余剰生産能力であれ，固定性余剰生産能力であれ，それらを新たに活用して増産することが可能であれば問題はない。その場合，改善効果は売上高の増加，ひいては営業利益の増加として現れる。しかし，需要が見込めない場合にやみくもに増産しても，不良在庫が増えるだけであり，望ましい対応とはいえない。その場合，変動性余剰生産能力については，削減するという方法があり得る。結果として原価低減が実現される。しかし，固定性余剰生産能力については，簡単に削減することができないため，原価低減にはただちにつながらない。そこで，GKCでは，「本来，獲得できたはずの利益を失うという意味で『機会損失』が発生する」（上總・杮, 2023: 110）と考える。
　このように，GKCでは，機会損失概念を導入することにより，どのような需要状況であっても，また，固定費・変動費がどのような割合で存在しても，

改善効果を金額測定すること，すなわち「改善効果の見える化」を実現できる。

2 ◆ 現場改善会計論における生産能力

GKCでは，前節で示したように，生産能力という視点から改善効果を計算可能にした。これらの生産能力をさらに細分化して捉えることにより，さまざまな改善可能性の存在が顕在化する。

2.1 生産能力概念図

本項では，GKCで提唱される生産能力概念について概観する。一般に，生産能力は生産量で測られる。GKCでは，それらを金額計算することを目指してはいるが，そのためには前提となる概念の確立と，さらに，生産現場の実態に沿ったコストの按分計算についての検討が必要となる。まずは，物量で捉えた生産能力について整理する。図3-4は，GKCの生産能力概念図である。

図3-4によれば，「達成可能な理想的生産能力である最大生産能力は，未利用生産能力と利用生産能力に区分される。未利用生産能力は，政策的未利用生産能力，市場要因未利用生産能力，工場要因未利用生産能力に区分される。利用生産能力は休眠生産能力と正味生産能力に区分される」（上總・柾, 2023: 177）。

ここで，「未利用生産能力（unused capacity）は，最大生産能力（maximum capacity）のうち，3つの理由によって利用されていない生産能力である。それらは，政策的未利用生産能力（policy unused capacity），市場要因未利用生産能力（market oriented unused capacity），工場要因未利用生産能力（factory oriented unused capacity）である」（上總・柾, 2023: 177-178）。このような生産能力が未利用である状況は，従前から遊休生産能力あるいは不動費（idle capacity）などと呼ばれ，会計分野で議論されてきた。

図3-4　生産能力概念図

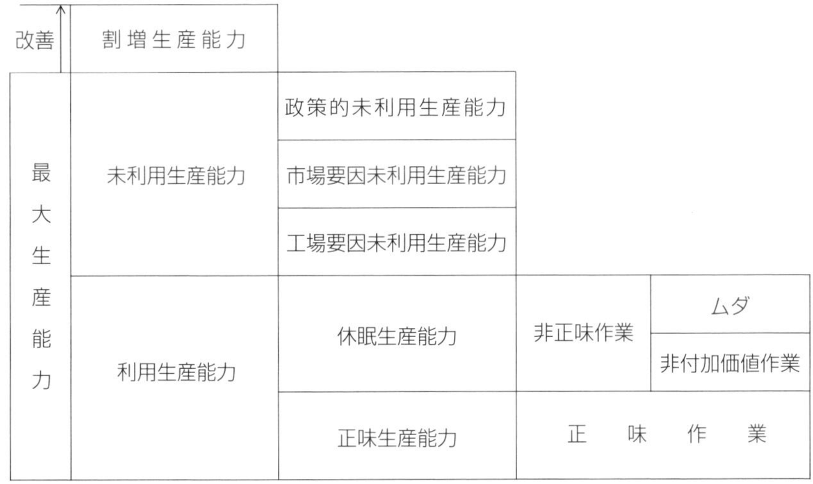

改善	割増生産能力			
最大生産能力	未利用生産能力	政策的未利用生産能力		
		市場要因未利用生産能力		
		工場要因未利用生産能力		
	利用生産能力	休眠生産能力	非正味作業	ムダ
				非付加価値作業
		正味生産能力	正　味　作　業	

(出所) 上總・柊, 2023: 178

　生産現場についてみれば，たとえば，19世紀末から20世紀初頭のアメリカにおいて，アメリカ機械技師協会（ASME）の技術者達が，製造現場の生産性向上を通じて能率の良い工場運営を追求する「能率（生産性）増進運動」を展開した（柊, 2015: 300）。その後，「不働費（idle costs）に集中的に表現される固定費の重圧と原価に占める間接費の比重の圧倒的増大に逢着した技術者は，個別的な作業能率尺度としての課業を工場全体の生産能率に拡充することにより，課業管理の限界を克服する方途を求めた」（辻, 1988: 11，傍点原文のまま）。

　一方で，経営的観点からは，当時の不動費の大きな部分を占める機械設備のアイドル状態は，製造間接費の基準操業度の問題として議論された。「遊休生産能力の保有が慢性的となり，生産と販売の長期的バランスを考慮した平均的操業度が正常と考えられるようになり，平均操業度基準の正常配賦が行われた」（岡本, 2000: 166）のである。しかし，その観点は，「売価決定と密接に結びついた損益計算目的が直接の原因をなしており，原価管理上の理由によるものではなかった」（岡本, 1961: 141）。言い換えれば，資源を遊休させずにいかにそれらを稼働させるか，あるいは，遊休分のコストをどのように回収するかという視点が重視されていた。そして，それらの議論についても，「1960年代頃に

は，独立した研究課題としての未利用生産能力問題は，ほぼ見られなくなった」（Vollmers, 1996: 25）のである。

　この点に関して，GKCにおいては，生産能力の現状把握のために，使われているか・使われていないかという現象の視点から区分する。そのうえで，使われていない場合の主たる要因ごとにさらに細分化する。それにより，現状に対する改善可能性，あるいは改善の方策が明らかになる。

　一般的な原価計算においては，使われていない資源についても，保持されている限りは，費消されているとみなされて製造原価に算入されるか，あるいは直接労務費の賃率差異や製造間接費の配賦差異のように，製造原価に含めなくとも売上原価に賦課される。結果として，それらは売上高という収益に対応する費用としての売上原価に収斂される。このことは，費用を最大限回収することを前提に，差分としての利益を計算するという損益計算の目的に適う計算構造である。しかし，それでは，現状をより良くする改善のための現場管理者あるいは経営者の判断に対して寄与できない。そこで，前述したとおり，GKCでは未利用生産能力をさらに細分化するのである。

　次に，利用生産能力（operating capacity）とは，現時点で利用されているあらゆる資源が生み出す生産能力である。最大生産能力は，未利用生産能力と利用生産能力の和となる。「利用生産能力には，正味生産能力（real capacity）と休眠生産能力（sleeping capacity）が含まれている。正味生産能力は，正味作業によって，まさに実際に付加価値を生み出す生産能力である。これに対して，休眠生産能力は，生産能力の源泉である経営資源を消費してはいるが，期待に反して付加価値を生まない非正味作業（非付加価値作業とムダ）に起因して生じる生産能力である。つまり『無駄飯食い』である」（上總・柊, 2023: 179）。

　休眠生産能力は，GKCが初めて提唱した概念であるが，これは，生産管理，現場改善の世界において認知されていた「生産現場における見えないムダ問題」に相当する。一見して忙しく稼働しているように見える現場のあちこちに，実は問題，すなわちムダがひそんでいる。これらについて，会計測定の世界ではあえて区分して計算しようとはされなかった。その理由を推測すれば，会計理論的には，費用回収という目的に照らしてその必要性が認識されづらかったことがあげられる。しかし，より現場に即して実践的観点をあげるならば，そ

れは，現場の問題はそんなに簡単には見えないことに起因する。その結果，休眠生産能力は，改善が成し遂げられて初めて，こんなにムダや非付加価値作業があったことに気づくというように，事後的に認識される。そのような状況のもとで，改善効果計算は，前述したように，改善前と後の比較計算で測定される。すなわち，GKC比較損益計算書は，現場改善の本質に即した計算手法であることがわかる。

　最後に，図 3 - 4 の左上にある，割増生産能力（premium capacity）にもふれておきたい。「現場改善が高いレベルで行われる場合には，工場の拡張や新工場の建設を行うことなく，既存の工場において生産能力の増大を実現することが可能である。それを可能にするのは，最大生産能力を生み出している生産システムの前提条件，つまり生産条件や生産方法などを大きく変更するような現場改善である」（上總・柊, 2023: 182）。そこでは，現状の生産条件を前提にした改善を超えて，前提条件すら変えていく改善が想定されている。

2.2　生産能力展開図

　本項では，生産能力概念図において分類・定義された，それぞれの生産能力が，実際の生産現場においてどのように展開されているかを示す。図 3 - 5 は，GKCの生産能力展開図である。

図 3 - 5　生産能力展開図

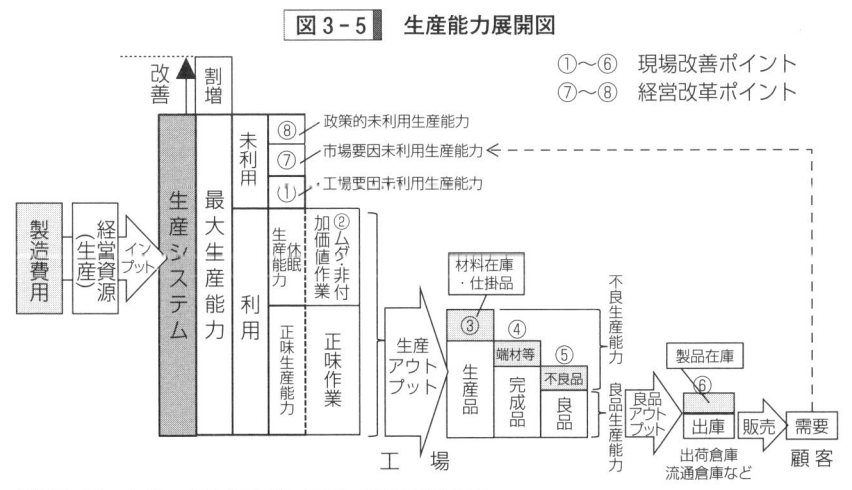

（出所）柊・上總, 2022: 132, 柊, 2023a: 56 に筆者加筆

　図3-5において，「最大生産能力を100％とすると，正味生産能力の割合は製造現場全体の生産性を示す正味率になる。しかし，最大生産能力がそのまま正味生産能力にはならない。投入された経営資源（生産）が実現するはずの生産能力は，顧客に向けて流れる中で毀損されていく」（柊, 2023a: 55）。図3-5の「左半分は，生産現場における加工時間を主とする『時間』に関わる生産能力の活用状況と毀損状況をあらわす。…（中略）…右側は，正味時間から産出された生産アウトプットがそのまま良品生産量ではないという点から，主に『物量』に関わる生産能力の活用状況と毀損状況をあらわす」（ibid.: 55-56）。

　すでにGKCの先行研究で詳述されているので，ここでは詳しい説明は省くが，生産能力展開図を用いることで，投入された経営資源，言い換えれば，そのために費消されたコストのうち，どれだけがお客さまに届いて顧客価値に貢献できたか，逆に，どれだけが調達・加工・出荷・流通などの広義の生産プロセスの中でお客さまに届くことなく毀損したかをあらわすことが可能になる。

　ここで重要になるのが，生産現場における「流れ」という概念である。TPSをルーツとしつつ，欧米をはじめ世界に影響を与えたリーン生産システム（Lean production system）（Womack et al., 1990）やリーン思考（lean thinking）における中心的概念の1つでもある。そこでは，「the value stream（価値の小川）：製品がコンセプトから生産立ち上げまで，受注から納入まで，また原材料から顧客の手元に届くまでに必要な一連の活動」（Womack and Jones, 2003: 353, 邦訳: 453）および「flow（流れ）：製品が設計から生産立ち上げまで，受注から出荷までまた原材料から顧客の手元にまで停滞，不良品のスクラップや手直しの後戻りないように価値の小川に沿って作用が順次進められている状態」（ibid.: 348, 邦訳: 457）が定義された。

　わが国においては，藤本隆宏教授による設計情報転写論が生産管理分野における流れ理論の嚆矢である。同理論は，トヨタをはじめ，国内外の膨大な生産現場の分析に基づき，「良い設計・良い流れ」というコンセプトを基本に生産現場を流れの良さで評価する（藤本, 2001, 2003ほか）。このように，「生産管理分野では，流れの良さが価値評価されていた。しかし，そこでの価値測定方法は十分とはいえなかった」（柊, 2020b: 117）。

　そこで，GKCにおいては，「設計情報の流れという抽象的概念は，現実の生

産現場では材料→仕掛品→製品という『モノの流れ』として具現化される」（柊・上總，2022: 129）という観点をさらに発展させた生産能力の「流れ」を具現化した。その意味で，生産能力展開図は，いわば，当該生産現場からお客さまに向かう流れの現時点での実力値を示す白地図のようなものである。当然ながら，そこには渋滞している箇所が通行止め，あるいは迂回せざるを得ない状況などが含まれる。それらがすべて現場改善ポイントとなる。また，流れの悪さは，そこに山脈があるとか，交通規制がかかっているなどの外的要因もある。これについては，生産現場の努力を超える要件である。GKCでは，これらを経営改革ポイントと呼んでいる。

改善についての最もシンプルな定義は，「『改善とは，現状をより良く改めること』である」（新郷, 1959: 23; Shingo, 2007: 13）である。ここに，前述の流れ概念を加味すれば，生産現場における流れの「よどみをなくす行いがすなわち改善活動」（藤本監修2017: 20）となる。生産能力展開図は，これらの「よどみ」を数量的・さらには金額的に把握することを目指している。

3 ◆ 生産能力計算の事例

GKCでは，前節で述べたような生産能力の区分をもとに，改善成果や改善可能性について金額計算することを目指している。すでにGKC損益計算書や改善効果計算書などの基本的な計算諸表のひな形が提示されており，改善前と改善後の比較計算により改善効果金額を計算可能にする計算構造が明らかにされた（上總・柊, 2023: 第5章）。

ここで，改善前と改善後の生産能力を金額計算できれば，それぞれの差額は，図3-3に示したGKC比較損益計算書の改善効果金額と一致するはずである。とはいえ，一般的な原価計算の計算構造と矛盾せず，かつ，生産現場の流れ改善を見える化できる生産能力計算をただちに構築することは困難である。そこで，本章では，金額レベルでの計算の予備的考察として，物量レベルでの生産能力計算を試みる。

3.1　単純1工程・受注量一定モデル：生産能力の計算

本項では、図3－4の生産能力について、図3－5の生産能力展開図および、簡単な計算事例を用いて物量レベルでの按分計算を試みる。それにより、各生産能力間の割合とその変化を見える化する。

単純化のため、製品1種類を、工程で生産している現場を想定する。なお、想定する改善は、図3－5の左側に相当する、加工時間に関わる改善として、工数低減と言われる加工時間のムダ削減、右側に相当する、物量に関わる改善として、不良の削減（良品率の向上）を想定している。なお、改善は3段階で継続的に実施される。表3－2は、改善前の生産条件および、改善後①～③の各段階における改善成果を示す。

表3－2　現場改善（工数低減・不良低減）の生産条件と改善成果

生産条件		改善前	改善後① 工数低減	改善後② 歩留向上	改善後③ 工数低減
時間（CT） データ	★実効CT	90秒	75秒	75秒	60秒
（内訳）	正味CT	60秒	60秒	60秒	60秒
	非付加価値	10秒	10秒	10秒	0秒
	ムダ	20秒	5秒	5秒	0秒
物量データ		改善前	改善後① 工数低減	改善後② 歩留向上	改善後③ 工数低減
	★★良品率	75%	75%	80%	80%

（備考）CT（サイクル・タイム）とは製品1個を加工する一連の作業に要する時間である。非付加価値時間やムダ時間が含まれるため、将来の改善を前提として、現時点のCTは実効CTとする。正味CTは、理論的、あるいは科学的に想定される最短CTである。タイムスタディによる実測値などを根拠として計算される。

（出所）筆者作成

表3－2において、1日の稼働8時間のうち、現在の受注量に必要と考えられる加工時間は、当初は6時間必要だと認識されていた。したがって、利用・未利用に関する初期設定は、利用時間6時間、稼働時間から利用時間を引いた

未利用時間2時間である。

　表3-2で示す改善の各段階において，通常，目に見える，すなわち，現場で比較的測定されやすい改善効果は，星印がついている表の3段目と9段目の数値である。まず，★実効CTとは，目の前の作業をワンサイクル実測すればわかる。そこには非付加価値時間やムダ時間が含まれるため，改善が進むとともに時間が短くなるという形で成果が理解される。★★良品率は，産出された製品数のうちの良品だった製品数の割合であり，不良率の逆数でもある。

　ここで簡単に改善内容を述べる。改善①では，まずは，明らかなムダである歩行などを減らすことでCTが15秒削減された。改善②では，加工条件などを調整することで，不良率が5%低減された，言い換えれば，良品率が5%向上した。改善③では，ムダ時間がさらに5秒削減され，また，ワンタッチ治具などの工夫により非付加価値時間が10秒削減された。実際には，この例のようにすべてのムダや非付加価値時間がなくなることはあり得ないが，ここでは理論的計算のために最大効果を想定している。

　これらの改善の結果として実現される労働生産性の向上については，上總・椎（2023）による以下の式を前提にしている。生産時間については，「状況に応じて人（作業者）の場合には作業時間，機械の場合には加工時間」（上總・椎，2023: 99）を用いることとなる。

　　労働生産性 = 産出量／生産時間
　　　　　　　 = （産出量／投入量）×（投入量／生産時間）
　　　　　　　 = 効率 × 能率

（上總・椎，2023: 99）

　この式において，最終的な労働生産性は，作業時間中にどれだけの良品を算出できたかを意味する。それを分解した2つの要素のうち，効率については，投入量に対する産出量の割合を示す。ここで，完全受注生産を前提に製品在庫をゼロとすれば，産出量は良品として産出され，出荷された量と一致する。その場合，効率とは，具体的には材料の歩留率だけでなく，良品率も含まれる。本事例では良品率を改善したと想定している。

　もう1つの要素である能率については，同じ時間（利用時間と想定されていた6時間）において加工された量，すなわち材料投入量を用いて計算できる。本

事例では，理論的に投入して加工できるはずの量に占める，実際の投入量（実際に生産された量）の割合で表される。ただし，この実際生産量には不良も含まれることには留意が必要である。表 3-3 はこれらをふまえ，表 3-2 の改善成果が反映された生産能力の推移を示す。

表 3-3 現場改善（工数低減・不良低減）による生産能力と生産性の推移

時間データ	改善前	改善後① 工数低減	改善後② 歩留向上	改善後③ 工数低減
最大利用時間 （6時間）	21,600秒	21,600秒	21,600秒	21,600秒
（内訳）				
実際利用時間	21,600秒	18,000秒	16,875秒	13,500秒
余剰時間	0秒	3,600秒	4,725秒	8,100秒
生産量データ	改善前	改善後① 工数低減	改善後② 歩留向上	改善後③ 工数低減
理論的生産量	480個	480個	480個	480個
実際生産量	240個	240個	225個	225個
良品（出荷）量	180個	180個	180個	180個
生産性（効率×能率＝労働生産性）				
効率	75%	75%	80%	80%
能率	50%	50%	46.9%	46.9%
労働生産性	37.5%	37.5%	37.5%	37.5%

（出所）筆者作成

表 3-3 において，改善前と後の理論的な正味CTがわかっているため，それにより計算される理論的生産量は一定である。物的生産性でもある効率については，良品率が向上する分だけそのまま向上していることがわかる。一方で，能率については，表面的にはむしろ低下しており，それらの積である労働生産性は一定である。これは，受注量，すなわち良品として出荷すべき量が一定の場合には，効率が向上した分だけ逆に実際生産量，すなわち投入量は少なくてもよくなることを意味する。結果として，それらの積は一定になる。

表 3-2 で示した実効CTに占める非付加価値時間やムダ時間が減ることにより，実際の能率は上がっているはずである。ところが，表 3-3 において，労働生産性が変わらないのは，受注量一定という条件があるため，能率が向上しても実際には余剰時間，すなわち余剰生産能力が増えるためである。その結果，

実際生産量ベースで生産性を計算すると前述のような結果になる。生産現場でがんばって改善しても，なぜか数値的に効果が見えない典型的な例である。

　ここで仮に，能率が向上した分だけ増産が可能だと想定して，表3-3の実際生産量について追加の計算をしてみる。改善後①および改善後②では，生産量（生産可能量）は288個，改善後③では360個となる。それに基づいて能率を計算すれば，改善後①および改善後②の能率は60%，改善後③では75%となる。効率については同じ条件だとすれば，労働生産性は，改善前から改善後③に推移するに従い37.5% → 45% → 48% → 60%と計算される。これは，生産された量ではなく，生産可能な量としての計算である。この結果は，本事例の設定条件のもとであれば，生産量ベースで計算した結果とも一致する。

　このことからも，生産現場ですぐに見える形で実現された事実からだけでは，改善効果が正しく評価できないことがわかる。そのため，GKCでは，余剰時間などの，現時点では活用される見込みが不明だが活用可能性を持つ余剰生産能力（free capacity）が改善によって創出された場合にも，創出された余剰生産能力を機会損失として測定することにより，改善効果として認識し，評価すべきであると主張している。

3.2　単純1工程・受注量一定モデル：生産能力の図解による見える化

　本項では，前項で計算した生産能力をグラフ化することで，より直感的に管理可能性が示されることを検証する。その際に，受注量一定という制約がある場合には，改善成果としての余剰生産能力の創出が一目でわかることが重要である。さらに，それを活用して増産可能になった場合の生産能力グラフと比較することにより，生産現場の努力がどのように活かされていくのかを見える化することができる。図3-6は，表3-2および表3-3で示した改善成果について，生産能力の推移をグラフ化したものである。

　図3-6の縦軸の目盛りは，当該生産に関わる時間（秒）で示される。これは，作業時間ベースで生産能力の活用割合を測っていることを意味する。横軸は，改善前から改善後①～③，さらに余剰生産能力を活かして増産ができた場合における生産能力の割合の推移を示す。正味加工時間における加工作業にバラツキはないと仮定すれば，この推移は，産出される生産量や良品出荷量などの生

産量割合とも一致する。これまで見えていなかった休眠生産能力や，それらが改善されることで創出される余剰時間という余剰生産能力を，正味生産能力と区分して明示することにより，インプット管理としての時間按分と，アウトプット管理としての生産量管理を数値的にも一致させることが可能になる。これにより，GKCが提唱するインプット管理からアウトプット管理へ（柊, 2023a: 47）というコスト・マネジメントにおける視点の変換が実現される。

図3-6　**現場改善（工数低減・不良低減）による生産能力の推移**

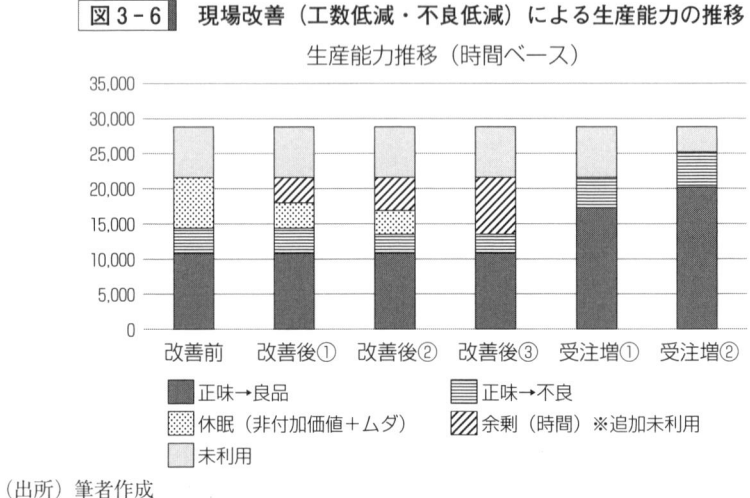

（出所）筆者作成

　図3-6で示される生産能力の区分について検討しておきたい。改善の各段階において，製品1個当たりの加工時間であるサイクルタイム（以下CTと略記）は短くなっていく。そこで，各段階で実現されるCTを実効CTと呼ぶ。

　グラフの一番上の□□□の部分は，もともと需要がないと想定されていた未利用生産能力であり，そこから下はすべて，利用生産能力となる。現場で認識されている現象から見れば，改善前の段階での実効CTに実際生産（投入）量を乗じたものが6時間という当初想定の利用時間であり，それが利用生産能力となる。その中には，正味CTの他に，非付加価値時間やムダ時間が含まれる。これらが休眠生産能力に相当する。改善前段階のグラフにおける□□□の部分が休眠生産能力である。

　グラフの最下段と下から2段目は，いずれも作業時間の観点からみれば正味生産能力に相当する。しかし，時間的視点，言い換えれば，能率の視点からは

正味生産能力であっても，そこから産出される製品に不良が混じっている場合，それは良品生産能力にはならない。そこで，図3-6では，正味→良品，すなわち，正味生産能力としての作業時間から産出されて，かつ，良品として出荷される分と，正味→不良，すなわち，正味生産能力としての作業時間から産出されたが，不良品として検査ではねられて廃棄される分に分けている。

　次に，改善後①〜③を見ると，改善が進むにつれて，休眠生産能力が減っていくことがわかる。しかし，その分が活用されない場合，それは余剰生産能力となる。改善後①〜③だけに現れている，▨▨の部分である。ここから，生産現場において改善目標が達成されたとしても，それがただちに原価低減や増産による売上高増大といった損益計算に反映される効果には直結しないことが明確にわかる。現場改善が直接的に生み出すのはあくまでも余剰生産能力である。したがって，GKCでは，「現場改善によって創出された余剰生産能力（free capacity）に注目する。現場改善の効果をまずは『余剰生産能力の創出』であると捉える。次に，この創出された余剰生産能力を基礎として会計上の現場改善効果である原価低減額と機会損失額を計算するのである」（上總・柊, 2023: 97, 傍点原文のまま）。

　増産は，需要が存在し追加受注が可能という条件下であれば，創出された余剰生産能力を活用する有効な方法である。そこで，表3-3では示されなかった増産効果についてもふれておきたい。グラフの右側の2本は，創出された余剰生産能力を活用して増産した場合を示す。図3-6の右から2番目の受注増①は，前述した，能率改善分が改善されたことで創出された余剰生産能力を活用して増産ができた場合を示す。受注増②では，さらに，当初の未利用時間も活用して，追加増産が可能になった場合を想定している。このように，増産という新たな活用可能性が実現することにより，改善効果としての余剰生産能力，すなわち機会損失がなくなり，それらが新規の売上高，ひいては営業利益増を可能にするのである。

　もちろん，活用方法は増産だけとは限らない。人員の応受援による他工程での余剰生産能力の活用や，さらに，新規案件や新規技術，新製品，新規事業などの将来への投資に変えることも可能性としてはあり得る。実際には，従業員への新たな教育や人事体制の再構築など，さまざまな課題はあるが，現行資源

の活用によって新たな投資を可能にするという点において，たとえば，昨今注目されている「両利きの経営」（O'Reilly and Tushman, 2016）などの具体的展開においても，それらを追加コストなしで実現できる可能性を示すものである。

　以上述べてきたように，物量ベースでの測定をもとに，グラフなどで直感的に状況把握することにより，改善効果とその活用可能性を示すことができる。しかし，これを金額ベースで測定できれば，会計管理とのつながりがより強化されるのではないだろうか。GKCのフレームワークに基づいて，生産能力をいかに金額測定するかというのは，今後さらに検討すべき課題である。

　物量ベースの計算が時間に関わるものだけであれば，この課題は比較的簡単に解決できる。たとえば，本事例について金額ベースでの測定をしたい場合には，作業者の労務費，あるいは製造間接費に含まれる機械設備の配賦額などについて，あらかじめレート（予定賃率や予定配賦率）を定めておけば，簡単に金額換算できる。それにより計算された労務費と製造間接費の推移をグラフ化した場合，図3-6の生産能力の推移グラフと比較しても，各項目の割合に変化は生じない。

　しかし，ここで考慮に入っていない要素として，材料費の存在がある。表3-2に示されている本事例の改善効果では，改善後②において，良品率が75％から80％に向上している。良品率が上がるということは，当然ながら同じ良品生産量に対して費消される材料費が低減されることを意味する。しかし，図3-6の生産能力のグラフの高さには，それは反映されていない。なぜなら，当該グラフは，物量ベースといっても，時間をベースに計算されたものだからである。同じ物量ベースでも，工数短縮などの時間に関する改善と，重量や容積など，主として材料系資源の活用効率（歩留り）をよくするような改善については，その単位の違いから単純に合算はできない。したがって，図3-6のグラフは，残念ながらすべての資源に関わる改善効果を反映するものではない。

　ここに，金額ベースでの生産能力測定に挑戦する意義がある。仮に，表3-2で示される改善効果に関わるすべての生産能力について測定し，各々に金額換算するとしよう。労務費と製造間接費については，前述のとおり予定配賦の考え方を適用すれば，能率が改善されていく各段階において，変化していくそれぞれの生産能力への按分計算ができる。同様に，材料費についても，生産現

場での知見を用いることで，製品1個を生産するために必要とされる材料の原単位（物量標準）を定めることができる。それを利用量に乗ずることで，効率が改善されていく各段階における，生産能力の変化を按分計算できる。

　それぞれに計算された生産能力の金額測定値は，すべて同じ単位であるため，それらを合算して生産能力按分のグラフとして再構成すれば，前述の問題は解決するはずである。このように，費消された資源について，すべてを会計的に金額測定することにより，トータルでの生産能力の変遷を見える化できる。柊（2020a）は，この考え方をもとに全資源の生産能力を金額測定することを目指した試論であった。しかし，計算構造の体系化や具体的適用例については示されていない。

4 ◆ おわりに

　本章では，GKCのフレームワークに基づき，より生産現場に近い「ものさし」としての生産能力の金額を測定する試みを検討した。会計数値は，単位が共通化されることで，あらゆる資源の計算を網羅することができる。その結果，立場や目的の違いを超えて，経営と現場の共通指標となりえる可能性をもつ。

　その意味において，本章では，GKCが目指す「会計コミュニケーション」（上總・柊, 2023: 20）を実現するためのより具体的な手段の1つとして，生産能力の金額測定を提唱した。その際に，単純化された現場改善の事例を示すことにより，生産能力を金額測定して管理情報として活用することの有効性について，その一端を示すことができた。

　一方で，試算のために示した現場改善の事例は，非常に限られたケースである。改善の種類やそれらがたどるプロセスには限りがない点は否めず，それらに適応できるより体系化された計算構造の構築が必要とされる。また，あらゆる資源についての生産能力を金額測定するための方法論については，なお詳細な検討が必要である。

　すべての現場改善の効果を適正に測定・評価するためには，金額という共通単位が必須である。その際に，主として経営レベルで用いられる損益計算やその元となる原価計算については，すでに上總・柊（2023）において体系的に整

理されている。次なる課題の1つとして，現場レベルで用いられる生産能力の把握に関しても，あらゆる資源を統合して金額測定する方法論を検討することには，理論面だけでなく，実務面での意義があると考える。本章はその第一歩にすぎず，今後の課題は多いが，実務検証とともにそれらを追究していきたい。

◆謝辞

本章を執筆するにあたっての理論的根拠は，上總康行先生とご一緒に検討，構築，公表を行ってきた現場改善会計論（GKC）です。上總先生には，GKC が現在の形になるまで10年近く共同研究を継続してご指導を賜りました。ここに改めて深く感謝申し上げます。

なお，本章はJSPS 科学研究費（17K04038）による理論研究，JSPS 科学研究費（22K01689）による応用研究による調査研究成果の一部です。

◆参考文献

Hiiragi, S. & Kazusa, Y.（2017）. GKC as Gemba Kaizen Costing: Visualizing Kaizen effects. *Melco Management Accounting Research Discussion Paper Series*, MDP2017-008.

Hiiragi, S. & Kazusa, Y.（2023）. Measurement and utilization of "Fee Capacity" at production sites: Based on the theory of Gemba Kaizen Costing. *Melco Management Accounting Research Discussion Paper Series*, MDP2023-001.

O'Reilly III, C. A. & Tushman, M. L.（2016）. *Lead and Disrupt: How to Solve the Innovator's Dilemma*, CA: Stanford University Press（入山章栄監訳（2019）.『両利きの経営』東洋経済新報社）.

Shingo, S.（2007）. *Kaizen and the art of creative thinking.* Bellingham, WA: Enna Products Corporation.

Vollmers, G.（1996）. Accounting for idle capacity: Its place in the historical cost literature and conjecture about its disappearance. *Accounting Historians Journal. 23*(1)，25-49.

Womack, J.（2013）. *Gemba Walks* 2nd edition. Cambridge, MA: The Lean Enterprise Institute.

Womack, J., & Jones, D. T.（2003）. *Lean thinking: Banish waste and create wealth in your corporation*（Revised and updated 2nd ed.）. Free Press.（稲垣公夫訳（2003）.『リーン・シンキング』日経BP社，邦訳は原著初版（1996）を訳したもの）.

Womack, J. P., Jones, D. T. & Roos, D.（1990）. *The machine that changed the world : the story of lean production.* New York, NY: Rawson Associates（沢田博訳（1990）.『リーン生産方式が，世界の自動車産業をこう変える：最強の日本車メーカーを欧米が追い越す日』経済界）.

大野耐一（1978）.『トヨタ生産方式：脱規模の経営をめざして』ダイヤモンド社（英訳版：Ohno, T（1988）. *Toyota Production System: Beyond large-scale production.* New York, NY: Productivity Press）.

岡本清（1961）「真実の原価をめぐる実際原価と標準原価との抗争（二・完）」『會計』80(4)，121-142.

岡本清（2000）．『原価計算論　六訂版』国元書房．

上總康行（2016）．「日本的経営における機会損失管理と固定費管理：日本的管理会計の基本的特徴の析出」上總康行・長坂悦敬編著『ものづくり企業の管理会計』中央経済社，1–19．

上總康行（2017）．『管理会計論　第2版』新世社．

上總康行（2018）．「現場改善効果の見える化：機会損失を組み込んだ現場改善会計論」『立命館経営学』56(6)，15–32．

上總康行・柊紫乃（2023）．『現場改善会計論：改善効果の見える化』中央経済社．

新郷重雄（1959, 初版1954）．『工場改善の技術（普及版）7版』日本能率協会．

辻厚生（1988）．『改訂増補　管理会計発達史論』有斐閣．

柊紫乃（2015）．「グローバル化・複雑化時代の生産管理会計：単品種大量生産から多品種少量生産への変化と会計の適合性」上總康行・澤邉紀生編著『次世代管理会計の礎石』中央経済社，297-320．

柊紫乃（2019）．「カイゼン効果の見える化：GKC「カイゼンの6ステップ」効果金額シミュレーション」河田信・川野克典・柊紫乃・藤本隆宏編著『ものづくりの生産性革命』中央経済社，85–110．

柊紫乃（2020a）．「現場改善会計（GKC）における生産能力の測定方法：実務適用のための試論的考察」『愛知工業大学経営情報科学』14(2)，40–67．

柊紫乃（2020b）．「企業経営における「お金の流れ」の価値評価：改善における「よい流れ」の概念を適用して」『日本情報経営学会誌』40(1·2)，114–123．

柊紫乃（2021）．ワーキングペーパー「生産現場におけるムダの定義と課題：生産能力測定のための予備的考察」『愛知工業大学経営情報科学』15(2)，48–77．

柊紫乃（2023a）．論壇「現場改善会計論の提唱：原価管理から余剰生産能力管理へ」『管理会計学』31(2)，47-67．

柊紫乃（2023b）．ワーキングペーパー「GKC（現場改善会計）における「改善プロセスの7ステップ」」『愛知工業大学経営情報科学』17(2)，38-64．

柊紫乃・上總康行（2016）．「製造現場の改善と原価計算：改善効果の見える化」」『原価計算研究』40(2)，72-86．

柊紫乃・上總康行（2017）．「製造現場における改善効果測定と2種類の時間概念」『原価計算研究』41(1)，76-89．

柊紫乃・上總康行（2018）．「現場改善による生産能力の増大：現場改善会計論に向けた予備的考察」『愛知工業大学経営情報科学』12(2)，68-88．

柊紫乃・上總康行（2022）．「現場改善効果の類型化：会計的視点からの考察」『管理会計学』30(1)，123-140．

藤本隆宏（2001）．『生産マネジメント入門 [I]』日本経済新聞社．

藤本隆宏（2003）『能力構築競争：日本の自動車産業はなぜ強いのか』中公新書．

藤本隆宏監修・一般社団法人ものづくり改善ネットワーク編（2017）『ものづくり改善入門』中央経済社．

第 **4** 章

意思決定会計と人間心理

1 ◆ はじめに

　企業経営において，経営者の意思決定は最も重要なタスクであることは言うまでもない。経営者の意思決定は，経営の方向性を決めるものであり，経営全般に波及する。現場の経営管理がどれほど優れていたとしても，経営者の適切な意思決定に基づく経営の方針が伴っていなければ，現場の努力は徒労となりかねない。

　ところで，現代の経営環境はますます変化の速度が高まっている。特にAIをはじめとするテクノロジーの発展速度には目を見張るものがある。安定的な時代とは異なり，ある投資案件が実行に移されても，事前の想定とは大きく異なるような状況が発生することもあろう。このような場合，経営者には，時々の状況変化に応じて，より迅速で柔軟な意思決定が求められる。ときには縮小や撤退などの決断が迫られることもあろう。

　しかし，時々の状況の変化に適切に対応した柔軟かつ適切な意思決定を行うことは簡単なことではない。むしろ，見積りが大きく外れた案件をそのまま構わず実行してしまったり，いったん実施された大型の投資案件が，収益力を失ってからも撤退することなく継続され続けてしまうようなこともある。

　管理会計の領域では，経営者の意思決定については，たとえば，投資経済計算の技法や資本予算プロセスなどと関連づけて検討される。これらは，経営者の意思決定を支援するための道具であり仕組みである。しかし，このような管理会計を利用していても，経営者が合理的な存在であるなら，決してされるはずのない意思決定がなされてしまうことも少なくない。そのような必ずしも合

理的とは言えない意思決定が生じる理由を解明するうえで，心理学からの知見が有益な示唆を与えてくれる。

本章では，このような管理会計の領域でも重要なトピックの１つである意思決定会計に深く関係する人間の心理的側面に注目し，適切な意思決定を支援する管理会計を検討するためには心理学の知見を援用することが必要であるという点について検討を進め，今後の管理会計研究の展開可能性について論じてみたい。

2 ◆ 意思決定における心理的要因

2.1 意思決定がうまくいかない理由

経営者の意思決定がうまくいかないのにはさまざまな理由がある。たとえば，適切な情報を収集しきれなかったとか，コストと便益を正確に把握しきれなかったという場合などには，意思決定はうまくいかない。これは，意思決定に必要な情報の不足や，見積りの精度の問題などが理由になる場合である。管理会計で扱う，意思決定会計における投資経済計算などは，特定の投資プロジェクトに関連する将来の情報を予測しつつ，将来のキャッシュ・フローや収益および費用などを見積もりながら採算計算を実施するプロセスであり，まさにこれらの問題と意思決定の良否は直接的に関連する。

しかし，意思決定がうまくいかない理由は，意思決定に直結しているように考えられる見える化されたプロセスの問題に関連するものだけではない。具体的には，意思決定者の内面，すなわち心理的な作用が原因となる場合もある。これは，人間の内面的な問題であり，非公式的で見えない作用である。言うまでもなく，人間は，ある条件に基づいて，常に合理的に判断を下すことのできるマシンではないため，人間の心理的な作用が適切な意思決定を妨害することもありうる。このような現象に関する問題については，心理学の領域において研究が蓄積されてきた。

心理学には多くの分野があるが，管理会計の研究との関係でいえば，主に，認知心理学，動機づけ心理学，社会心理学の３つの分野の理論に依拠している

（Birnberg et al., 2006: 116）。認知心理学は，判断に関わる人間の思考に影響を与える心理プロセスに関する研究である。動機づけ心理学は，努力の喚起，方向，強さ，持続などに焦点を当てた研究領域である。社会心理学は，他人が個人の心や行動にどのような影響を与えるかに関心があり，社会的相互作用と人間関係などを関心の対象とする。

　意思決定については，特に人の判断に影響を与えるプロセスを分析する認知心理学の知見と関連が深い。人間がさまざまな決断を下すときに，心理的な作用に翻弄されることで思考の罠に落ちる場合があることは，認知心理学の先行研究がすでに明らかにしてきたことである。ただし，その先行研究は膨大であるため，本節では，意思決定に関わる管理会計研究とも特に関連する重要論点と考えられる認知心理学のいくつかの基本的なトピックについて，その内容を概観したい。

2.2　意思決定に関する心理学

2.2.1　ヒューリスティック

　心理学の領域では，ヒューリスティック（heuristic）と呼ばれる，人間が問題を解決しようとする際の思考について検討されている。ヒューリスティックとは，直感や経験に頼る簡便な思考方法のことである。人間は複雑な問題を解く際に，ほとんどの場合において，手順が定式化されたアルゴリズムのようなものを実行していない。さまざまな経験則による典型例，利用可能な範囲で想起できる事象やデータ，直前に参照した基準点などを手がかりとした簡便で直感的な方法に頼っていることが心理学の先行研究から明らかにされている。ヒューリスティックには，素早く簡単に物事を判断できるというメリットもあるが，判断を誤りやすいというデメリットもあり，重要で複雑な問題に対処するような意思決定に際しては注意が必要な論点となる。

　たとえば，Tversky and Kahneman（1974）は，このヒューリスティックには，代表性（representativeness），入手可能性（availability），調整とアンカリング（adjustment and anchoring）の3類型があると示している。代表性とは典型的な特徴ある事象に注目して判断する傾向で，典型例に依存してしまうことで判断の偏りが生じる。入手可能性とはすぐに思いつきやすい情報に強く依存

して判断する傾向であり，思いつかない重要な情報を無視してしまう。調整と
アンカリングとはどこかに何らかの参照点を置きそれを基準として判断をしよ
うとする傾向であり，基準をどこに置くかによって最終的な判断が大きく異な
るというものである。これらのヒューリスティックは，効率的に意思決定を行
うことのできる人間の優れた判断機能ともいえるが，その一方で，誤りをもた
らすときの典型的なパターンともなりうる。

2.2.2 プロスペクト理論

Kahneman and Tversky（1979）で提唱されたプロスペクト理論は，人間が，
利得について評価する際に，ある利得と同額の損失では，損失する場合の心理
的インパクトのほうが大きく感じること（損失忌避）を示している（図4-1）。

図4-1　プロスペクト理論の価値関数

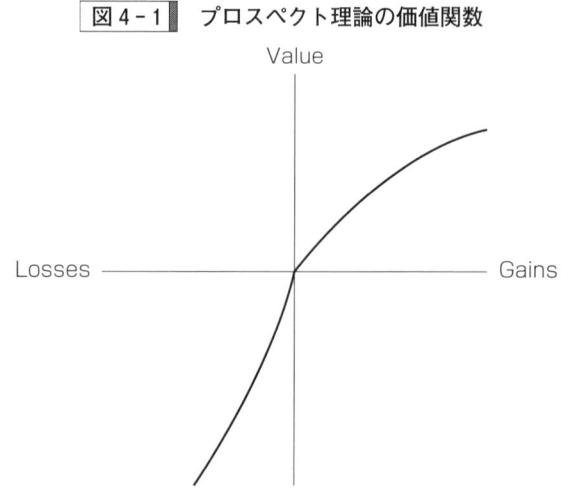

（出所）Kahneman and Tversky, 1979: 454

　図4-1の原点は，人間が認知した，ある参照点を示している。この価値関
数は，この参照点を基準として，利得から得られる価値と損失から得る価値を，
人間は同様に捉えていないという事を示している。プロスペクト理論の特徴は，
この参照点が，意思決定する問題をどのように捉えるのかという問題の理解の
仕方によって移動しうるという点にある。したがって，意思決定の最終判断は，
参照点をどこに捉えるか，すなわちどのように意思決定の問題を把握している

のかによって異なるものとなる。

　この点について，プロスペクト理論の形成の基礎となった，Kahneman and Tversky（1979）の研究に基づいて具体的にレビューしてみよう。同論文では表４－１のような問題を被験者に対して課して，その結果を得ている。

表４－１　プロスペクト理論の価値観数

問題		選択肢	内容	比率
問題１	次のうち，どちらが好ましいですか？	A	80％の確率で4,000ドルを得られ，20％の確率で何も得られない。	20％
		B	確実に3,000ドルを得られる。	80％
問題２	次のうち，どちらが好ましいですか？	C	80％の確率で4,000ドルを失い，20％の確率で何も失わない。	92％
		D	確実に3,000ドルを失う。	8％
問題３	あなたは1,000ドル与えられています。次のうち，どちらが好ましいですか？	E	50％の確率で1,000ドルを得られ，50％の確率で何も得られない。	16％
		F	確実に500ドルを得られる。	84％
問題４	あなたは2,000ドル与えられています。次のうち，どちらが好ましいですか？	G	50％の確率で1,000ドルを失い，20％の確率で何も失わない。	69％
		H	確実に500ドルを失う。	31％

（出所）Kahneman and Tversky（1979）をもとに筆者作成

　問題１では，確実に利得が得られるBがより選好され，問題２では，確実な損失よりもリスク志向的なCがより選好される。このことから，利得に関してはリスク回避的に，損失についてはリスク志向的になる傾向が認められる。問題３と問題４は，あらかじめ一定の金額が与えられているという点では問題１と２と条件設定が異なるが，利得に関してリスク回避的で，損失に関してリスク志向的となるという結果には変わりがない。これらの実験結果から図４－１のようなプロスペクト理論が構成された。

　なお，問題３のE，Fと問題４のG，Hは，実は計算上の結果は等しいものとなる。いずれも，当初に与えられた金額と合わせると期待値は1,500ドルである。しかし，意思決定の結果には明確な相違が表れている。これにより，最終的な金額がいくらになるのかということよりも，参照点から得をするのか損をするのかという変化の程度をもとにして判断しながら，得をするときはリスク回避的，損をするときはリスク志向的になることが示されている。したがっ

て，人間による価値判断を考えるうえで，参照点がどこに置かれるのかという
事が大きな論点となる。

2.2.3 心の会計

Thaler（1985）は，心の会計（mental accounting）という考え方を提示して
いる。そもそも，TverskyとKahnemanは，プロスペクト理論を提示したのち，
いくつかの論文において，心理会計という考え方について言及し，意思決定の
問題において，特に金銭的な情報に基づく選択について心理的な要因が大きく
影響を及ぼしているため，この点により関心を向けるべきであると指摘してき
た（Tversky and Kahneman, 1981; Kahneman and Tversky, 1984）。Thalerによる
心の会計の考え方は，このことを受けて展開されたものである。

Thaler（1985, 1999）およびThaler and Johnson（1990）は，Tverskyと
Kahnemanによるプロスペクト理論を援用しながら，同じような問題に対して
も，人の価値判断は問題の理解の仕方によって参照点が変わるため，それによ
り判断や意思決定が異なる結果となることを，特に金銭的な情報に基づく問題
について整理しようと試みた。たとえば，Thaler and Johnson（1990）では，
事前に利益や損失があるような状況下において多段階の実験を試み，プロスペ
クト理論と異なる結果を得たうえで，人が意思決定に関わる問題について次の
ように捉えることを示している。

(1) 事前損失：事前に損失を被っていると，損失についてリスク回避的と
なる。

(2) 事前利得：事前に利得を得ていると，利得についてリスク志向的とな
る（ハウスマネー効果）。

(3) 損益分岐点効果：事前損失があっても，損益分岐点に戻せるような機
会があればリスク志向的となる。

(1)のように，事前に損失を被っていると，これ以上の損はしたくないとい
う損失回避行動からリスク回避的となり，これはプロスペクト理論の示すとこ
ろ（表4-1の問題2の結果）と異なる判断となる。一方，(2)のように，事前に
利得を得ていれば，それはハウスマネー（カジノで得たあぶく銭）のようなも

ので，それならば大胆に使うことができるといった心理的バイアスを生じさせる。これもプロスペクト理論の示すところ（表4-1の問題1の結果）とは異なる。さらに，(3)のように，事前損失があっても，損益分岐点に戻せるような機会であればリスクをとるような傾向が確認された。つまり，人は事前の利得や損失があるような状況では，問題の捉え方が異なり，結果として判断内容も異なってくることとなる。

2.2.4　サンクコスト

　通常，人は悪い結果をもたらす決定を回避するように行動をするはずであるが，なぜか投資に関する意思決定の場面では，悪い結果がもたらされた投資案件に資源の追加投入をしてしまい，さらに悪い結果をもたらしてしまうようなケースが見られる。

　Staw（1976）は，その論点に注目して実験研究を実施した。この実験の結果，過去の投資の業績が悪く，かつ，その過去の投資の意思決定の責任が自分自身にある場合には，追加投資額が大きくなる傾向がみられることを確認した。つまり，人間には，自己の決定が誤りでなかったようにしようとする動機づけのもとで，過去の投資を正当化しようとする，つまり，意思決定者が自己正当化をしようとする傾向があることを提示した。このような自己正当化などによって，特定のプロジェクトにこだわり続けるようなことをエスカレーションという。

　Arkes and Blumer（1985）は，Staw（1976）の実験結果を踏まえたうえで，サンクコスト概念，すなわち，過去に投下したもので，もう取り戻すことのできない費用に注目し，過去の投資のサンクコストの有無が追加投資の意思決定に影響を及ぼすかどうかについて明らかにするため，実験研究を実施している。この実験の結果から，過去の投資に対するサンクコストがあり，かつ，この投資案件に意思決定者の責任がある場合においては，追加投資を実施しようとする傾向が高くなるということが示された。このように，いったん投資をしてしまうと，その後，当該投資の成果が見込めなくなってしまっても，そのまま継続しようとしてしまう心理的傾向のことをサンクコスト効果という。

　また，Garland（1990）は，投資総額に占めるサンクコストの割合について

注目し，投資案件実施後のある時点における投資総額に占めるサンクコストの割合の大小が，残額投資の是非の判断に影響を及ぼすかについて，実験研究で確認している。その結果は，サンクコストの占める割合が投資総額の50%を超えてしまうと，状況が悪化していても，残額投資に対して賛成する傾向が高まるということを示していた。つまり，総投資額に占める割合が高くなるほど，いまさら後に引き返せないという心理的効果が働くことによって，サンクコスト効果がより助長されるという特徴も見られる。

　以上のとおり，心理学の領域の知見としても，サンクコストは人間の心理に影響を及ぼし，投資の意思決定にバイアスを掛ける傾向があるということが明らかにされている。

3 ◆ 経営者の意思決定に関連する心理的要因

　ここまで，意思決定の局面における人間の心理的な作用に関する一般的傾向について，心理学の領域における主要な論点を整理してきた。

　本節では，より企業における経営者の意思決定に焦点を当てて論点を整理したい。経営者も人間である以上，心理的な罠から完全に逃れることはできない。Hammond et al.（1998）は，経営者による意思決定の場面において，影響を及ぼしやすい8つの心理的な罠（trap）について整理して提示している。かかる8つの罠とは，(1)アンカリングの罠，(2)現状維持バイアスの罠，(3)サンクコストの罠，(4)確証バイアスの罠，(5)フレーミングの罠，(6)自信過剰の罠，(7)慎重さの罠，(8)想起可能性の罠である。表4-2は，Hammond et al.（1998）の記述に従って，この8つの罠とその内容を再整理したものである。これらの心理的な罠は，それぞれが独立して生じるものばかりではなく，他の心理的な罠とも密接に関連し合う場合もある。

　たとえば，(1)アンカリングの罠や(3)サンクコストの罠の影響から，問題を理解するための枠組みを組み立てる際に何かに偏った理解をしてしまうことによる(5)フレーミングの罠にはまることなどが考えられる。

　また，Hammond et al.（1998）は，(6)自信過剰の罠，(7)慎重さの罠，(8)想起可能性の罠の3つの罠をまとめて「見積りと予測の罠」として区分してい

表4－2　経営者の意思決定を歪める心理的な8つの罠

心理的な罠	内　容
(1) アンカリングの罠	当初に受け取った情報（アンカー）に不釣り合いなほどの重みを与えてしまい，その情報の重みに引きずられた判断をしてしまう傾向
(2) 現状維持バイアスの罠	よりよい代替案が存在する場合でも，現状を変えようとせず，現状を維持する選択肢をとろうとする傾向
(3) サンクコストの罠	コストをかけた過去の選択がすでに誤りであることが判明している場合でも，過去の選択を正当化するような選択をする傾向
(4) 確証バイアスの罠	自らの直感や選好を支持する情報を探し求める一方で，反対の情報を避けようとする傾向
(5) フレーミングの罠	問題の枠組みの組み立て方，つまり理解の仕方によって，同じような内容の異なる選択肢を違うものと捉えてしまい，結論に大きな影響が及ぶ傾向
(6) 自信過剰の罠	自分の予測の精度を過大評価する傾向
(7) 慎重さの罠	不確実な出来事について見積りをするときに，私たちを過度に慎重にさせてしまう傾向
(8) 想起可能性の罠	強く印象に残っている劇的な出来事を過度に重視してしまう傾向

（出所）Hammond et al.（1998）をもとに筆者作成

る。この「見積りと予測の罠」は，特に，将来が不確実な状況において，ある事象が起きうる確率の評価をする能力を曇らせてしまうような影響を与える罠である。

　経営者が，重大な意思決定をするために将来を予測するとき，その事象に関する正確で十分な情報を得ることはできないことがほとんどである。気象予報士が大気予報をするという予測行為であれば，繰り返し同じような予測を行い，40％で生じると見積もった事象と類似の事象が，実際に40％の確率で起きていたのかを事後的に確認可能である。しかし，経営者の重大な意思決定は経常的に繰り返されるようなものではなく，予測の精度を上げるために正確かつ十分な情報を持ち合わせることはできない。そのため予測に際しては，ある程度の主観的確率（ある事象がどのくらい起きるのかについての個人的かつ主観的な信念）のようなものに頼らざるを得ない。

　経営者が，将来の予測について確証を得ていなかったり，得意ではないと自

覚していたとしても，自分自身の予測を過信してしまったり，逆に，過剰に用心しすぎてしまうようなこともある。あるいは，そうでなくても，なにかしらインパクトの強かった過去の事象などに引きずられてしまう場合もある。

　Hammond et al.（1998）は，あらゆる心理的な罠から身を守る最善の方法は，単独であれ組み合わせであれ，このような心理的な罠があることを，経営者自身が自覚することであると指摘する（Hammond et al, 1998: 52）。経営者自身の心理的な罠を根絶できなくても，その罠を回避するための何らかの備えを用意しなければならない。たとえば，意思決定のプロセスにさまざまな確認や規律を組み込むことで，考え方の誤りを発見する可能性は高まる。したがって，管理会計情報やそれを用いた意思決定プロセスの構築はその備えとして有益となろう。

　たとえば，ある成功企業の経営者が，経営環境の将来について若干の不安要素を抱えながらも，経営を拡張される設備投資について検討しようとしているときに，信頼する友人の経営者にこの件について相談するような場面を想定すると，これはかなりの程度で確証バイアスの罠に陥る可能性が高い。また，この友人からの助言により自信過剰の罠にも陥る可能性がある。この時にすべきことは，友人の経営者に相談することよりも，自分から距離のある第三者によって作成された当該設備投資に関する財務計画（すなわち管理会計情報）を提示してもらうほうが有益である。そのような情報は欲しくないという情報を受け入れることが確証バイアスの罠や自信過剰の罠から逃れる有益な備えとなるからである。

　その一方で，管理会計情報やそれを用いた意思決定プロセスの利用の仕方によっては，管理会計が経営者の意思決定を歪める心理的な罠を助長する可能性もありうる。たとえば，イエスマンの財務担当役員が作成してきた管理会計情報は，経営者の確証バイアスを助長する可能性が高い。とすれば，管理会計研究において，経営者の心理的な罠を緩和するように管理会計が活用される要件について検討することは重要な論点となりうる。

4 ◆ 意思決定会計と心理学

4.1　管理会計研究における心理学の援用

　会計学全般の研究領域において，特に監査論を含む判断と意思決定に関わる研究領域で心理学の援用は進んでいる（Bonner, 1999, 2007）が，管理会計の研究領域においても，人間の心理的側面を意識した研究が注目を集めている。海外では，ミシガン州立大学の研究グループがこの領域の管理会計研究をけん引している（Birnberg et al., 2006; Luft and Shields, 2010など）。Birnberg et al.（2006）のレビューによると，心理学の理論は，1950年代から長期にわたり管理会計の実務を研究するために使用されてきた（Birnberg et al., 2006: 115）。

　Lachmann et, al.（2017）は，管理会計の研究が掲載される主要な学術ジャーナル9誌[1]を対象として，1980-1982 年，1990-1992 年，2000-2002 年，2010-2012 年の4つの期間に発表された論文を抽出して，管理会計の実証研究がどのような理論的観点を用いているのかを分類している（表4-3）。実証的研究に絞ると，心理学は，1980年代にはすでに多くの管理会計研究において援用されており，2010年以降に至るまで理論的視点の1つとして領域を形成していることがわかる。

表4-3　管理会計研究の理論的アプローチの経年変化

	1980-1982	1990-1992	2000-2002	2010-2012	Total
経済学	4 (16.0%)	13 (15.9%)	20 (16.3%)	39 (22.8%)	76
心理学	12 (48.0%)	16 (19.5%)	19 (15.4%)	39 (22.0%)	86
社会学	2 (8.0%)	9 (11.0%)	18 (14.6%)	24 (14.0%)	53
組織行動	0 (0.0%)	19 (23.2%)	30 (29.3%)	47 (27.5%)	102
生産管理	0 (0.0%)	8 (9.8%)	4 (3.3%)	3 (1.8%)	15
複数	2 (8.0%)	1 (1.2%)	3 (2.4%)	4 (2.3%)	10
理論なし	5 (20.0%)	16 (19.5%)	23 (18.7%)	15 (8.8%)	59

（出所）Lachmann et, al. 2017: 49

　なお，わが国においても，心理学をベースとした管理会計研究は，いくつかみられるようになっている（王, 2013; 日置ほか, 2013; 渡辺, 2013; 篠田, 2022; 槙下,

2022など)。特に，わが国に独自性のある原価企画の領域で心理学をベースにした研究が公表されていることに特徴が見られる（シールズ，2012; 加藤，2014; 諸藤，2020; 篠田・丸田，2020)。しかし，もとより会計研究の育成機関（大学院）に管理会計と合わせて心理学を修める機会はほとんどなく，心理学を援用した研究が，わが国ではそれほど盛んに実施されてはいないが，国際的な動向と比較すると研究の余地が残されている分野と考えられる。

4.2 意思決定会計に関わる心理学

意思決定に関わる管理会計研究において心理学を援用した研究についてもトピックを絞って簡単なレビューをしておきたい。管理会計の情報が与える効果は，限定合理的な人間がどのようにその情報を検索したり，処理したりするのかにも影響を受ける。つまり，管理会計情報が経営者の心理的側面にどのような影響を与えるのかについて，ヒューリスティックを想定した議論を進めていくことが求められる。また，経営者を取り巻く各種の条件や経営者の個人的な経験などが，経営者の個人の問題の捉え方にどの程度の影響を与えるかにも左右される。

管理会計研究における心理学を援用した意思決定に関わる数多くの先行研究があるが，本項では，この領域の研究の意義への理解を深めるために，興味深い先行研究として，Cheng et al.（2003）を一例として取り上げる。

Cheng et al.（2003）では，投資プロジェクトのハードルレートの設定方法と，経営者のエスカレーションとの関係に焦点を当てている。そこで，ハードルレートをどのように設定すると，経営者のエスカレーション（過去に自らが投資したプロジェクトについて，収益性を失う事態が発生したにもかかわらず，そのプロジェクトに固執してしまうこと）を抑制するかという点について実験研究を通じて検討している。実験参加者を，投資プロジェクトのハードルレートを①設定しない場合，②組織から付与された場合，③自ら設定した場合の３つの群に区分して，過去の投資したプロジェクトが，その後，収益性を失う事態に直面したというシナリオのもとで，その投資を継続するか否かを問うという枠組みでの実験が行われた。実験結果として，③の自ら設定した場合に，経営者のエスカレーションが抑制されるという結論が示されている。あわせて，組織

から付与された場合には，エスカレーションが抑制されることを統計的に有意に確認することはできなかった。この結果から，投資成果の目標設定に，意思決定者を関与させることが重要であると結論づけている。つまり，投資プロジェクトのハードルレートを意思決定者が自ら設定するようなマネジメントの仕組みがあれば，経営者のエスカレーションは抑制されるということが示唆されている。この結果は，投資の意思決定を効果的に実施するためには，会計の計算構造や技法のみならず，認知心理学的な側面からの分析を必要とすることを示唆している。

5 ◆　おわりに

　経営者は企業の経営に関わる重要な判断や意思決定を行っているが，彼・彼女らの判断や意思決定は必ずしもうまくいくとは限らない。うまくいかない理由の1つは，ここまで議論してきたように，心理的なバイアスが悪影響を及ぼす場合があるからである。

　管理会計の文脈に引き付けていえば，管理会計は経営者を支援するために存在している。管理会計を活用する経営者の心理的なバイアスを，管理会計が緩和したり，あるいは，助長したりするのであれば，その論点まで管理会計の範疇として拡張して捉えるべきであろう。

　このような論点は，管理会計研究によって明らかにされるべきであるが，狭義の意味での会計の計算構造や技法だけを眺めていても，解明できない。管理会計は，制度会計とも異なり，経営に関わる人間が目的に従って自由に設計可能な私的会計である。すなわち，管理会計は経営に関わる人間が目的をもって，経営をうまくやり切るという責任とともに自由に実践できる行為であるということに立ち返れば，管理会計を創り，活用する，人間の思考方法を含む心理的な要因を研究対象の範囲に含めることに一定の意義は認められるし，むしろ自然なこととも言えよう。

　また，本章では取り扱うことができなかったが，心理学の領域は幅広い。たとえば，文化が生む認知の差や，知識が生む認知の差なども心理学の領域では取り扱われる。パーソナリティの差について研究する心理学領域もある。国や

地域，会社の形態や経営者の経歴などにより多様性が生じうることについての
基礎理論となりうることから，日本的管理会計の本質に迫ることも可能かもし
れない。本章では整理しきれなかったが，この点は，今後の研究の展開可能性
として指摘するに留めたい。

　いずれにしても，目指すべきは経営者の意思決定をよりよく支援する管理会
計の構築であり，それに役立つ管理会計研究として心理学を援用することには，
学術的にも実務的にも意義があるものと考えられる。

●注————————————————

1　対象の9誌は，Accounting, Organizations and Society, Behavioral Research in Ac-
counting, Contemporary Accounting Research, European Accounting Review, Journal
of Accounting and Economics, Journal of Accounting Research, Journal of Management
Accounting Research, Management Accounting Research, The Accounting Review で
ある。

◆謝辞
本研究はJSPS科研費（JP20K02032）の助成を受けたものである。

◆参考文献
Arkes, H. R., & Blumer, C.（1985）. The psychology of sunk cost, *Organizational Behavior and Human Decision Processes, 35*(1), 124-140.

Birnberg, J. G., Luft, J., & Shields, M. D.（2006）. Psychology theory in management accounting research, in Chapman, C. S., A. G. Hopwood, & M. D. Shields eds, *Handbooks of management accounting research, 1*, 113–135, Elsevier.

Bonner, S. E.（1999）. Judgment and decision-making research in accounting. *Accounting Horizons, 13*(4), 385–398.

Bonner, S. E.（2007）. *Judgment and decision making in accounting*. Pearson.

Cheng, M. M., Schulz, A. K.-D., Luckett, P. F., & Booth, P.（2003）. The effects of hurdle rates on the level of escalation of commitment in capital budgeting. *Behavioral Research in Accounting, 15*(1), 63–85.

Garland, H.（1990）. Throwing good money after bad: The effect of sunk costs on the decision to escalate commitment to an ongoing project. *Journal of Applied Psychology, 75*(6), 728-731.

Hammond, J. S., Keeney, R. L., & Raiffa, H.（1998）. The hidden traps in decision making. *Harvard Business Review, 76*(5), 47–48, 50, 52 passim.

Kahneman, D., & Tversky, A.（1979）. Prospect theory: An analysis of decision under risk. *Econometrica, 47*(2), 263–291.

Kahneman, D., & Tversky, A.（1984）. Choices, values, and frames. *American Psychologist,*

39(4), 341–350.

Lachmann, M., Trapp, I., & Trapp, R. (2017). Diversity and validity in positivist management accounting research—A longitudinal perspective over four decades. *Management Accounting Research, 34*, 42–58.

Luft, J., & Shields, M.D. (2010). *Psychology models of management accounting*. Now Publishers.

Staw, B. M. (1976). Knee-deep in the big muddy: A study of escalating commitment to a chosen course of action. *Organizational Behavior and Human Performance, 16*(1), 27–44.

Thaler, R. (1985). Mental accounting and consumer choice. *Marketing Science, 4*(3), 199–214.

Thaler, R., & Johnson, E. (1990). Gambling with the house money and trying to break even: The effects of prior outcomes on risky choice. *Management Science, 36*(6), 643–660.

Thaler, R. H. (1999). Mental accounting matters. *Journal of Behavioral Decision Making, 12*(3), 183–206.

Tversky, A., & Kahneman, D. (1974). Judgment under uncertainty: Heuristics and biases. *Science, 185* (4157), 1124–1131.

Tversky, A., & Kahneman, D. (1981). The framing of decisions and the psychology of choice. *Science, 211* (4481), 453–458.

王志 (2013)「日本における心理学理論をもちいた管理会計学の研究：動機づけ理論を中心に」『原価計算研究』37(2), 111-121.

加藤典生 (2014)「原価企画における心理学的研究の重要性」『商学論纂』55(4), 21-40.

シールズ, M. (2012)「原価企画研究：心理学的分析」『メルコ管理会計研究』5(1), 36-43.

篠田朝也・丸田起大 (2020)「製品開発段階における原価目標設定の効果と課題：実験室実験の結果から」『会計理論学会年報』34, 72-82.

篠田朝也 (2022)「管理会計における人間心理の重要性：サンクコスト効果に焦点を当てて」『會計』201(1), 93-104.

日置孝一・末松栄一郎・三矢裕 (2013)「フィードバック情報が作業パフォーマンスに与える影響：Need for Cognitionを用いた実験的検討」『原価計算研究』37(1), 29-39.

槇下伸一郎 (2022)「情報の表示形式が意思決定に与える影響：認知適合理論を中心とした文献レビュー」『管理会計学』30(1), 141-158.

諸藤裕美 (2020)「原価企画研究への心理学理論の適用：目標原価のタイトネス再考」『會計』197(3), 284-296.

渡辺岳夫 (2013)「影響システムとしての管理会計研究の新地平：ポジティブ心理学との融合を目指して」『原価計算研究』37(1), 1-15.

第Ⅱ部

新しい文脈における管理会計研究

自律創造型コントロールと信頼

1 ◆ はじめに：信頼の概念とコントロール研究における意義

組織メンバーを組織目標の達成に向けてコントロールしようとするとき，組織メンバーの信頼の状況によって，コントロール・システムの機能が異なることが明らかとなりつつある。このとき，コントロール・システムと信頼の関係の理解なくして，コントロール・システムを正しく設計し運用することはできない。本章では，従業員の自律的動機づけを高め創造性の発揮を支援する「自律創造型コントロール」（浅田, 2023）の視点から，信頼と組織のコントロール・システムに関する膨大な先行研究を踏まえ，この種のコントロールに対して職場での信頼がもつ意義を考察する。

次世代の管理会計やコントロール・システムにおいては，トップによる命令に盲目的に従うのではなく，従業員が自律的に創造性を発揮することで，直面する課題を柔軟に解決していくことが求められる。このような創造性は，新製品・新技術の開発や新事業の創出などの特に創造的とされる現場でも必要とされるが，組織のあらゆる場面で多かれ少なかれ必要とされている（Amabile, 1993; Shalley et al., 2000）。たとえばリーン生産の手法は改善アイデアの創出なくしては成功しないし，会計上の数字を改善するための具体的な行動計画の策定には従業員の創造的能力の発揮が求められる。そして，このような従業員の創造性の発揮に管理会計やコントロール・システムが深く関わっていることが理解されつつある（浅田, 2023）。

一方でコントロール・システムに関する議論においては，信頼の重要性が指摘されてきた（大浦, 2006; 横田, 2022）。後述するように，コントロール・シス

テムの機能は信頼との関係において文脈依存的であり，両価的であるとされ，両者の関係はそれほど単純ではないことが知られつつある。従業員に自部門や他部門に関する会計情報を開示することは，組織全体の状況や他の部門の努力を可視化し，また経営者の従業員に対する信頼を示すものと理解されることで，経営者や組織に対する従業員からの信頼を高める場合がある。逆に，信頼が十分にない状況では，情報開示がリストラに向けた準備として受け取られたり，他部門に対する不満を増幅したりする危険もある。このようにコントロール・システムと信頼は相互に深く関連している。

このとき自律創造型コントロールと信頼はどのように関係しているだろうか。本章の課題は先行研究で得られた知見を整理することを通じて，信頼が自律創造型コントロールとの関係においてもつ意味を明らかにすることである。従業員の自律的動機づけを高めるためには一定程度の裁量を従業員に付与することが必要となるが，裁量の付与においては，従業員が機会主義的な行動をとることなく組織目的に適合的な努力を行うという経営者の従業員に対する信頼が必要となる。従業員の上司や経営者に対する信頼もまた必要となろう。本章が主要な検討対象としているのは，組織内におけるコントロール主体としての上司とその部下や従業員同士の関係であり，しばしば議論されてきた組織間関係における信頼とコントロールの問題はここでは直接的な議論の対象とはしない。

図5-1 　本章の構成

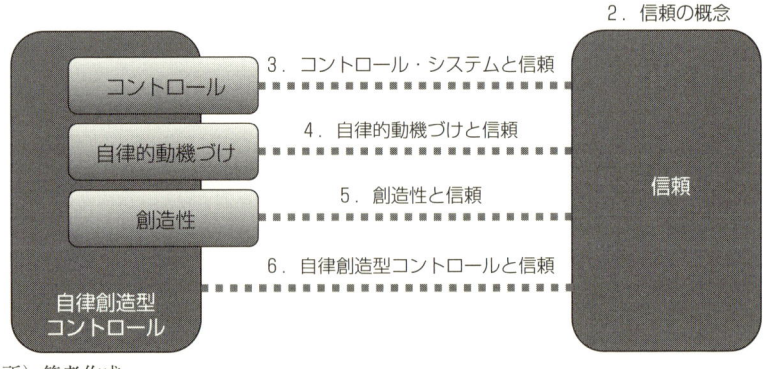

（出所）筆者作成

本章の構成は以下のとおりである（図5-1を参照）。第2節ではまず，信頼

の概念や分析レベル，先行要因について先行研究の知見を簡潔に要約する。第3節から第5節ではそれぞれ，コントロール・システムと信頼，自律的動機づけと信頼，創造性と信頼の関係に関する先行研究の知見を整理する。第6節では，これらの知見を踏まえて，自律創造型コントロールにおいて信頼のもつ意義について考察する。第7節では，結論を簡潔に要約する。

2 ◆ 信頼の概念

2.1 信頼とその必要条件

　信頼は，管理会計学はもちろん経済学・心理学・社会学などの多くの分野において異なる語彙のもとで議論されてきたために，「信頼について普遍的に受け入れられた学術的な定義はない」（Rousseau et al., 1998: 394）と指摘されている（Hosmer, 1995）。一方で，この分野でしばしば引用されるMayer et al. (1995) によれば，信頼は「相手が信頼者にとって重要な特定の行動をとるという期待に基づいて，その相手を監視したりコントロールしたりする能力に関係なく，相手の行動に対して脆弱であろうとする当事者の意思」であるとされる。その後の多くの定義ではこの定義に含まれる肯定的な期待と脆弱性を受け入れる意思の両側面を含む一方で，肯定的な期待のみを含むものも多いとされる（Fulmer and Gelfand, 2012）。そして行動経済学などにおける例外はあるものの，信頼は主に心理状態として理解されている（Costa et al., 2018; Fulmer and Gelfand, 2012）。

　またDas and Teng (1998) は，信頼について「リスクを伴う状況において自分に対する他者の動機に対して肯定的に期待できる状態」（Boon and Holmes, 1991: 194）という定義を採用し，信頼がリスクを中核とした概念であり，リスクを伴う状況においてのみ信頼が生じると理解している。このように，信頼が生まれるために必要な条件がリスクと相互依存性であるという点については，学問分野を超えて合意が得られているとされる（Rousseau et al., 1998: 395）。相手が適切な行動をとることが確実な状況では信頼は必要ないとされ，一方でそれが確実ではない状況ではリスクをとる必要が生じ，そこに信頼が生じるとさ

れる。また，一方の当事者の利益が他方の当事者の協力なしには達成できない
という相互依存性が存在しなければ，他者を信頼する必要も生じないとされる。
タスクの相互依存性が高く，権威の分化（authority differentiation）が大きく，
スキルの分化が大きいときに，チーム内信頼と組織パフォーマンスの正の関係
がより強化されるという近年のメタ分析で示された知見は，このような議論を
裏づけている（De Jong et al., 2016）。

2.2 信頼の分析レベルの複数性：個人の信頼，チーム間信頼，チーム内信頼

　信頼は初期の研究では個人レベルの信頼を中心に考察が行われてきた一方で，
チームやより上位の組織レベルなどの大きな分析単位でも検討されてきた
（Dirks and De Jong, 2022; Fulmer and Gelfand, 2012; Fulmer and Ostroff, 2021）。そ
して，信頼の対象（trustee target）は，個人や個人によって構成されるグルー
プ，さらには手続きなど非人的な対象についても適用される。さらに，信頼す
る主体（trustor）もまた，個人に限定されず，組織単位（我々）であることが
あり得るとされる。

　また，組織間信頼と対人信頼は異なることが指摘されており（Zaheer et al.,
1998），これらの差異は主に組織間関係を理解しようとするときに重要な意味
を持つとされる。本章で扱う従業員の創造性の発揮を支援するコントロール・
システムに関する議論においても，チーム間の信頼と個人間の信頼は区別され
るべきであろう。

　チーム状況では，チームメイトとリーダーを参照先とした信頼では，パ
フォーマンスに対して異なる効果をもつことが示唆されている。たとえば
Dirks（2000）は，全米大学体育協会のバスケットボールチームを対象とした
調査を通じて，他の変数をコントロールした結果，チームメイトへの信頼は
チーム・パフォーマンスに影響を及ぼさないのに対し，リーダーシップへの信
頼は大きな影響を及ぼすことを発見している。

　さらに，チーム内におけるメンバー間の信頼はチーム・メンバーとの複雑な
相互作用を伴うために個人間のダイアド関係で想定されるものとは，異なるこ
とが指摘されている（Breuer et al., 2020）。Nienaber et al.（2018）はチーム内

信頼とチーム間信頼を区別したうえで，チーム内信頼には，同じ階層のチーム・メンバー間の水平関係，チームリーダーから部下との間の下方向の垂直関係，その逆の上方向の垂直関係を区別する必要性を指摘している。コントロール・システムが主にチーム状況を想定していることを踏まえれば，チーム内の信頼を念頭に置いた議論が適切であると考えられる。

　とくに近年では，メンバーの信頼の平均値ではなく，メンバーの信頼のばらつきの重要性が明らかとなりつつある。De Jong and Dirks（2012）はチーム・メンバー間の信頼の非対称性（信頼の分散）が低い状況でのみ，チーム内信頼（信頼の平均水準）がチームのパフォーマンスに影響を与えることを明らかにしている。De Jong et al.（2021）は，信頼コンセンサス（メンバーの信頼のばらつきの小ささ）がチームのパフォーマンスに正の直接効果を及ぼすことを明らかにし，この効果は信頼の平均値よりも大きいと指摘している。

2.3　信頼を形成する要因

　Mayer et al.（1995）によれば，信頼される側（trustee）の能力（ability），博愛（benevolence），誠実（integrity）の3つの特性によって，信頼性（trustworthiness）の大部分が説明されるとされる。能力は「当事者がある特定の領域内で影響力を持つことを可能にするスキル，競争力，特徴の集合」（ibid.: 717）であるとされ，その能力が及ぶ専門領域に固有のものとして理解される。博愛は「利己的な利益動機とは別に，信頼される側が信頼する側にとって良いことをしたいと考えている度合い」（ibid.: 718）であり，信頼される側が信頼する側に対して何らかの愛着を感じている状態を示唆するものとされる。そして，誠実は「信頼される側が信頼する側が受け入れ可能と考える一連の原則を順守しているということに対する信頼する側の認識」（ibid.: 719）であり，一貫して（信頼する側にとって）適切な行動がとられていることと関係している。

　これをチーム状況において検討したBreuer et al.（2020）は，能力，博愛，誠実に加えて，予測可能性（predictability）と透明性（transparency）をチーム信頼を予測する知覚された信頼性要因（perceived trustworthiness factors）として提示している。予測可能性は「行動の一貫性と規則性」，透明性は「チームにおける明確でオープンな情報交換の必要性」といったチーム特性を意味する。

　信頼を一元的なものととらえるMayer et al.（1995）の枠組みとは対照的に McAllister（1995）は信頼が，対象の能力と責任に関する知識から生じる「認知に基づく信頼（cognition-based trust）」と，個人間の感情的な結びつきから生まれる「感情に基づく信頼（affect-based trust）」に区別できることを示した。管理会計研究においても，能力に対する期待である「能力の信頼（competence trust）」と，誠実さや無害な行動に対する期待である「善意の信頼（goodwill trust）」といった分類が用いられてきた（Dekker, 2004; Sako, 1992）。これらの区分は，信頼が一枚岩ではないことを示唆し，異なる種類の信頼は信頼する側の行動に異なる影響を与えることを含意している。感情に基づく信頼や認知に基づく信頼などの異なる種の信頼が組織へのコミットメントや離職意図などに対して異なる効果を持つことが，メタ分析によって示唆されている（Dirks and Ferrin, 2002）。

　さらにこのような信頼される側の要因以外にも，信頼する側がもつ一定の性向（propensity）が信頼に影響を与えるとされる（Mayer et al., 1995）。そして，この信頼性向は必ずしも安定的なものではないことが知られている。Jones and Shah（2016）は，信頼性向は初期の信頼形成にのみ重要であり，その後の段階での信頼形成には影響しないことを明らかにした。さらに，被信頼者の信頼性向の重要性は時間の経過とともに増加することを示している。Baer et al.（2018）は，信頼性向は安定的ではなく日々変動し，その人が置かれた文脈によっても変化することを示唆している。また文化的な違いも信頼に影響を及ぼすことが知られている（Branzei et al., 2007; Chua et al., 2009; Thanetsunthorn and Wuthisatian, 2019）。

2.4　小　　括

　本節では，次節以降の検討の基盤として，信頼の概念や分析レベル，信頼を形成する要因について先行研究の知見を概観した。信頼の概念規定には多様性が認められる一方で，多くの研究が信頼される側の行動に対する肯定的な期待と脆弱性を受け入れる意思という点から信頼を理解している。そして信頼は，信頼する側と信頼される側の相互依存性と，信頼される側が信頼する側に対して不利益をもたらす行動についてのリスクを前提としている。信頼は多様な分

析レベルや対象のもとで研究が行われてきており，近年では信頼のばらつきについて考慮することで，組織のコントロールにおける信頼の役割を正しく理解できることが示唆されている。そして信頼を生み出す要因として，能力，博愛，誠実などが主に検討されてきている一方で，信頼する側の性向や文化的な違いが信頼に与える影響についても明らかになりつつある。

3 ◆ コントロール・システムと信頼の関係

「重要なコインの両面」（Long and Weibel, 2018）と表現されるコントロールと信頼の関係とは果たしてどのようなものであろうか。過去においては「信頼とコントロールの関係についてはほとんどコンセンサスがない」（Das and Teng, 1998: 495）と述べられていたが，近年では一定の研究蓄積がみられつつある。

　古典的にはコントロールと信頼はリスクへ対処するための代替的手段とみなされてきた。たとえばOuchi（1979）は「人々が協力して事業を行うためには，相互に信頼することができるか，あるいは相互に緊密に監視し合う必要がある」（ibid.: 846）と述べて，信頼とコントロール・システムとしての行動監視が相互に代替可能なものと指摘している。同様にSchoorman et al.（2007）は，彼らによって1995年に出版された論文（Mayer et al. 1995）とその後の研究上の発展を概観したうえで，「我々は信頼とコントロール・システムは，リスクを管理するための代替手段であり，時には互換性のある手段であると考えている」（Schoorman et al., 2007: 352）と指摘している。

　一方で，コントロール・システムが信頼に対して補完的な効果をもつ可能性も示唆されてきた。Weibel（2007）は「公式的コントロールは諸刃の剣であるように思われる。それは信頼性や信頼を補完することもあるだろうが，従業員の信頼性に有害な効果を及ぼし，その結果，信頼に負の効果を及ぼし得る」（ibid.: 511-512）と指摘している。

　以下，本節ではこのようなコントロール・システムと信頼の関係について，先行研究の知見を概観したい。

3.1 コントロール・システムが信頼に与える影響

3.1.1 コントロール・システムは信頼を阻害する

「コントロールの基本的なメカニズムは上司による部下の綿密な個人的監視と指示である」（Ouchi, 1979: 835）ことを踏まえれば，コントロール・システムと信頼の関係を考えるにあたって最初に検討すべきは，このような監視と信頼の関係であるといえよう。部下に対して何らかの監視（monitoring）を行ったり，結果に至るプロセスについての説明責任を課すことは，部下が組織目的に適合しない機会主義的な行動をとることを上司が阻止するための行為であると認識され，部下の上司に対する信頼を阻害する可能性がある。

コントロール・システムは従業員の自律性に影響を与え，ひいては信頼に影響を与えることが繰り返し主張されてきた。Long and Weibel（2018）は，先行研究を踏まえたうえで，コントロールと信頼の関係について，コントロールの利用が部下の自己決定の欲求を阻害することで信頼に悪影響を与えることを指摘する一方で，部下に対する自律性の付与が効果的なコントロールを妨げる可能性があると指摘している。Inkpen and Currall（2004）は，公式コントロールの利用がジョイント・ベンチャーの提携関係における信頼の発展を阻害するという命題を提示している。そのうえで彼らは，提携関係を管理する能力の向上に伴って，公式コントロールから社会的コントロールへと移行が生じる可能性があると指摘している。

Christ et al.（2008）は，行動監視などの公式コントロールが従業員にとって自律性を侵害されたものと受け止められることを通じて，信頼に悪影響を与えることを指摘している。組織の階層構造の下で明示的に行われる監視は部下の信頼を阻害するものとして理解されてきた。すなわち「コントロールされる側にとって，理性的コントロール（rational control）は，そのようなコントロールがなければ適切に行動できないほど，信頼されても信頼に値しもしないことを示す」（Ghoshal and Moran, 1996: 24）のであり，従業員の自律性を制約するような「公式コントロールの性質は信頼している環境とは相反するように思われ，公式コントロールと信頼水準の間には負の関係がある」（Das and Teng, 1998: 501）と指摘されている。

　コントロール・システムの信頼に与える負の影響は一様ではなく，行動コントロールやアウトプット・コントロールなどのコントロールのタイプが信頼に与える影響は異なることが知られている（Aulakh et al., 1996; Christ et al., 2008）。Christ et al.（2008）は，行動コントロールとアウトプット・コントロールなどのコントロール・システムが，相手から自らが信頼されているという認識に影響を与えることを通じて，相手との情報共有を行おうとする協力的意図を減衰させると論じている。そして，相対的にアウトプット・コントロールのほうがコントロールされる側の自律性を害さないために，この負の効果は行動コントロールのほうがより強くなるとされる。

　このような自律性の認識を介したコントロール・システムの信頼に対する影響は，コントロール・システムのあり方によっても異なることが指摘されてきた。Weibel（2007）はコントロールと信頼の間の関係を分析するうえで自己決定理論の枠組みの有用性を主張し，公式コントロールと信頼性との関係について検証すべき一連の命題を導いている。これによれば，基準達成の評価に厳密に依存して管理される報酬と制裁は自律性欲求を阻害するのに対して，広範でより主観的な評価に基づいて行われる報酬と制裁は自律性欲求を支持すると論じられている。Weibel and Six（2013）は，先行研究をもとに，高い信頼性向を持つ上司が階層的コントロールを部下の協力的な努力を理解するために用いることを踏まえ，「上司の部下に対する高い信頼は，自己決定強化型コントロールに正の影響を与える」（p.70）という命題を提示している。Zheng et al.（2023）は，部下が上司から信頼されていると感じる程度（被信頼感, felt trust）が，上司による日々の監視（daily monitoring）によって低下すること，そして，日々の監視にばらつきが大きい場合のほうがより被信頼感の低下が強まることを明らかにしている。

　また，監視の信頼に対する効果について，従業員に対する説明がその悪影響を緩和する可能性も示唆されている。Alder et al.（2006）は，従業員のインターネットの監視という文脈で，監視後の組織に対する信頼は，事前通知を受けた場合のほうが，事後的に通知された場合よりも高くなることを明らかにした。そしてこのような効果は，認識された組織的支援（perceived organizational support）が低い従業員のほうが強くなる。組織が従業員を気にかけていると

いう認識の低い従業員にとって，監視の従業員に対する事前の通知は，監視の信頼に対する悪影響を緩和するのである。

　コントロール要素の1つである組織構造が，信頼に及ぼす影響も明らかになっている。たとえばMoorman et al.（1993）は，高度に形式化された組織構造が，市場調査を行う研究者に対する利用者の信頼と負の関係にあることを報告している。これは効率性を生み出すために構築された官僚的構造が，対人関係でのリスクテイクを抑制することで，信頼を低下させるためとされる。Ambrose and Schminke（2003）は，対人的なコミュニケーションが重要となるような柔軟性と非公式なネットワークを特徴とする有機的な組織構造のもとでは，相互作用的公正（interactional justice）が上司への信頼（supervisory trust）にとってより重要な役割を果たすことを明らかにしている。

　近年では，バーチャル環境のもとでの監視が信頼に及ぼす効果についても研究が行われている。Holland et al.（2015）は，電子的な監視（electronic monitoring and surveillance）が従業員の上司に対する信頼を阻害することを明らかにし，この影響は肉体労働者（manual workers）のほうが，非肉体労働者よりも顕著であることを報告している。

3.1.2　コントロール・システムが信頼を醸成する

　一方で，部下に対する行動監視が，上司が部下に対して支援を行い，部下の仕事をやりやすいものとするための仕組みとして理解された場合には，部下の上司に対する信頼は，コントロール・システムの運用を通じて高まる可能性がある。このようなコントロール・システムが信頼に対して寄与する側面についても一定の研究蓄積がある。たとえばColetti et al.（2005）は，実験室実験によって，コントロールが信頼の醸成に寄与するという証拠を提示している。Aulakh et al.（1996）は，米国の工業企業とその主要な関連企業を対象とした国境を越えたパートナシップ企業間における複数のタイプのコントロールと信頼の関係を検討している。彼らは，アウトプット／プロセス／社会的という3つのタイプのコントロールがそれぞれに信頼と異なる関係をもつという仮説を検証した結果，社会的コントロールと信頼の正の関係のみが支持された。Weibel et al.（2016）は，フランス，オランダ，スイス，英国の企業の従業員

から収集したデータに基づいて，3つのタイプのコントロール（アウトプット・コントロール，プロセス・コントロール，規範的コントロール）が従業員の組織に対する信頼と正の関係をもつことを明らかにしている。さらにVerburg et al. (2018) は，シンガポール企業のサンプルを用いて，3つのタイプのコントロールと信頼の間に正の相関があること，さらに，コントロールと組織市民行動（OCB）や従業員パフォーマンスとの関係を，信頼が媒介することを明らかにしている。ただし，これらの研究は，コントロールと信頼の間の因果関係の方向を明らかにするものではない。組織間における信頼醸成において，公式コントロールが評価の不確実性を軽減することでメンバー間の信頼醸成に寄与するとする知見もある（Vélez et al., 2008）。

　一般に信頼を阻害するとされる監視も，そのタイプによっては上司に対する信頼を醸成し，これが創造性に寄与するという知見もある。Bijlsma and Van De Bunt（2003）は，信頼と監視の間に補完的関係があると主張し，組織メンバーへの配慮として経験される監視と信頼の間に正の関係があることを明らかにしている。またLiao and Chun（2016）は，上司の監視スタイルが部下の革新に正と負の両方の影響を与えることを明らかにしている。上司の監視を，部下からの直接の情報入力なしに部下の仕事の進捗状況や結果情報を収集する「観察的監視（observational monitoring）」と，部下から直接情報を引き出すことによって，部下の仕事の進捗状況や成果に関する情報を収集する「相互作用的監視（interactional monitoring）」に分類した。そのうえで，観察的監視は部下の上司に対する信頼（不信）と負（正）の関係があり，相互作用的監視は部下の上司に対する信頼（不信）と正（負）の関係があることを明らかにした。信頼（不信）はリーダー・メンバー交換の質を高める（低める）こととなる。そして，リーダー・メンバー交換の質は，部下が仕事のアウトプットに関する具体的なフィードバックを求める「アウトプット・フィードバック要請」と部下が仕事のアウトプットに関する具体的なフィードバックを求める「行動フィードバック要請」と正の相関をもつ。彼らは，アウトプット・フィードバック要請はアイデア創出（創造性）と正の相関をもち，行動フィードバック要請はアイデアの普及と実行に正の相関をもつことを示している。この研究においても，観察的か相互作用的かというコントロール・システムの使い方が部

下の上司に対する信頼に影響を与えることが示唆されており，概して相互作用的監視が信頼に正の影響を与え，ひいては創造性を高めるとされる。

　財務指標や非財務指標を用いた公式コントロールが，部下の上司に対する信頼を醸成することも明らかとなっている（Hartmann and Slapnicčar, 2009; Hopwood, 1972; Lau and Buckland, 2001; Lau and Sholihin, 2005）。Lau and Sholihin（2005）は，業績評価において上司が非財務指標を利用することを部下が公正だと認識し，上司への信頼が醸成されることを通じて，部下の職務満足が高まることを明らかにしている。またこのような関係は財務指標においても当てはまることが明らかにされている。Hartmann and Slapničar（2009）は，財務指標や非財務指標はいずれにおいても，業績評価基準が文書化され定量化されること（公式性）によって，フィードバックの質が高まり，これが上司への信頼を高めることを明らかにした。そして，このような関係は，業績を客観的に測定可能なフロント・オフィスよりも，測定可能で検証可能なアウトプットの少ないバック・オフィスの管理者に当てはまることを明らかにしている。

　文化コントロールが信頼の醸成に果たす役割についても，いくつかの関連する知見が得られている。たとえば信頼の醸成においてはトップの定める経営哲学の役割が重視され，「経営哲学は，人々に対する期待に焦点を当てることで，組織における信頼を形成するメカニズムである」（Creed and Miles, 1996: 20）と指摘されてきた。Li et al.（2012）は組織における中核的な倫理的価値観は，従業員の組織的信頼に対する集合的認識と正の関係をもつことを明らかにしている。このことは組織において高い倫理的価値観を醸成するような文化コントロールが組織に対する信頼を高めることを示唆するものと考えられる。研究開発チームにおけるリーダーシップと信頼の関係について調査したGillespie and Mann（2004）は，リーダーとメンバーの間に共通の価値観があり，重要な決定においてリーダーがチーム・メンバーに相談し，集団的で価値主導的なビジョンを伝えることを特徴とするリーダーシップ・スタイルがメンバーのリーダーに対する信頼と正の相関があることを示している。これは文化的なコントロールを通じてリーダーに対する信頼が醸成されることを示唆する知見といえよう。Bhardwaj and Sergeeva（2023）は，写真家による共同体組織（collectivist organization）において，主にメンバー選別などの価値観の共有を可能にす

るコントロールが，メンバーの機会主義的な行動を抑制するという期待によっ
て，信頼を醸成することを明らかにしている。

3.2　信頼がコントロール・システムに与える影響

　信頼の水準や種類が異なる状況では，選択されるコントロール・システムや
コントロール・システムの果たす機能に差が生じる可能性がある。典型的には
取引費用経済学の視点から，従業員に対する信頼が監視の水準を決定するとい
うことが主張されてきた（Bromiley and Cummings, 1995; Creed and Miles, 1996
ほか）。また，上司と部下の間で信頼がない場合に，相互に他者への強い影響
戦術（influence tactics）を用いることが示されている（Wells and Kipnis, 2001）。
以下では，信頼のコントロール・システムに与える影響に関する先行研究の知
見を概観する。

3.2.1　信頼のコントロール・システムへの正の影響

　低い信頼水準が強い監視を要求するという考え方の一方で，十分な信頼が存
在することが監視を効果的に機能させるとする知見もある。すなわち，十分な
信頼のない状況下では人々は行動監視を自らを指示強制するための手段として
理解するのに対し，十分な信頼がある状況下では行動監視を他者が自らを助け
てくれるための手段として理解するという考え方である（De Jong and Elfring,
2010; Salas et al., 2005; Väisänen et al., 2021; Vélez et al., 2008）。たとえばSalas et
al.（2005）は相互信頼が効果的な相互パフォーマンス監視に寄与するとする命
題を示している。またDe Jong and Elfring（2010）はチームにおいて信頼が
チームのパフォーマンスに及ぼすチームプロセスについて検討する中で，信頼
とパフォーマンスの関係をチーム行動監視（チームメイトの行動を観察し，エ
ラーやパフォーマンスの不一致を監視することでチーム・メンバーを支援するた
めの提案や修正フィードバックを提供するプロセス）とチーム努力（チームの職務の
実行に対してチーム・メンバーが努力を費やす程度）が媒介することを明らかに
している。

　これに対してLangfred（2004）は，自己管理型（self-managing）のワーク
チームにおいてチーム内の信頼（trust within team）がチーム内監視を弱める

ことを明らかにしている。そして興味深いことに，高い信頼（低い監視水準）と認識された個人の自律性の高さが組み合わさることで，チームのパフォーマンスが低下することを明らかにしている。このことは，高い信頼があったとしてもコントロール・システムを通じてある程度の相互監視が行われる状態がより高いパフォーマンスにつながることを示唆するものである。

　異なるタイプの信頼が，コントロール・システムに対して異なる影響を持つことを示唆する研究もある。McAllister（1995）は「感情に基づく信頼」と「認知に基づく信頼」を区分した。そのうえで，感情に基づく信頼が高いマネジャーは相手方（部下）の問題を自らの問題と捉え仕事上の必要性に適切に対応するための「必要性に基づく行動監視（need-based monitoring)」を行い，認知に基づく信頼が高いマネジャーはOuchi（1979）が述べているような「コントロールに基づく行動監視（control-based monitoring)」をほとんど行わないと主張している。

　また信頼と文化コントロールとの補完的関係を示唆する知見もある。Barczak et al.（2010）は，チーム状況において，チームの（感情および認知に基づく）信頼が，チームの協働的文化（collaborative culture）と正の相関があることを明らかにしている。彼らは信頼が対人関係を促進することで，協働的文化の醸成を助けると主張している。この論文ではさらに，チームの信頼が協働的文化とチーム創造性の正の関係を正に調整することを明らかにしている。信頼できるメンバー間ではコミュニケーションや相互支援によって，より高い創造的成果が期待される。

　信頼の存在が，コントロールの選択に影響を与えることを示す知見もある。Ter Bogt and Tillema（2016）は自治体の財政的支援のもとで運営されている劇業などの文化芸術組織について聞取調査を行っている。これによれば，劇場は財務的な規律を守り適切な運営を行うという能力に対する自治体職員や地方議員側の信頼と，危機においても必要な予算を確保するということに対する劇場側からの信頼が存在していた。財務報告のようなコントロールは，主要な役割を果たしておらず，むしろこのような信頼のもとで，（財務報告を含まない）定期的な非公式の接触を通じたコントロールが主要なコントロール・メカニズムとして機能していることを明らかにしている。

3.2.2　低信頼と不信の区別とそのコントロール・システムへの影響

信頼と不信は同一軸上の両極ではなく，同時に存在し得るとする主張がなされてきた（Lewicki et al., 1998; Sitkin and Roth, 1993）。人々は特定の対象（者）について，ある部分では信頼し，ある部分では不信を感じるということがあり得るとされる。このとき信頼と不信を同時に管理する能力の重要性が指摘されている（Lewicki et al., 1998）。

Sitkin and Roth（1993）は，信頼を他者への期待と規定したうえで，従業員が課された職務を完全に遂行する能力としての職務信頼（task reliability）と，従業員の信念や価値観と組織の文化的価値との整合性に対する期待に疑念が生じているときに発生する不信（distrust）を区別することを提案している。そのうえで，職務信頼の棄損に対しては形式化や標準化などの法的メカニズムが有効であるのに対して，価値観の不一致から生じる不信に対しては法的メカニズムが有効ではないことを指摘している。彼らは，HIV/AIDS患者の事例に触れつつ，患者に対する形式的な救済策が，患者とその他の従業員の差異に焦点を当てることで不信を生じることになると述べている。Bijlsma-Frankema et al.（2015）もまた，低信頼（low trust）と不信の区別の重要性を主張している。彼らはオランダの裁判所組織における裁判官とマネジャーによって指揮される書記官のグループの間に生じた対立に着目して，生じた不信を修復しようと試みる行為が，かえって不信を増幅させることととなる自己増殖プロセスを示している。このことは，同じ活動であったとしても，信頼を高める場合もあれば，不信のもとでは不信を増殖させる可能性があることを示唆するものである。同様にHurmelinna-Laukkanen et al.（2022）は，新しい技術による監視が価値観の一致を強化したり減衰したりすることがあることを発見し，あるタイプのコントロール・システムが信頼に対して及ぼす影響は状況依存的であることを示唆している。

3.3　信頼の効果とコントロール・システム

信頼とその効果としてのチーム有効性（team effectiveness）との間には正の関係があることが知られているが，このような関係はリスクが高いと認識される場合に特に顕著となる。Breuer et al.（2016）はメタ分析によって，チーム

仮想性が高いバーチャル・チーム環境下では，チーム信頼とチーム有効性の関係がより強くなることを明らかにしている。また，チーム・メンバー間の相互作用を文書・音声・ビデオ録画として記録・保存する「文書化（documentation)」は，逆にチーム信頼とチーム有効性の関係を弱めることが明らかとなった。このことは，公式的なコントロール・システムがある状況下では，チーム信頼が必ずしもチーム有効性と強い正の関係を持たない可能性を示唆している。たとえば，企業の人員規模の増大が相対的に信頼構築を困難にするとすれば，そのような状況下では公式的なコントロール・システムによって対応できる可能性がある。

3.4 小括：コントロール・システムと信頼の二重性

以上のような信頼とコントロール・システムとの関係に関する議論は，信頼がコントロール・システムの運用の結果として生じるものであると同時に，コントロール・システムが存在する原因でもあるという複雑な理解を我々に与えるものである。この点についてRousseau et al. (1998) は，信頼は，学問分野に関係なく原因や結果，あるいは調整要因のいずれとしても研究されてきたことを指摘している。またMöllering (2005) は，コントロールと信頼の関係を二重性（duality）という視点から捉えようとしている。二重性は，コントロールが信頼の存在を前提とし，また逆に信頼がコントロールの存在を前提としているということを意味している。このとき，両者は互いの存在なしに成立しない。

4 ◆ 自律的動機づけと信頼

自己決定理論（とりわけ有機的統合理論）においては動機づけにおいて，自律的動機づけと統制的動機づけを区分し，最も自律的な「内的調整（intrinsic regulation)」から，外発的動機づけの１つである「統合的調整（integrated regulation)」や「同一視的調整（identified regulation)」，統制的動機づけに区分される「取り入れ的調整（introjected regulation)」と「外的調整（external regulation)」があるとされる（Gagné and Deci, 2005)。

　Weibel（2010）は，自己決定理論を用いることで，公式コントロールが従業員の外発的動機づけを高めたり，内発的動機づけを破壊したりするメカニズムをよりよく理解することができると主張している。本節では，この自律的動機づけと信頼の関係に焦点を当て，両者の関係に関する知見を概観する。

4.1　自律的動機づけと信頼の間の正の関係

　自律的動機づけと信頼は正の関連をもつと理解されてきた（Chen et al., 2014; Okello and Gilson, 2015; Rempel et al., 1985）。Chen et al.（2014）は，台湾中央政府のミドル・マネジャーに対する質問票調査によって，地域社会や公共の利益に奉仕しようとする「公共サービスの動機づけ（public service motivation: PSM）」が自律的動機づけの一種であるとし，同僚への信頼がこのPSM（自律的動機づけ）と正の相関をもつことを明らかにした。またSkiba and Wildman（2019）は，上司に信頼されていると感じる被信頼感（felt trust）が，従業員の自律性と有能感についての認知を高めることを通じて職務に対するエンゲージメントを高めることを明らかにしている。自律性支援が自律的動機づけを強化することを踏まえれば（Ryan and Deci, 2000），被信頼感は自律的動機づけと正の関係をもつと考えられる。

　van der Werff et al.（2019）は，自己決定理論の枠組みを用いて，信頼と動機づけの理論を統合するモデルを提案している。これによれば，人々は自律的あるいは統制的な信頼動機（信頼関係を構築または維持するために，他者に対して脆弱でありたいという欲求を表す個人内の心理状態）によって一定の信頼水準（信頼目標, trust goal）を達成しようとする。このとき自律的動機づけは統制的動機づけよりも，高い持続性があるとされる。同じ価値観を共有することで自律的な信頼動機を高めることが，変化し，ときに失われる信頼を持続させることにつながるという。

4.2　報酬と自律的動機づけの関係を信頼が調整する

　経営者への信頼が，成果報酬と内発的動機づけ（自律的動機づけ）との関係を調整するという知見も得られている。Zhang et al.（2015）は，中国の複数の企業の従業員に対する質問票調査によって，トップ・マネジメントへの信頼

が高いとき，成果報酬（pay for performance: PFP）と内発的動機づけの関係が正となるのに対して，トップ・マネジメントへの信頼が低いときにはこの関係が負となることを示した。このことは，同じ成果報酬というコントロール要素を用いたとしても，トップ・マネジメントに対する信頼の程度によってその機能が異なるということを端的に示している。とりわけ高い創造性が必要とされ，内発的動機づけの水準を高めたい状況では，成果報酬の利用にはリスクを伴う。

4.3　小　　括

すでにみてきたように，自律的動機づけと信頼の関係については，必ずしも多くの研究蓄積があるとは言えない。一方で，自律的動機づけと信頼の間には，理論的には一定の関係性があると想定できる。すなわち，採用や理念教育などの価値観を共有するためのコントロール・システムによって，組織の価値観を従業員が内面化し自らのものとして受け入れることで，組織的に望ましい行動に対する自律的動機づけを高めることが可能となる。そして，価値観の共有は，行動の予測可能性を高めることで組織内での信頼を生み出す（Bhardwaj and Sergeeva, 2023; Creed and Miles, 1996; Li et al., 2012）。このようなプロセスを通じて，自律的動機づけと信頼は相互に関係すると考えられる。

5 ◆ 創造性と信頼

本節では創造性と信頼がどのような経路で関係するのかについて，先行研究の知見を概観する。

5.1　信頼は創造性の発揮を支援する

信頼は創造性を支援することが明らかとなりつつある（George and Zhou, 2007; Harris et al., 2014; Khazanchi and Masterson, 2011; Zhang and Zhou, 2014）。このような研究の多くは，上司と部下の関係に焦点を当てて，リーダーシップが信頼に与える影響と創造性との関係を検討している。たとえばGeorge and Zhou（2007）は，上司の信頼が高く，支援的な環境を提供している場合，従業員の創造性は高くなることを指摘している。

　従業員に対して十分な情報と説明を提供すること（透明性の確保）が，上司への信頼の向上を通じて創造性を高めるという証拠が示されている（Harris et al., 2014; Khazanchi and Masterson, 2011; Zhang and Zhou 2014）。Khazanchi and Masterson（2011）は，インドの大規模化学工学プラントの従業員とその上司に対する質問票調査によって，対人的公正（interpersonal justice）と情報的公正（informational justice）といった公正の類型（Colquitt, 2001）に着目して，これらが組織や上司に対する信頼にどのように影響し，ひいては従業員の創造性に影響するかを検討した。その結果，対人的・情報的公正が上司に対する信頼を促進し，情報共有（アイデア創出行動）を通じて，従業員の創造性に影響を与えるという構造方程式モデルを示した。Harris et al.（2014）は，新参者（newcomer）の創造性がリーダーに対する新参者の信頼が高いときに高まることを明らかにしている。

　上司への信頼が成果報酬と創造性の関係を正に調整するとする知見もある。Zhang et al.（2015）は，トップ・マネジメントへの信頼が高い場合には，成果報酬と創造性の間に正の相関があるのに対して，信頼が低い場合には相関が無いことを指摘している。

5.2　信頼が知識共有を可能にすることを通じて創造性を高める

　信頼がどのように従業員の創造性を高めるのかについて，信頼が知識共有を可能にすることに注目した研究が行われている。知識共有は，創造性や革新を促進することが知られており（Khazanchi and Masterson, 2011; Wang and Noe, 2010），これを踏まえれば，チーム・メンバー間の信頼は知識共有を可能にすることを通じて，創造性（新規で有用なアイデアの創出）を可能にすると考えられる。

　信頼と知識共有の関係については古くからさまざまな研究が行われてきたが，Dirks and Ferrin（2001）は信頼の情報共有に対する主効果について検討した先行研究について，一貫しない結果が得られていることを指摘している。すなわち，6つの研究では，信頼が情報共有において有意な主効果を持つことが明らかにされた（Boss, 1978; Mellinger, 1956; O'Reilly, 1978; O'Reilly and Roberts, 1974; Smith and Barclay, 1997; Zand, 1972）のに対して，4つの研究では有意な

効果は認められなかった（De Dreu et al. 1998; Dirks 1999; Kimmel et al. 1980; Roberts and O'Reilly, 1974）。彼らはこのような信頼の効果の違いが状況強度（Mischell, 1977）によって生じている可能性を示唆している。他方で，Guinot et al.（2013）は，スペイン企業における電話インタビュー調査によって，信頼と組織学習能力が正の関係にあり，組織学習能力が信頼と組織業績の関係を媒介することを示した。また近年のメタ分析では，信頼がチーム学習と正の関係があることが明らかとなっている（Marlow and Lacerenza, 2024）。

　信頼が情報共有を可能にする一方で，情報共有が創造性（新規で有用なアイデアの創出）に寄与するためにも信頼が必要とされる。従業員は創造的なアイデアが上司や同僚によって受け入れられず，批判の対象となる可能性もあるために，信頼がなければ知識共有を行っても創造性につながらない可能性もある。Gong et al.（2012）は，台湾の小売業の従業員に対する質問票調査によって，情報交換（information exchange）と従業員の創造性が上司や同僚に対する（感情に基づく）信頼によって媒介されることを明らかにしている。

　近年では，チーム状況下において，メンバーが自らの相対的な権力を低下させる可能性のある知識共有を可能にするためには，他のメンバーに対する信頼が必要となることを示す研究結果が示されている（Bellora-Bienengräber et al., 2022; Haesebrouck et al., 2021; Lin and Huang, 2020; Park et al., 2015; Staples and Webster, 2008; Wang et al., 2015）。Breuer et al.（2020）はメタ分析によって，チーム信頼が知識共有とチーム学習と有意に関連していることを明らかにしている。Haesebrouck et al.（2021）は，支援者の受援者に対する信頼が知識共有行動に寄与することを示した。彼らは援助を受ける人がより多くの報酬を提供してくれると信頼している（黙示的なインセンティブが存在する）場合に，知識共有を伴う援助の増加は，知識共有を伴わない援助の増加よりも大きくなることを，2つの実験を通じて明らかにしている。Bellora-Bienengräber et al.（2022）は，チーム内クラン・コントロールやチーム内相互監視などの非公式コントロールと，チームベース誘因報酬の（個人誘因報酬に対する）相対的重視という公式コントロールに着目している。彼女らによれば，チームベースの誘因報酬は知識共有と関連しているが，信頼中心の（trust-centric）コントロール（チーム内クラン・コントロールとチーム内相互監視）のほうが，知識共

有を促進するのに有効であることを発見した。さらに，チーム内相互監視は，チーム内誘因報酬とチーム内クラン・コントロールによる知識共有への正の効果を高めることが示唆されている。

知識共有のためには，リーダーが率先して知識構築者（knowledge builder）としての役割を果たすことを通じてチーム内の信頼を醸成することが有益であるとされる。Lee et al.（2010）は，リーダーが他のメンバーの模範となって専門知識を開示し，また，引き出すという知識構築者としての役割を果たすことで，チームに対する信頼が高まり，チームメンバー間の情報共有が促進されることを明らかにしている。

知識の種類によって，異なる信頼のタイプが知識共有に有効である可能性もある。Levin and Cross（2004）は，米国製薬企業，英国銀行，カナダ石油・ガス会社の従業員を対象とした電子メールによる質問票調査によって，知識共有においては，博愛に基づく信頼が一貫して重要であり，能力に基づく信頼が最も重要となるのは暗黙知が含まれる場合であることを明らかにしている。

組織内での知識の移転において，信頼は知識共有を可能にする一方で，その後の学習プロセスに悪影響を与える可能性も示唆されている。Szulanski et al.（2004）は，知識の移転元の「テンプレート」が移転先で再現されるプロセスに着目した。このようなテンプレートは，標準手順書などを用いて移転先での機能に関する不確実性を削減することができるが，そのようなことができないような場合には「因果関係の曖昧さ（causal ambiguity）」が増加することになる。彼らは，質問票調査によって，因果関係の曖昧さが増加するにつれて，情報源に対する信頼性の認識とテンプレートの再現精度の正の関係が弱まり次第に負に転じることを明らかにしている。これは情報源が信頼できると認識されればされるほど，移転先での直接的な観察から学ぶことが遅れるためとされる。十分に標準化された知識とそうでない知識とでは，信頼が知識共有に与える影響も異なる可能性がある。

5.3　信頼と創造性の関係はチームの感情トーンによって影響を受ける

信頼と創造性の関係は，チームの雰囲気（集団感情トーン）によって影響を受けることが示唆されている。Tsai et al.（2012）は，台湾のハイテク企業の

研究開発チームを対象とした調査に基づいて，チーム・メンバー間の信頼とチームの創造性との間に有意な関係のないことを報告している。そのうえで，チーム・メンバー間の信頼が高い状況ではPGAT（Positive group affective tone; 肯定的な集団感情トーン）はチームの創造性と負の関係を持ち，逆にチーム信頼が低い状況では，PGATはチーム創造性と正の関係をもつことを示した。チーム信頼度が低い状況ではPGATがチームの創造性と正の相関をもつということは，チーム・メンバー間の信頼が十分に形成されていない初期状態では，楽観的なチームの雰囲気が創造性に良い影響を与えることを示唆している。逆に，チーム信頼度が高い状況ではPGATが負の関係をもつことは，十分な信頼が形成されているチームにおいては，楽観的な雰囲気を避けるために十分な注意喚起が必要となることを示唆している。

またこの研究では，チーム信頼が高く NGAT（Negative group affective tone; 否定的な集団感情トーン）が高いチームではPGAT はチーム創造性と負の関係を持ち，チーム信頼が低く NGAT が高いチームではPGAT はチーム創造性と正の関係があることを明らかにしている。これはPGATとNGATが相互作用してチーム創造性に影響を与える二重同調効果（dual-tuning effect）の存在を示唆するものである。低信頼チームでは，厳しい状況下でNGATが高まっていても，チーム・メンバーを鼓舞しPGATを高めることで，創造性を高めることができる。これに対して高信頼チームでは，PGATを高めようとする行動は逆効果となる可能性を示している。

5.4 信頼がリーダーシップと創造性の関係に影響を与える

リーダーシップは信頼と深く関係していることが知られている。リーダーシップと信頼の関係についてメタ分析を行ったDirks and Ferrin（2002）は，変革型リーダーシップ，知覚された組織的支援，相互作用的公正が，信頼と最も強い正の関係をもつことを明らかにしている。

リーダーシップと創造性の関係についてもさまざまな研究が行われてきた（Amabile et al., 2004; Tierney and Farmer, 2002, 2004; Zhou and George, 2003）。たとえばZhang and Bartol（2010）は，「従業員の仕事の意義を明確にし，より大きな意思決定の自律性を与え，従業員の能力を信じていることを表明し，パ

フォーマンスに対する障害を取り除くことによって，従業員と権力を共有することを可能にする条件を実行するプロセス」(ibid.: 109) と定義される権限委譲型リーダーシップ（empowering leadership）と創造性の関係について検討している。彼らは中国の大手IT企業に対するWebベースの調査に基づいて，権限委譲型リーダーシップが心理的エンパワーメントに正の影響を与え，それが内発的動機づけと創造的プロセスに正の影響をあたえ，さらにこれらが創造性に正の影響を及ぼすことを明らかにしている。

特定の個人特性をもつ従業員に対して，権限委譲型リーダーシップと創造性の関係を信頼が調整するという知見もある。Zhang and Zhou (2014) は，中国企業2社における2つの質問票調査に基づいて，上司の権限委譲型リーダーシップが，創造的自己効力感と創造性に及ぼす効果が，リーダーに対する愛情に基づく信頼（affect-based trust）が高く，不確実性回避（uncertainty avoidance）の個人特性が高い従業員ほど強くなることを明らかにしている。

5.5　小　　括

上述のように，信頼と創造性の関係は高信頼状況下では創造性が高まるというような単純な関係だけではない，複雑な状況と経路を介した関係が存在し，境界条件の探究が継続的に行われている。特定の個人特性と，特定のリーダーシップ・スタイル，特定のタイプの信頼が相互作用して創造性に影響を与えることを考えれば，単純な実務上の処方箋を示すことは容易ではなく，上司の状況判断もまた重要になる。

6 ◆　考察：自律創造型コントロールと信頼

前節までで紹介した先行研究の知見を踏まえたとき，従業員の自律的動機づけを高めて創造性の発揮を支援するコントロールのあり方について，信頼はどのような意義をもつのだろうか。コントロール・システムの機能性が信頼状況によって変わるとすれば，特定のコントロール要素の導入に先立って，一定の信頼水準を確保する努力が必要となる。そしてそのような信頼の構築にもまたコントロール・システムが重要な役割を果たすとすれば，コントロール要素の

導入の順序はきわめて重要な意味をもつ（Kim and Tiwana, 2016; 浅田, 2023）。以下ではこのような点に着目しつつ，自律創造型コントロールと信頼の関係について考察する。

6.1　コントロール・システムの導入に先立つ信頼醸成の必要性

　同じ形式的構造をもつコントロール・システムが，異なる信頼状況のもとでは，異なる機能をもち得る。すでに述べたように，トップ・マネジメントへの信頼の程度が成果報酬の内発的動機づけに対する効果を決定づける可能性があることが示唆されている（Zhang et al., 2015）。すなわち，創造性条件付き報酬などを用いて従業員の創造性の発揮を支援しようとする場合であっても，これを有効に機能させるためにはトップ・マネジメントに対する信頼を十分に醸成することが，報酬制度の導入に先行しなければならない。

　十分な上司と部下との信頼がある下で，コントロール・システムが用いられれば，それは従業員の仕事をやりやすくするためのものとして受け入れられるだろうが，逆に十分な信頼がなければ行動監視と罰を課すためのものとして受け入れられる可能性がある（De Jong and Elfring, 2010; Salas et al., 2005ほか）。コントロール・システムの導入段階において経営者に対する信頼が低い状況では，従業員監視に利用し得るコントロール・システムは，経営者が従業員を監視して糾弾するための道具として従業員に認識される。このような誤解を避けるためにも，導入段階ではそのコントロール・システムが，従業員に対する支援の必要性を認識し，支援を可能にするための仕組みであることを伝えると同時に，従業員のスキル向上を支援する能力コントロールの導入が有用であると考える。

　他方で，会計情報を従業員に提供することは情報的公正の確保を通じて上司への信頼に寄与する側面がある（Khazanchi and Masterson, 2011）。コントロール・システムは従業員に対して情報を提供することを通じて従業員が働きやすい環境を形成する役割があるとされ（Mundy, 2010），このような観点から見ればコントロール・システムもまた情報的公正を高め，上司への信頼を形成する役割を担う。従業員への情報開示（オープン・ブック）を通じた信頼形成が，他のコントロール要素の導入に先立って行われることは，自律創造型コント

ロールの視点から見れば有効であると考えられる。

6.2　コントロール・システムの運用段階における信頼

　他方，コントロール・システムが一定程度運用された段階では，前節で述べたように創造性発揮の前提となる知識共有を可能にするためにも信頼が重要な役割を果たす。自律創造型コントロールに関する議論では，図5-2に示された図式を用いながら，異なる状況下では異なるコントロール・システムが創造性の発揮を支援すると主張している（浅田, 2022, 2023を参照）。この枠組みのもとで，信頼はどのようにコントロール・システムと創造性との関係に影響を与えるのかが問題となる。

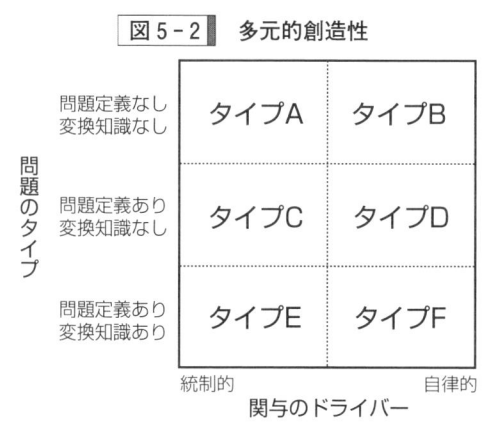

図5-2　多元的創造性

（出所）浅田, 2022

6.2.1　大きな創造性と信頼

　新事業開拓や新商品開発のように目標自体が明確ではなく目標にいかに到達するかの知識もほとんどないような状況では（図5-2のタイプA/B），従来のやり方に依存することができないために大きな創造性が必要とされる。このような状況では，主に自律的な動機づけによって創造性を促進することが必要となる（Malik et al., 2019など）。信頼や被信頼感が自律的動機づけを高めるとする先行研究の知見を踏まえれば（Chen et al., 2014; Skiba and Wildman, 2019），自律的動機づけを必要とするこのような状況下では，メンバー間や上司に対する信頼，被信頼感が不可欠であると考えられる。

　信頼の醸成には，採用などの人事コントロールや価値観の共有を促す文化コントロールが有効となる（Bhardwaj and Sergeeva, 2023; Creed and Miles, 1996; Li et al., 2012）。人事／文化コントロールは内発的な動機づけを高めることが知られており（van der Kolk et al., 2019），このようなコントロールによって創造性が促進される可能性は高まると考えられる。

　また，トップ・マネジメントへの信頼の程度が，成果報酬が内発的動機づけへの効果を正にも負にもするという知見を踏まえれば（Zhang et al., 2015），十分な信頼のない状況下では，コントロール要素としての成果報酬は内発的動機づけを害する危険があるため適切な選択とは言えない。逆に，十分な信頼がある状況においては，成果報酬が内発的動機づけに正の効果をもたらすことで，「動機づけの相乗効果」（Amabile, 1993, 1997; Amabile and Pratt, 2016）が働く可能性もある。

6.2.2　中程度の創造性と信頼

　これに対して，問題定義は十分になされているものの変換知識が十分にない状況では（図5-2のタイプC/D），従業員の行動を逐一指示するような行動コントロールの実行は困難であるから，アウトプット・コントロールを用いることになる。アウトプット・コントロールは行動コントロールに比べ相対的にコントロールされる側の自律性を阻害しないために，信頼に対する悪影響が小さいとされる（Christ et al., 2008）。

　第5節において述べたように，コントロールはメンバー相互間の信頼を通じて，知識共有を可能にし，ひいては創造性に寄与することが示唆されている。とりわけ組織内の他のメンバーが変換知識を持っている状況では，組織メンバー間での知識共有が有用であり，このような知識共有にはメンバー間での信頼が不可欠である。コントロール・システムはこのようなメンバー間の信頼を担保する機能もある。会計的なコントロール・システムは，情報の完全で誠実な開示を通じて情報的公正に資する。対人的・情報的公正が上司に対する信頼を促進し，情報共有を通じて従業員の創造性に正の影響を与える（Khazanchi and Masterson, 2011）という知見を踏まえれば，会計情報の透明性を高めるようなコントロール・システムが，信頼の醸成を通じて，情報共有を促進すると

考えられる。さらに，Haesebrouck et al.（2021）が指摘するように，チーム内クラン・コントロールが知識共有に寄与し，この関係はチーム内相互監視によって促進されるとすれば，見える化を通じてチーム内相互監視に寄与する会計的なコントロール・システムは，間接的に知識共有に，ひいては創造性に寄与する可能性がある。これらの間の補完的関係を高めるようなコントロール・システムの設計が必要になる。

6.2.3　小さな創造性と信頼

　目標を達成するためのおおよその知識が存在するような状況では，状況の変化に応じて既存の知識をわずかに修正すればよく，そこで求められる創造性は必ずしも大きいものではない。このような状況（図5-2のタイプE/F）では，主に報酬や罰などに基づく統制的な動機づけによって漸進的創造性が促進される可能性がある（Gilson and Madjar, 2011; Malik et al., 2019）。

　このような状況下では，必ずしも高い信頼が必要とされるのかは明らかではない。タスクの相互依存性が高く，権威の分化が大きく，スキルの分化が大きいときに，チーム内信頼と組織パフォーマンスの正の関係がより強化される（De Jong et al., 2016）ことを踏まえれば，個々の目標が明確に示され，その達成のための変換知識が十分にある状況は，スキルの分化（チームが専門的な知識を持つメンバーで構成され，相互に代替困難な状態）は生じにくいと考えられる。

7 ◆ 結　　論

　本章の課題は，従業員の目律的動機づけを高め創造性の発揮を支援する目律創造型コントロールにおける信頼の意義について，先行研究の知見をもとに概念的に考察することであった。すでに述べたように，信頼はコントロール・システムの機能を決定づける一方で，コントロール・システムもまた信頼を醸成したり棄損したりする。本章の考察はこのようなコントロール・システムと信頼との間の複雑な関係を前提としている。

　前節において述べたように，信頼はこの自律創造型コントロールの設計と運用に深くかかわっている。報酬システムなどのコントロール要素の導入に先

立って，文化コントロールなどを通じて信頼を醸成することは，特に大きな創造性を必要とする状況下では重要である。コントロール・システムが信頼に与える影響は，それをどのように用いるのかに依存しており（Bijlsma and Van De Bunt, 2003; Liao and Chun, 2016など），従業員を支援するためのものとして認識されるようにコントロール・システムを用いることで信頼は醸成される。また，チームの信頼水準の高低によっても，厳しい現実を数字で表現することで鼓舞するべきか，楽観的な将来ビジョンを共有することで奮起を促すべきか，異なる処方箋が与えられる（Tsai et al., 2012）。

　一方で，自律創造型コントロールと信頼の関係は，状況によって変化するものであり，あらゆる状況で同じ関係性が現れるわけではないと考えられる。Dirks and Ferrin（2001）は，状況強度理論（Mischel, 1977）を参照しつつ，誰もが特定の方法で行動するようなガイダンスや誘因を与えるような強い状況では，信頼が組織に対する効果は弱まるか調整効果にとどまるのに対して，より弱い状況では主効果をもつと主張している。信頼が自律創造型コントロールに及ぼす影響は，状況強度を決定づける他の要因によっても決まると理解すべきであろう。

　また，一般的に肯定的に捉えられる信頼も，その最適な水準について探求を深めるべきとする主張もある（Jeffries and Reed, 2000; Langfred, 2004; Lewicki et al., 2006）。バーチャル・チーム環境のようなリスクが高いと認識される状況下では信頼のチーム有効性に与える影響は強化されることを踏まえれば（Breuer et al., 2016），変化の方向性を予測することが困難な高い創造性を生み出すことが求められる状況下では，信頼の重要性はより高まると考えられる。高い創造性が求められる状況下では，知識共有が必要であり，その意味でも信頼の重要性は高い。

　本章において見てきたように，コントロール・システムの機能性に重要な役割を果たす信頼については，コントロール・システムを主たる研究対象とする管理会計のみならず組織論，人的資源管理論，心理学などの近接学問領域にその知見が広範に散在しており，タコ壺化された視点による分断が全体的な理解を妨げていると指摘されている（Lumineau et al., 2023）。広範な先行研究のすべてを網羅することは本章の射程を超えるが，本章において先行研究の選択的

な検討から得られた洞察が，管理会計研究者が直面する事象の理解を深め，ますます学際的になりつつある管理会計研究の発展に寄与することを期待したい。

◆謝辞

本研究は，JSPS科研費21H00763による研究成果の一部である。

◆参考文献

Alder, G. S., Noel, T. W., & Ambrose, M. L. (2006). Clarifying the effects of Internet monitoring on job attitudes: The mediating role of employee trust. *Information & Management, 43*(7), 894-903.

Amabile, T. M. (1993). Motivational synergy: Toward new conceptualizations of intrinsic and extrinsic motivation in the workplace. *Human Resource Management Review, 3*(3), 185-201.

Amabile, T. M. (1997). Motivating creativity in organizations: On doing what you love and loving what you do. *California Management Review, 40*(1), 39-58.

Amabile, T. M., & Pratt, M. G. (2016). The dynamic componential model of creativity and innovation in organizations: Making progress, making meaning. *Research in Organizational Behavior, 36*, 157-183.

Amabile, T. M., Schatzel, E. A., Moneta, G. B., & Kramer, S. J. (2004). Leader behaviors and the work environment for creativity: Perceived leader support. *The Leadership Quarterly, 15*(1), 5-32.

Ambrose, M. L., & Schminke, M. (2003). Organization structure as a moderator of the relationship between procedural justice, interactional justice, perceived organizational support, and supervisory trust. *Journal of Applied Psychology, 88*(2), 295–305.

Aulakh, P. S., Kotabe, M., & Sahay, A. (1996). Trust and performance in cross-border marketing partnerships: A behavioral approach. *Journal of International Business Studies, 27*, 1005-1032.

Baer, M. D., Matta, F. K., Kim, J. K., Welsh, D. T., & Garud, N. (2018). It's not you, it's them: Social influences on trust propensity and trust dynamics. *Personnel Psychology, 71*(3), 423-455.

Barczak, G., Lassk, F., & Mulki, J. (2010). Antecedents of team creativity: An examination of team emotional intelligence, team trust and collaborative culture. *Creativity and Innovation Management, 19*(4), 332-345.

Bellora-Bienengräber, L., Radtke, R. R., & Widener, S. K. (2022). Counterproductive work behaviors and work climate: The role of an ethically focused management control system and peers' self-focused behavior. *Accounting, Organizations and Society, 96*, 101275.

Bhardwaj, A., & Sergeeva, A. (2023). Values-based Trust as a Shift Parameter for Collective Organizing: The Case of Magnum Photos. *Journal of Management Studies*.

Bijlsma, K. M., & Van De Bunt, G. G. (2003). Antecedents of trust in managers: A "bottom up" approach. *Personnel Review, 32*(5), 638-664.

Bijlsma-Frankema, K., Sitkin, S. B., & Weibel, A.（2015）. Distrust in the balance: The emergence and development of intergroup distrust in a court of law. *Organization Science, 26*(4), 1018-1039.

Boon, S. D., & Holmes, J. G.（1991）. The dynamics of interpersonal trust: Resolving uncertainty in the face of risk. In R. A. Hinde & J. Groebel（Eds.）, *Cooperation and prosocial behavior*（pp. 190-211）. Cambridge, England: Cambridge University Press.

Boss, R. W.（1978）. Trust and managerial problem solving revisited. *Group & Organization Studies, 3*(3), 331-342.

Branzei, O., Vertinsky, I., & Camp II, R. D.（2007）. Culture-contingent signs of trust in emergent relationships. *Organizational Behavior and Human Decision Processes, 104*(1), 61-82.

Breuer, C., Hüffmeier, J., Hibben, F., & Hertel, G.（2020）. Trust in teams: A taxonomy of perceived trustworthiness factors and risk-taking behaviors in face-to-face and virtual teams. *Human Relations, 73*(1), 3-34.

Breuer, C., Hüffmeier, J., & Hertel, G.（2016）. Does trust matter more in virtual teams? A meta-analysis of trust and team effectiveness considering virtuality and documentation as moderators. *Journal of Applied Psychology, 101*(8), 1151–1177.

Bromiley, P., & Cummings, L. L.（1995）. Transactions costs in organizations with trust. In R. Bies, B. Sheppard, & R. Lewicki（Eds.）, *Research on negotiation in organizations, vol. 5*: 219- 247. Greenwich, CT: JAI.

Chen, C. A., Hsieh, C. W., & Chen, D. Y.（2014）. Fostering public service motivation through workplace trust: Evidence from public managers in Taiwan. *Public Administration, 92*(4), 954-973.

Christ, M. H., Sedatole, K. L., Towry, K. L., & Thomas, M. A.（2008）. When formal controls undermine trust and cooperation. *Strategic Finance, 89*(7), 39-45.

Chua, R. Y., Morris, M. W., & Ingram, P.（2009）. Guanxi vs networking: Distinctive configurations of affect-and cognition-based trust in the networks of Chinese vs American managers. *Journal of International Business Studies, 40*, 490-508.

Coletti, A. L., Sedatole, K. L., & Towry, K. L.（2005）. The effect of control systems on trust and cooperation in collaborative environments. *The Accounting Review, 80*(2), 477-500.

Colquitt, J. A.（2001）. On the dimensionality of organizational justice: A construct validation of a measure. *Journal of Applied Psychology, 86*(3), 386–400.

Costa, A. C., Fulmer, C. A., & Anderson, N. R.（2018）. Trust in work teams: An integrative review, multilevel model, and future directions. *Journal of Organizational Behavior, 39*(2), 169-184.

Creed, W. E., & Miles, R. E.（1996）. Trust in organizations: A conceptual framework linking organizational forms, managerial philosophies, and the opportunity costs of control. In R. M. Kramer & T. R. Tyler（Eds.）, *Trust in organizations: Frontiers of theory and research*: 16-39. Thousand Oaks, CA: Sage.

Das, T. K., & Teng, B. S.（1998）. Between trust and control: Developing confidence in partner cooperation in alliances. *Academy of Management Review, 23*(3), 491-512.

De Dreu, C. K., Giebels, E., & Van de Vliert, E. (1998). Social motives and trust in integrative negotiation: The disruptive effects of punitive capability. *Journal of applied Psychology, 83*(3), 408-422.

De Jong, B. A., & Dirks, K. T. (2012). Beyond shared perceptions of trust and monitoring in teams: Implications of asymmetry and dissensus. *Journal of Applied Psychology, 97* (2), 391–406.

De Jong, B. A., Dirks, K. T., & Gillespie, N. (2016). Trust and team performance: A meta-analysis of main effects, moderators, and covariates. *Journal of Applied Psychology, 101*(8), 1134–1150.

De Jong, B. A., & Elfring, T. (2010). How does trust affect the performance of ongoing teams? The mediating role of reflexivity, monitoring, and effort. *Academy of Management Journal, 53*(3), 535-549.

De Jong, B., Gillespie, N., Williamson, I., & Gill, C. (2021). Trust consensus within culturally diverse teams: A multistudy investigation. *Journal of Management, 47*(8), 2135-2168.

Dekker, H. C. (2004). Control of inter-organizational relationships: evidence on appropriation concerns and coordination requirements. *Accounting, Organizations and Society, 29*(1), 27-49.

Dirks, K. T. (1999). The effects of interpersonal trust on work group performance. *Journal of Applied Psychology, 84*(3), 445-455.

Dirks, K. T. (2000). Trust in leadership and team performance: Evidence from NCAA basketball. *Journal of Applied Psychology, 85*(6), 1004–1012.

Dirks, K. T., & De Jong, B. (2022). Trust within the workplace: A review of two waves of research and a glimpse of the third. *Annual Review of Organizational Psychology and Organizational Behavior, 9,* 247-276.

Dirks, K. T., & Ferrin, D. L. (2001). The role of trust in organizational settings. *Organization Science, 12*(4), 450-467.

Dirks, K. T., & Ferrin, D. L. (2002). Trust in leadership: Meta-analytic findings and implications for research and practice. *Journal of Applied Psychology, 87*(4), 611-628.

Fulmer, C. A., & Gelfand, M. J. (2012). At what level (and in whom) we trust: Trust across multiple organizational levels. *Journal of management, 38*(4), 1167-1230.

Fulmer, C. A., & Ostroff, C. (2021). Trust Conceptualizations Across Levels of Analysis. In *Understanding Trust in Organizations* (pp. 14-42). Routledge.

Gagné, M., & Deci, E. L. (2005). Self-determination theory and work motivation. *Journal of Organizational Behavior, 26*(4), 331-362.

George, J. M., & Zhou, J. (2007). Dual tuning in a supportive context: Joint contributions of positive mood, negative mood, and supervisory behaviors to employee creativity. *Academy of Management Journal, 50*(3), 605-622.

Ghoshal, S., & Moran, P. (1996). Bad for practice: A critique of the transaction cost theory. *Academy of management Review, 21*(1), 13-47.

Gillespie, N. A., & Mann, L. (2004). Transformational leadership and shared values: The building blocks of trust. *Journal of Managerial Psychology, 19*(6), 588–607.

Gilson, L. L., & Madjar, N. (2011). Radical and incremental creativity: Antecedents and processes. *Psychology of Aesthetics, Creativity, and the Arts, 5*(1), 21-28.

Gong, Y., Cheung, S. Y., Wang, M., & Huang, J. C. (2012). Unfolding the proactive process for creativity: Integration of the employee proactivity, information exchange, and psychological safety perspectives. *Journal of Management, 38*(5), 1611-1633.

Guinot, J., Chiva, R., & Mallén, F. (2013). Organizational trust and performance: Is organizational learning capability a missing link?. *Journal of Management & Organization, 19*(5), 559-582.

Haesebrouck, K., Van den Abbeele, A., & Williamson, M. G. (2021). Building trust through knowledge sharing: Implications for incentive system design. *Accounting, Organizations and Society, 93*, 101241.

Hartmann, F., & Slapničar, S. (2009). How formal performance evaluation affects trust between superior and subordinate managers. *Accounting, Organizations and Society, 34*(6-7), 722–737.

Harris, T. B., Li, N., Boswell, W. R., Zhang, X. A., & Xie, Z. (2014). Getting what's new from newcomers: Empowering leadership, creativity, and adjustment in the socialization context. *Personnel Psychology, 67*(3), 567-604.

Holland, P. J., Cooper, B., & Hecker, R. (2015). Electronic monitoring and surveillance in the workplace: The effects on trust in management, and the moderating role of occupational type. *Personnel Review, 44*(1), 161-175.

Hopwood, A. G. (1972). An empirical study of the role of accounting data in performance evaluation. *Journal of Accounting Research, 10*, 156-182.

Hosmer, L. T. (1995). Trust: The connecting link between organizational theory and philosophical ethics. *Academy of Management Review, 20*(2), 379-403.

Hurmelinna-Laukkanen, P., Niemimaa, E., Rantakari, A., & Helander, N. (2022). In the riptide of control and trust: Emergence of control practices, suspicion, and distrust in new technology deployment. *Journal of Management Studies*.

Inkpen, A. C., & Currall, S. C. (2004). The coevolution of trust, control, and learning in joint ventures. *Organization Science, 15*(5), 586-599.

Jeffries, F. L., & Reed, R. (2000). Trust and adaptation in relational contracting. *Academy of Management Review, 25*(4), 873-882.

Jones, S. L., & Shah, P. P. (2016). Diagnosing the locus of trust: A temporal perspective for trustor, trustee, and dyadic influences on perceived trustworthiness. *Journal of Applied Psychology, 101*(3), 392-414.

Khazanchi, S., & Masterson, S. S. (2011). Who and what is fair matters: A multi‐foci social exchange model of creativity. *Journal of Organizational Behavior, 32*(1), 86-106.

Kim, S. K., & Tiwana, A. (2016). Chicken or egg? Sequential complementarity among salesforce control mechanisms. *Journal of the Academy of Marketing Science, 44*(3), 316-333.

Kimmel, M. J., Pruitt, D. G., Magenau, J. M., Konar-Goldband, E., & Carnevale, P. J. (1980). Effects of trust, aspiration, and gender on negotiation tactics. *Journal of Personality and Social Psychology, 38*(1), 9-22.

Langfred, C. W. (2004). Too much of a good thing? Negative effects of high trust and individual autonomy in self-managing teams. *Academy of Management Journal, 47*(3), 385-399.

Lau, C. M., & Buckland, C. (2001). Budgeting—The role of trust and participation: A research note. *Abacus, 37*(3), 369-388.

Lau, C. M., & Sholihin, M. (2005). Financial and nonfinancial performance measures: How do they affect job satisfaction? *The British Accounting Review, 37*(4), 389–413.

Lee, P., Gillespie, N., Mann, L., & Wearing, A. (2010). Leadership and trust: Their effect on knowledge sharing and team performance. *Management Learning, 41*(4), 473-491.

Levin, D. Z., & Cross, R. (2004). The strength of weak ties you can trust: The mediating role of trust in effective knowledge transfer. *Management Science, 50*(11), 1477-1490.

Lewicki, R. J., McAllister, D. J., & Bies, R. J. (1998). Trust and distrust: New relationships and realities. *Academy of Management Review, 23*(3), 438-458.

Lewicki, R. J., Tomlinson, E. C., & Gillespie, N. (2006). Models of interpersonal trust development: Theoretical approaches, empirical evidence, and future directions. *Journal of Management, 32*(6), 991-1022.

Li, P. P., Bai, Y., & Xi, Y. (2012). The contextual antecedents of organizational trust: A multidimensional cross-level analysis. *Management and Organization Review, 8*(2), 371-396.

Liao, E. Y., & Chun, H. (2016). Supervisor monitoring and subordinate innovation. *Journal of Organizational Behavior, 37*(2), 168-192.

Lin, C. Y., & Huang, C. K. (2020). Understanding the antecedents of knowledge sharing behaviour and its relationship to team effectiveness and individual learning. *Australasian Journal of Educational Technology, 36*(2), 89-104.

Long, C. P., & Weibel, A. (2018). Two sides of an important coin: Outlining the general parameters of control-trust research. In Searle, R. H., Nienaber, A. M. I., & Sitkin, S. B. (Eds.). *The Routledge Companion to Trust*. Routledge, 506-521.

Lumineau, F., Long, C., Sitkin, S.B., Argyres, N. & Markman, G. (2023). Rethinking Control and Trust Dynamics in and between Organizations. *Journal of Management Studies*.

Malik, M. A. R., Choi, J. N., & Butt, A. N. (2019). Distinct effects of intrinsic motivation and extrinsic rewards on radical and incremental creativity: The moderating role of goal orientations. *Journal of Organizational Behavior, 40*(9-10), 1013-1026.

Marlow, S. L., & Lacerenza, C. N. (2024). There is No End to Learning, but How Does it Begin? A Meta-Analysis of the Team Learning Pathway. *Journal of Management Studies*.

Mayer, R. C., Davis, J. H., & Schoorman, F. D. (1995). An integrative model of organizational trust. *Academy of Management Review, 20*(3), 709-734.

McAllister, D. J. (1995). Affect-and cognition-based trust as foundations for interpersonal cooperation in organizations. *Academy of Management Journal, 38*(1), 24-59.

Mellinger, G. D. (1956). Interpersonal trust as a factor in communication. *The Journal of Abnormal and Social Psychology, 52*(3), 304–309.

Mischel, W. (1977). The interaction of person and situation. In D. Magnusson, & N. S. Endler (Eds.), *Personality at the crossroads: Current issues in interactional psychology* (pp. 333-352). Hillsdale, NJ: Lawrence Erlblaum Associates.

Möllering, G. (2005). The trust/control duality: An integrative perspective on positive expectations of others. *International Sociology, 20*(3), 283-305.

Moorman, C., Deshpande, R., & Zaltman, G. (1993). Factors affecting trust in market research relationships. *Journal of Marketing, 57*(1), 81-101.

Mundy, J. (2010). Creating dynamic tensions through a balanced use of management control systems. *Accounting, Organizations and Society, 35*(5), 499-523.

Nienaber, A. M. I., Holtgrave, M., & Romeike, P. D. (2018). Trust in teams: A review across levels. *The Routledge Companion to Trust,* 105-128.

Okello, D. R., & Gilson, L. (2015). Exploring the influence of trust relationships on motivation in the health sector: a systematic review. *Human Resources for Health, 13*(1), 1-18.

O'Reilly III, C. A. (1978). The intentional distortion of information in organizational communication: A laboratory and field investigation. *Human Relations, 31*(2), 173-193.

O'Reilly III, C. A., & Roberts, K. H. (1974). Information filtration in organizations: Three experiments. *Organizational Behavior and Human Performance, 11*(2), 253-265.

Ouchi, W. G. (1979). A conceptual framework for the design of organizational control mechanisms. *Management Science, 25*(9), 833-848.

Park, J. G., Lee, H., & Lee, J. (2015). Applying social exchange theory in IT service relationships: exploring roles of exchange characteristics in knowledge sharing. *Information Technology and Management, 16,* 193-206.

Rempel, J. K., Holmes, J. G., & Zanna, M. P. (1985). Trust in close relationships. *Journal of Personality and Social Psychology, 49*(1), 95–112.

Roberts, K. H., & O'Reilly III, C. A. (1974). Failures in upward communication in organizations: Three possible culprits. *Academy of Management Journal, 17*(2), 205-215.

Rousseau, D. M., Sitkin, S. B., Burt, R. S. and Camerer, C. (1998) 'Not So Different After All: A Cross-Discipline View of Trust', *Academy of Management Review , 23*(3): 393–404.

Ryan, R. M., & Deci, E. L. (2000). Self-determination theory and the facilitation of intrinsic motivation, social development, and well-being. *American Psychologist, 55*(1), 68-78.

Sako, M. (1992). *Price, quality and trust: Inter-firm relations in Britain and Japan.* Cambridge University Press.

Salas, E., Sims, D. E., & Burke, C. S. (2005). Is there a "big five" in teamwork?. *Small Group Research, 36*(5), 555-599.

Schoorman, F. D., Mayer, R. C., & Davis, J. H. (2007). An integrative model of organizational trust: Past, present, and future. *Academy of Management Review, 32*(2), 344-354.

Shalley, C. E., Gilson, L. L., & Blum, T. C. (2000). Matching creativity requirements and the work environment: Effects on satisfaction and intentions to leave. *Academy of Management Journal, 43*(2), 215-223.

Sitkin, S. B., & Roth, N. L. (1993). Explaining the limited effectiveness of legalistic "remedies" for trust/distrust. *Organization Science, 4*(3), 367-392.

Skiba, T., & Wildman, J. L.（2019）. Uncertainty reducer, exchange deepener, or self-determination enhancer? Feeling trust versus feeling trusted in supervisor-subordinate relationships. *Journal of Business and Psychology, 34*(2), 219–235.

Smith, J. B., & Barclay, D. W.（1997）. The effects of organizational differences and trust on the effectiveness of selling partner relationships. *Journal of Marketing, 61*(1), 3-21.

Staples, D. S., & Webster, J.（2008）. Exploring the effects of trust, task interdependence and virtualness on knowledge sharing in teams. *Information Systems Journal, 18*(6), 617-640.

Szulanski, G., Cappetta, R., & Jensen, R. J.（2004）. When and how trustworthiness matters: Knowledge transfer and the moderating effect of causal ambiguity. *Organization Science, 15*(5), 600-613.

Ter Bogt, H., & Tillema, S.（2016）. Accounting for trust and control: Public sector partnerships in the arts. *Critical Perspectives on Accounting, 37,* 5-23.

Thanetsunthorn, N., & Wuthisatian, R.（2019）. Understanding trust across cultures: an empirical investigation. *Review of International Business and Strategy, 29*(4), 286-314.

Tierney, P., & Farmer, S. M.（2002）. Creative self-efficacy: Its potential antecedents and relationship to creative performance. *Academy of Management Journal, 45*(6), 1137-1148.

Tierney, P., & Farmer, S. M.（2004）. The Pygmalion process and employee creativity. *Journal of Management, 30*(3), 413-432.

Tsai, W. C., Chi, N. W., Grandey, A. A., & Fung, S. C.（2012）. Positive group affective tone and team creativity: Negative group affective tone and team trust as boundary conditions. *Journal of Organizational Behavior, 33*(5), 638-656.

Väisänen, M., Tessier, S., & Järvinen, J. T.（2021）. Fostering Enabling Perceptions of Management Controls during Post‐Acquisition Integration. *Contemporary Accounting Research, 38*(2), 1341-1367.

van der Kolk, B., van Veen-Dirks, P. M., & ter Bogt, H. J.（2019）. The impact of management control on employee motivation and performance in the public sector. *European Accounting Review, 28*(5), 901-928.

van der Werff, L., Legood, A., Buckley, F., Weibel, A., & de Cremer, D.（2019）. Trust motivation: The self-regulatory processes underlying trust decisions. *Organizational Psychology Review, 9*(2-3), 99-123.

Vélez, M. L., Sánchez, J. M., & Álvarez-Dardet, C.（2008）. Management control systems as inter-organizational trust builders in evolving relationships: Evidence from a longitudinal case study. *Accounting, Organizations and Society, 33*(7-8), 968-994.

Verburg, R. M., Nienaber, A. M., Searle, R. H., Weibel, A., Den Hartog, D. N., & Rupp, D. E.（2018）. The role of organizational control systems in employees' organizational trust and performance outcomes. *Group & Organization Management, 43*(2), 179-206.

Wang, H. K., Yen, Y. F., & Tseng, J. F.（2015）. Knowledge sharing in knowledge workers: The roles of social exchange theory and the theory of planned behavior. *Innovation, 17*(4), 450-465.

Wang, S., & Noe, R. A.（2010）. Knowledge sharing: A review and directions for future research. *Human Resource Management Review, 20*(2), 115-131.

Weibel, A.（2007）. Formal control and trustworthiness: Shall the twain never meet?. *Group & Organization Management, 32*(4), 500-517.

Weibel, A.（2010）. Managerial objectives of formal control: High motivation control mechanisms. In Sitkin, S. B., Cardinal, L. B., & Bijlsma-Frankema, K. M.（Eds.）. *Organizational Control*（pp. 434-462）. Cambridge University Press.

Weibel, A., Den Hartog, D. N., Gillespie, N., Searle, R., Six, F., & Skinner, D.（2016）. How do controls impact employee trust in the employer?. *Human Resource Management, 55*(3), 437-462.

Weibel, A., & Six, F.（2013）. Trust and control: The role of intrinsic motivation. In *Handbook of advances in trust research*（pp. 57-81）. Edward Elgar Publishing.

Wells, C. V., & Kipnis, D.（2001）. Trust, dependency, and control in the contemporary organization. *Journal of Business and Psychology, 15*, 593-603.

Zaheer, A., McEvily, B., & Perrone, V.（1998）. Does trust matter? Exploring the effects of interorganizational and interpersonal trust on performance. *Organization science, 9*(2), 141-159.

Zand, D. E.（1972）. Trust and managerial problem solving. *Administrative Science Quarterly, 17*(2), 229-239.

Zhang, X., & Bartol, K. M.（2010）. Linking empowering leadership and employee creativity: The influence of psychological empowerment, intrinsic motivation, and creative process engagement. *Academy of Management Journal, 53*(1), 107-128.

Zhang, X., & Zhou, J.（2014）. Empowering leadership, uncertainty avoidance, trust, and employee creativity: Interaction effects and a mediating mechanism. *Organizational Behavior and Human Decision Processes, 124*(2), 150-164.

Zhang, Y., Long, L., Wu, T. Y., & Huang, X.（2015）. When is pay for performance related to employee creativity in the Chinese context? The role of guanxi HRM practice, trust in management, and intrinsic motivation. *Journal of Organizational Behavior, 36*(5), 698-719.

Zheng, X.（J.）, Nieberle, K. W., Braun, S., & Schyns, B.（2023）. Is someone looking over my shoulder? An investigation into supervisor monitoring variability, Subordinates' daily felt trust, and well-being. *Journal of Organizational Behavior, 44*(5), 818–837.

Zhou, J., & George, J. M.（2003）. Awakening employee creativity: The role of leader emotional intelligence. *The Leadership Quarterly, 14*(4-5), 545-568.

浅田拓史（2022）.「創造性を支援するコントロール・システム」『會計』202(3), 326-339.

浅田拓史（2023）.『自律創造型コントロールの理論と実践』中央経済社.

大浦啓輔（2006）.「組織間におけるコントロール・システムと『信頼』」『原価計算研究』30(2), 63-71.

横田絵理（2022）.『日本企業のマネジメント・コントロール−自律・信頼・イノベーション−』中央経済社.

第6章

自発的参加型組織の総合管理

1 ◆ はじめに

　社会生活の営みにおいて，自身の生活のために金銭報酬を得る活動以外にコミュニティに関与し，ボランティアに近い何らかの活動に参画している人は少なくないだろう。純粋なボランティアは他人に対して，自らの利害を捨てて，自らの意思で，しかも，その行為への見返りは一切期待することがないという心性によって特徴づけられる人たちを意味する（Cnaan et al., 1996）。そのような活動が社会課題の解決につながるイノベーションになることもあることから社会的に重要な活動ととらえられる（Adro and Fernandes, 2022）。他方で，ボランティアの動機は多元的で利己的な要素も含まれるとも言われる（Studer and Von Schnurbein, 2013）。ボランティアに近い活動というのは，そのコミュニティに参加するうえで共同して払われる犠牲として行われ，他方でコミュニティに所属することで間接的ではあっても何らかの見返りがあるということで，災害時における救援活動のような純粋なボランティアとは異なる[1]。

　純粋なボランティアから出発したボランタリーな組織であっても，組織規模が大きくなるにつれて，組織を管理する必要性が出てくる（Machin and Paine, 2008）。同様に，純粋なボランティア活動とはいえないクラブ活動のような共同目的で組織化された団体であっても，組織規模が拡大するなかで，同様の課題が生じることになる。また，カリスマ性をもった意欲の高い創業者から代替わりすると組織運営の継続に課題が生じることも知られる（田尾, 1998）。このような自発的参加型組織の運営において，組織目標を達成するために，どのようなメカニズムで組織構成員を動員していくのだろうか。

本章で議論の対象としようとしている自発的参加型組織（Voluntary Organization）では，特定の所有者が存在せず，雇用契約や金銭報酬の有無にかかわらず，組織運営がなされる。たとえば宗教組織，政治組織，業界団体，NPO（Nonprofit Organization），NGO（Non-governmental Organization）などが該当し[2]，アメリカにおいては1970年代に発展してきたと言われる（Rothschild-Whitt, 1979）。

従来の学術研究の多くは，誰がなぜボランティアをするのかという問題に焦点を当て，その特性に重点を置いており，ボランティアが活動する自発的参加型組織の管理行為には焦点を当ててこなかった（Musick and Wilson, 2007）。同様に，管理会計研究が主として対象としてきたのは，営利企業であり，管理対象とするのは雇用契約や金銭報酬のある従業員である。非営利企業を対象とした研究であっても，管理対象は同様である（Baxter et al., 2019; Carlsson-Wall et al.,2016; Chenhall et al., 2013, 2016, 2017; Kraus et al., 2017）。にもかかわらず，Agyemang et al.（2019）はNGOの説明責任のプロセスにおいて，まったく異なる量的・質的手法が補完的に使用されることがいかに多いかについて注意を要することを指摘し，ボランティア活動の管理について研究対象を細かく見ていく必要性を示唆する。

紙幅の都合で事例の詳細については触れられないが，たとえば，経営者が自社の経営を行いながら，一種の業界団体に積極的に参加し，地域経済に寄与している場合の組織体の総合管理はどういったものかというのも自発的参加型組織としての研究対象になるだろう。研究上の問題意識として，吉川（2023）で取り上げた中小企業家同友会といった業界団体の総合管理をどう理解できるのかがある。その議論を行う前段階として，自発的参加型組織による概念整理と先行研究の整理を行う。

自発的参加型組織を運営するうえで，組織目標を数値化して業績管理することが可能なのか，組織構成員をどのように動機づけるのか。既存の管理会計研究の知見をどの程度生かすことができ，また修正が必要な部分がどこにあるのか。本章では，自発的参加型組織は組織科学の対象となる組織なのかという基本的な問題から出発する田尾（1997, 1998）の論点整理に依拠しながら，自発的参加型組織の特徴とその総合管理の整理を行う。

　本章の構成は次のとおりである。第2節では，自発的参加型組織の特徴を，組織目的，組織形態，組織構成員，財源の観点から述べる。次に，第3節では，自発的組織の総合管理の特徴について，理念とコミットメント，行動管理，内的報酬，外的報酬，業績管理，メンバーと管理部門との関係の観点から整理する。最後に，第4節では，本章のまとめを述べ，今後の研究の可能性について指摘する。

2 ◆　自発的参加型組織の特徴

　自発的参加型組織について組織論では，小島（1998），田尾（1997, 1998）から議論が進められ[3]，会計研究において数は少ないがたとえばBooth（1995）の議論がある。Einolf（2018）はボランティアの管理実践の有効性を直接検証した81の論文をレビューし，労働者の大半が有給スタッフである非営利組織におけるボランティアについて検証したものを中心に議論されてきていることを明らかにする。特に，「態度，暗黙の前提，期待」（Studer and Von Schnurbein, 2013）といった管理者がコントロールできないボランティアの特性について論じており，管理実践に関する節は短いことを指摘する。人的資源管理に関する研究では，手本となるベストプラクティスに基づき選考，オリエンテーション，職務設計，訓練，配置，評価などボランティアプログラムで一般的に行う一連の流れに根差しており，類似していることが明らかにされている（Brudney and Meijs, 2009）。

　そして，自発的参加型組織の多くはスポーツ，趣味のグループ，自助組織，地域活動グループなど小規模組織であるが，グループにおける効果的なマネジメントのあり方について発表された文献はほとんどない（Einolf, 2018）。

　自発的参加型組織として議論される対象が，非営利企業として活動する福祉事業を中心としており，本研究関心とは文脈を異にするところがあるものの，自発的参加者をどう管理するのかという点では共通する部分があるため，関連する研究を取り上げる。

2.1　組織目的

　Handy（1988）は，自発的参加型組織の特徴を，利益追求型ではなく，公益の追求というよりも特定メンバーの共益を追求することを目的としているものとして整理する。そして，Handy（1988）は，自発的参加型組織を，組織目的から3つに区分する。1つ目が，メンバーが相互に支援し合うような共益目的により，相互に支援し合う組織である。互いに理解し合い，また，励まし合い，助言し合い，助け合うようなことを組織的に行う。当該組織は管理することを好まない。2つ目が，必要とする人に必要なサービスを提供することを目的とする組織である。福祉サービスが典型例である。サービスの有効配分のためには組織化を指向する。3つ目が，特定の利害に関与して，その利害を代弁することを目的として，圧力団体として行動する組織である。政治団体が該当する。当該組織は信念を重視する。

　それらの目的は，相互に関連することから現実的には自発的参加型組織は，3つの機能をいくらかは保持している（田尾, 1997）。地域社会のなかでは，その多くは，コミュニティの機能を有し相互支援を行う。また，日常生活において必要なニーズに対するサービスを提供することから，2つ目のサービス提供を行う。そして，地域やコミュニティの要望を実現していくにあたっては，それを対外的に宣伝することもあろう。これらのサービス組織は，自助，共助，公助のネットワークのなかにあり，これらの相互依存，または相互循環のなかにある。

2.2　組織形態

　自発的参加型組織は仲間集団から発展することから，互いの意思疎通が重視され，横のコミュニケーション・ネットワークが発達し，官僚制システムに対置される。しかし，成長して組織としての体裁を揃えるほど，組織としての運営の難しさが露呈し，組織形態として，アソシエーションの部分とビュロクラシーの部分が混在する（田尾, 1997）。ここで，ビュロクラシーの基本原則においては組織の公式のヒエラルキーに依拠する権威のもと，ここまではすべきでこれ以上はする必要がないという明確な作業条件を設定し，有給のスタッフが

標準作業を管理し，コスト意識が働く。これに対して，アソシエーションの基本原則においては，個人の人格に発する権威と互いの非公式な信頼関係に依拠し，作業条件を明文化できないところも多々ある。自発的参加者は自由な活動を望み，ケースバイケースで判断し，コストへの配慮が少ない（Billis, 1993）。自発的参加型組織においては，ビュロクラシーとアソシエーションの2つの考え方が結合しなければ組織が成り立たず，しかも，それらは本来水と油のような関係にあるから，規模が大きくなるとともに問題が表面化し顕在化する。

　Gann（1996）は，自発的参加型組織について3つの発達段階を提示する。それは，未熟期（immature），青年期（adolescent），そして成熟期（mature）である。未熟期では，公的な機関やある特定の個人などの影響を受けて活動のリソースはまだ少なく，活動が少なく，活動のための情報もまだ十分に調整されない段階である。次の青年期では，意思決定のための場がとりあえずあり，各種の社会的な制約や規制に対応するようになり，活動リソースも多岐にわたり，多くなる。何をするかしないかについて内部的な討論の必要も出てきて，内部調整が大きな課題になる。さらに，成熟期に至れば，長期的にサービスが提供されることがあり，スタッフ組織ができると，サービスを提供する人たちは，スタッフ組織とのパートナーシップが不可欠になる。さまざまな評価システムの導入が試みられ，責任を問われるようなことも避けられない[4]。組織ライフサイクルの議論に基づき，危機的な課題の克服が，その組織としての発達をみるための着眼点になる。

　組織化の過程においては，アソシエーションの要素を少なくしながらビュロクラシーの要素を膨らませることとなり，前者を払拭できないところにマネジメントの難しさ，いわゆる普通の経営体のように経営できないパラドックスがあるのが自発的参加型組織の組織形態としての特徴といえる（la Cour et al., 2023）。

2.3　組織構成員：自発的参加メンバーによる作業組織と管理部門

　企業に帰属する基本的な理由とは異なり，自発的参加メンバーには，組織への参加に対して物質的な報酬が与えられないのが通例となっている（Booth, 1995; Cnaan et al., 1996）。初期段階である未熟期においては，作業組織は，熱意

のある人がおり，周辺にその熱意に賛同する人たちが集い，それが先鋭集団となって事業を進める。当初は，カリスマに魅入られた人々の集合であることが多い。多くの持続的に活動する人たちはプロフェッショナリズムの倫理を備えているか，備えようとしている（田尾，1998）。

初期メンバー以外の参加者も得る青年期以降になれば，自発的参加メンバーを動機づけることは，より複雑となる。組織から得る報酬を必ずしも期待せずに人々の熱意を前提条件とし，それを支えるモチベーションの構造が，必ずしも組織均衡を前提としていない。そのような心性を当然とみなす倫理規範も発達しており，参加者は熱心であるほど，よその人であろうとする（田尾，1998）。

やがてその事業が軌道に乗って成熟期の段階になると，経営管理というルーティンの課題に遭遇するようになる。サービスの提供に，対価が払われて，もしくは公的なサービスであれば，提供者という言葉で表現される。しかし，自発的参加メンバーのボランティアによって提供されるときは，パートナーという言葉が，正確にいえば適切で，自発的参加メンバーと組織との関係は，いわば契約の関係にある（田尾，1998）。自発的参加型組織においてメンバーがパートナーとして対等であることを理念型とし，互いが考えを共有し合う限りにおいて成り立つ関係で，参加について拘束しない。

このように，自発的参加者はプロフェッショナリズムを備えながらも，外部の立場でいようとし，対等のパートナーとしての関係性に基づいて自由参加を基本とするように，特徴的な性質を有する。にもかかわらず，Einolf（2018）が整理するように，自発的参加型組織を対象とする研究のうち，たとえば人的資源管理に関する文献の多くは普遍主義的なアプローチをとろうとしてきた。そして，非営利団体は規模やボランティアの数，タスクやミッションに関係なく，単一のベストプラクティスに従うことを推奨している（Brudney and Meijs, 2014）。最近になりようやく，非営利組織がHRMモデルのさまざまな側面を戦略的に採用し，組織の個々の特性や環境に適応させるべきかどうかを検討し始めているところである（Hager and Brudney, 2015）。

経営管理業務を要する段階で，管理部門が必要となる。組織規模が拡大しビュロクラシーの程度が深まれば，組織活動を円滑に行動に向かわせるためにスタッフとラインの分業を行い，事務局を設けて，管理部門による支援が必要

になる。規模を大きくして持続的な活動になればなるほど，スタッフとラインの連携が不可欠になる。やがて，定置のオフィスをもち，有給の従業員スタッフをもつようになる（田尾，1998）。

　管理部門は定型的な管理を強いるようになり，自発的参加メンバーは自由な活動をしたがる。通常の組織のスタッフ—ライン関係以上に緊張をはらむことも想定され，ときには対立関係にある（la Cour et al., 2023）。

2.4　財　　源

　Anthony（1978）は，財源をどこから確保するのかという観点から非営利法人を分類するが，この分類は自発的参加型組織にも適用できる。1つ目のタイプは寄付や助成金といった外部資金を主財源とする外部資金依存型組織で，慈善団体は寄付財源を主財源とするし，公的サービスに近いサービスを提供する社会福祉法人は助成金を主財源とする。NPOやNGOは管理会計研究でも研究対象とされてきた（Anthony and Young, 2012; Chenhall et al., 2010; Dhanani and Connolly, 2015; O'Dwyer and Boomsma, 2015; Sanusi et al, 2015）。2つ目のタイプは会費や手数料といった会員メンバーからの拠出資金を基本財源とする参加者依存型組織で，典型的には協同組合組織がある。中小企業家同友会といった経営者団体はこちらに該当する（吉川，2023）。そして，3つ目のタイプは，前2者を含む複数のソースから収入を得る複数財源型の組織である。典型的には政党がこちらのタイプに属する。

　自発的参加型組織は，概して経営基盤が脆弱で，目標を達成するための労働力と，目標を達成するための資金調達のいずれについても，メンバーに依存していることが多い（Booth, 1995）。組織としてのシステムを整備するほど，それを維持するために大きな資源を必要とするようになり，資金調達は外部依存的とならざるを得ず，活動を続けるためには，外部環境に適応する必要が生じる。

　支持を調達するメカニズムをその組織のなかにどのように仕組むかが，篤志の人の単なる集団と，組織の分岐点になる（田尾，1998）。その活動が地域や特定の人々に貢献していることを周知させるような機能をその団体の一部に組み込むことで参加者の支持を得られる可能性があり，さまざまな工夫が試みられ

るようになる。

Chenhall et al.（2010）では，ある福祉NGOでの総合管理とソーシャル・キャピタルの組み合わせが，資金獲得の際に，組織のアイデンティティとサービス提供能力の維持にどのように影響を与えるかを調査した。当該組織においては，異なる統制の組み合わせがソーシャル・キャピタルのさまざまな形態とどのように関連しているかが明らかにされた。特に予算などの形式的な管理制御を導入する試みが，財政獲得と管理に過度に焦点を当て，強制的に実施されたものは，従業員が新しい競争的な資金調達環境を理解できなくなり，結果として失敗に終わったことを明らかにした。会計とソーシャル・キャピタルによる研究により，会計実務の社会学的な根源と特徴，そして社会構造とネットワークを形成するその能力を明らかにする（de Villiers et al., 2022）。Kuruppu and Lodhia（2020）は，スリランカにおける大規模NGOが多様なステークホルダーのもとで，直面する緊張を浮き彫りにし，外部の力に対抗して主体性を維持しようとすることを述べた。

Cazenave and Morales（2021）はNGOに対する財政的説明責任の圧力について，NGOがどのような反応を示しているかを理解するため，大規模な人道支援NGOをケース・スタディとして取り上げ，NGOが自身の活動をどれほどコントロールでき，評価と説明責任の枠組みを自らに有利に変えられるかを調べた。調査結果からは，対象としたNGOにおいて，コンプライアンス監査が財務チームに与える影響と，それに対する彼らの対応について追跡し，評価の負担に対処するために組織は自らを監査可能なものとし，準備を整え，評価の不安に対処するため，浄化プロセスに取り組み，自らを企業化されたNGOとして機能させる振る舞いをしていることを明らかにした。

3 ◆ 自発的参加型組織の総合管理の特徴

総合管理（Management Control）の議論は営利組織を中心に展開されてきた。他方で，市民が主体となり，営利を目的とせずに，課題を解決し，よりよい社会をつくる活動を行う団体である非営利組織，非政府組織の総合管理の議論もある（Anthony and Young 2012, Chenhall et al., 2010）。NPOやNGOの総合管理の

議論であっても，主として管理対象は雇用関係にある組織構成員を基本としてきた。したがって，自発的参加型組織の総合管理の知識があまりないと言われてきた（Booth, 1995）。　本節では，自発的参加型組織の総合管理の特徴について整理する。

3.1　理念によるコントロールと個人のコミットメント重視

後述するようにHall and O'Dwyer（2017）は，NGO組織のマネジメントにおける価値観や信念と統制との関連性を強調するように，自発的参加型組織の統制として理念によるコントロールがなされる。個人の人格に発する権威によるカリスマに依拠するタイプと，組織の公式のヒエラルキーに依拠した権威によるという2種類がある（Billis, 1993）。理念コントロールを用いる一方で，個々人の自由意志による参加を基本とすることから，個々人の価値観に基づくコミットメントに依拠する。カリスマ的存在の考えや組織理念に基づきながらも，個々人の価値観およびそれに基づくコミットメントを重視し，自発的参加型組織の活発な活動の継続には個人間の非公式の信頼関係を重視する。組織規模が拡大すると，組織のコア理念を伝導する個人のコミットメントの高い指導的立場と，ルーティン業務を行う実働部隊に分離され，権威による理念コントロールとコミュニティを覆うような信頼感を醸成し，熱意のある活動を継続しようとする。

組織の多くが，当初熱心な活動家によって創設される。その指導的立場にある人はしばしばカリマス的な資質を備えている。複数の協同関係よりも1人の熱心な活動家を取り巻くように集団が結成され，メンバーには，活動家の考えが共有される。これが初期段階におけるカリスマ性に依拠する理念コントロールである。一方で，メンバーが複数いることで理念の微細な調整ができずに仲間が去るようなことも再三となる（田尾, 1998）。

組織規模が大きくなれば，カリスマ性による理念コントロールでは処理できないことも多くなる。カリスマがその指導力を後退させて，集団指導体制に移行するか，あるいは，創業カリスマが次世代と交代するときに，統制方法が変更される。そこでは，組織理念を活動の規範とし，その価値観の共有を重視する集団的権威づけによる理念コントロールに移行していく（Rothschild-Whitt,

1979)。

　他方で，上記の理念コントロールによってのみ，自発的参加メンバーの組織帰属を維持できるとは考えられていない。自発的参加メンバーは，個別の特定の目的を有しており，自身の意思で参加しているということで，組織の帰属は強制されない（Cnaan et al., 1996）。そこでは，社会的価値観をもつ参加メンバーのコミットメントが重視されている。

　Barnes and Sharpe（2009）では，公共の公園でレジャー活動を組織するボランティア組織に焦点を当てて研究を行った。当該組織は，既存の人事管理モデルには従わず，代わりにボランティアの価値観，情熱，関心をプログラムに統合し，ボランティアの自律性を最大限に尊重する非公式な構造を採用した。プログラムは公園利用者に人気があり，多くのボランティアが参加し，特に成功したことを明らかにする。

　組織に参画するうえで，仲間という気持ちがあって協働することができ，互いの非公式の信頼関係が欠かせない（田尾, 1998）。場合によっては，カリスマ的な権威に基づくこともあるが，信じる，さらに信奉するという個人対個人の関係が基本となる。

　組織が拡大するに従い，集団指導体制に移行し，集団的権威づけによる理念コントロールを行うなかでは，参加メンバー全員に同様の個々人のコミットメントを求めることが容易でなくなり，初期メンバーの熱意を維持しにくくなる。そこで，組織のコア理念を伝導する指導的立場と，ルーティン業務を行う実践部隊に分離することが多い。指導的立場では，組織理念を保持し，伝導する役割が期待され，実践部隊に向けては，カリスマ的創業者の意向が最大限発揮されるような仕掛けがつくられる。具体的には活動の趣旨を明確にし，組織理念の成文化を行う。また，助成金や補助金の決算について報告書を作成し，パンフレットの作成を行い，広報活動を行い，実践部隊を増やす活動を行う。

　そこでは，サービスの送り手と受け手の関係を超えた第三者的な評価が欠かせない。つまり，コミュニティを覆うような信頼感の醸成であり，信頼構築のマネジメントが欠かせなくなる。組織としては，ここまではすべきであり，ここからはしなくてよいなど，明確に作業条件を提示しなければならないが，仲間であれば，明文化できないところも多くある。善意の自発的な行為であるか

ら，無定量無際限の行為もあって当然という雰囲気は払拭できない。つまり，ミッションはそれがある人だけが参入するのではなく，それの乏しい人も加えて，その価値に同調させる過程が付随すると考えなければならない（田尾, 1998）。

3.2　透明性のある自発的行動

　自発的参加型組織は，さまざまなステークホルダーが関与を深める組織である。各種のアクターにおいて見えざるアクターが，組織を見張っていると想定すれば，自発的参加メンバーの活動はいわば金魚鉢の金魚としての行為になっていることを当然としなければならない（田尾, 1998）。

　自発的参加型組織は，仲間集団から始め，互いの信頼関係が重視され，横の連携が重視され，ネットワーク組織的な特性を備えることが多い（田尾, 1998）。また，情報の共有が活動の前提とされる，権限という考えがない。自由裁量は自然のことで，メンバーであるということはそれぞれの創意工夫をそれぞれ活かせばよいことになる。他方で，ボランティア活動において提供されるサービスは個別の判断で行われると，サービスが一定しないし，コストへの意識も働きにくい。したがって，組織としては一定の標準化を図ろうとする。

　自発的参加による活動は，特に組織化が図られていない状況においては，情報共有が周囲の目によっても見られる可能性があり，透明性が高い。一定の責任を付与し，権限委譲を行い，指揮命令のもとで，自身の責任と権限のもとで活動の報告が組織構成員によって公式に行われる営利組織とは大きく異なる。組織規模が大きくなっても，現場のサービス提供活動が中心であるから，原則としてフラットな組織であり続け，それぞれの作業単位のモチベーションを維持するために，ミニカリスマ的なコーディネーターの役割が欠かせなくなるようなこともある（田尾, 1998）。ただし，組織規模が拡大し，成熟期に達すると一定の管理組織が生じて，ビュロクラシーの要素が入ってくることとなる。

3.3　自発的参加を動機づける内的報酬と金銭以外の外的報酬

　自発的参加型組織に参画する動機については，いくつかの見解に分かれる。企業に属するもっとも基本的な理由とは異なり，メンバーには，組織への参加

に対して物質的な報酬が与えられないことから（Booth, 1995），金銭による外的報酬により動機づけされているわけではないというのは共通した見解となっている。

　従前は，自発的参加型組織に参画する動機として，利他主義によるという見解が主流であった。たとえば，Lohmann（1992）などのように，利他主義は，ボランティアの心性の基本を成しているから，自発的参加メンバーの心性の根底には，利他主義が，他の内発的なモチベーションを圧して，自発的行動を喚起するという考えである。

　しかし，利他主義によってだけではなく，自発的参加メンバーの心理は複雑な構造をともなっていると指摘され，挑戦的とか創造的とか内的なモチベーションの重要性を強調する立場がある（Connors, 1995）。

　Wisner et al.（2005）は，ボランティア活動の継続意向を予測する要因として，自発的参加者が内省の時間を取ることの奨励であることを明らかにした。彼らは内省を，自発的参加者が組織の使命を達成するのを助ける中で，肯定的なものも否定的なものも含めて自分の経験に対する理解を支援する方法であり，自分の経験を自分の知識，態度，信念過去の経験と統合する方法であると明示した。

　また，ボランティアにおいて，金銭が報酬になることもあるが，それは，モチベーションの第一義的な要因ではなく，それ以外の外的な報酬への関心もあることが指摘される（田尾，1997）。自発的参加者は，それほどお人好しではなく，外的な報酬への期待も大きく，それとの交換関係で行動を喚起するという見方である。何が報酬であるかについては，自発的参加メンバーの独自の要因も考えるが，従来のモチベーションのモデルが適用されて研究されてきた（Einolf, 2018）。先行研究によれば，自発的参加メンバーに対する組織参画への誘因は，利他主義による見解，内的報酬による見解，外的報酬による見解があり，それらの組み合わせも含めて，多岐にわたる。これらについてさらなる経験的な研究蓄積が今後期待されるところである。

3.4　容易でない業績管理

　自発的参加型組織は，組織目的が会員向けのサービス提供をはじめとした各

種の互恵的活動による。一般的な営利組織と異なり，会計計算により組織目標の達成を測ることが難しく，合理的な計算の利用がメンバーの目的を満足させるのに有用ではなく，明確な業績指標を立てるのが難しいと言われてきた（Booth, 1995）。自発的参加活動の業績たる組織の目標を達成するために貢献した個人の活動の集約的価値の構成要素は，社会学，心理学，経済学，経営学というさまざまな学問分野において断片的で不確かなままであるとされる（Englert and Helmig, 2018）。

NPO・NGOのマネジメントにおいて会計が機能することについては先行研究によって明らかにされている（Kober and Thambar, 2023）。たとえば，Baxter et al.（2019）では，スウェーデンのフットボールクラブを事例にして，すべての利益は本質的に情熱的なものであり，それらは行為者を感情的に関係させる事柄であると述べる。業績については試合結果や優勝を含めてさまざまな財務的・非財務的業績評価尺度によって定量化可能で，集団の構築と調整を可能にするという見解がある。他方で，会計計算をはじめとする組織目標を合理的に達成させることが機能しない可能性があるなかで（Billis, 1993），組織が成熟し，規模が拡大してきたときにどういった業績指標を立てて，どのように業績管理をすればよいのかが問題となる。

業績評価指標をどうするのかについては，前項で述べたように自発的参加メンバーへの動機づけとも関わってくる。組織目標の達成を示す指標を作り，参加メンバーをいかに動機づけるかがポイントになる。単なるタスク関連情報よりも，仲間がどういう人であるかなど集団を固形化する情報を要求する（田尾, 1998）。集会所が欲しい，事務所が欲しいという要請が切実になり，それがなければ，活動の活性の水準は低下しがちになるように，自発的参加型組織にユニークな情報があるとされる。

一般的に，努力に対する評価は肯定的な結果をもたらす。感謝され，認められたことに満足したと報告した自発的参加者は，活動により満足したと報告し，活動を継続する意思がより強い（Wisner et al., 2005）。

契約関係は，支配と応諾という通常の権限関係が成り立たない組織である。しかし，組織は支配と応諾があって目標の達成に向けての動員がある。契約の組織であるということは，別個の動員論理によって補強されなければならない

ということで，嫌ならやめてもかまわない，同意をするなら帰属せよという価値意識による緩やかなシステムを，しかも，そのシステムから漏れないような緻密な動員施策を考えなければならない（田尾, 1998）。

　Gann（1996）によれば，契約のシステムを構築するためにも，組織として活動を展開するためには，日々追われるようにしてその場しのぎのサービスを提供するのではなく，明確な企画やそのためのコントロール・システムを備えるべきであるとする。要は，企業経営以上に，固有の組織文化を醸成すること，その価値をボランティアが取り入れて内面化すれば，動員性は向上するとしており，理念コントロールのもと，必ずしも業績評価をしない可能性も示唆される。

　Hall and O'Dwyer（2017）は，価値観や信念と統制との関連性を強調する。Chenhall et al.（2017）は，NGO職員の視点を取り入れた研究を通じて，業績評価システムが表現力豊かになり得る方法を探求している。この研究では，NGOの職員に，自らの価値観を反映させる業績管理システム（Performance Measurement System）の設計への影響力を与えられている状況が示されている。さらに，従業員の参画プロセスを通じて業績管理システムへのアクセスと遊び心を促進することにより，PMSに責任感をどのように組み込むことが可能であるかを示唆する。

　Kraus et al.（2017）は，従業員の既存の価値観を業績管理システムにどのように組み込むことができるかを説明し，これは従業員の態度を受け入れるのではなく，目標とするイデオロギー的統制に依存する形で行われる操作を通じて実現されることを述べる。

　O'Leary（2017）は，エンパワーメントと解放を通じて受益者の生活を変革する過程で生じる価値観や信念が，アカウンタビリティ・メカニズムの設計にどのように組み込まれたかを概説し，これらのメカニズムが，持続可能な成果に関する特定の信念に基づく約束を実現することによって，より広い社会問題への再対応を促すものであると説明する。

　参加者の自発性に依存するとは言いながらも，組織規模が大きくなれば，営利組織に近似した一定の権限と義務のもとで活動が行われるようになり，既存の管理会計研究の知見が活用できる部分があるであろう。また，先行研究に

よって価値観や信念が統制に関連するのかについても明らかにされてきている。

3.5　自発的参加メンバーと管理部門との関係性管理

自発的参加型組織は，人々の熱意の集合によって成り立つから，熱意を集めれば，放任しておいても，動かないはずはないとして，管理の問題が存在しないと考え，管理問題が生じないという管理不要説がある（田尾, 1998）。

しかし，前述のとおり規模が拡大していけば，自発的参加メンバーのほかに管理部門を設けて，管理問題が生じる。また，組織の人材が不足するという問題もある。これに対して，自発的参加型組織には積極的に企業モデルの適用を考える立場がある（Brudney and Meijs, 2014; Machin and Paine, 2008）。

自発的参加メンバーへの組織参画の難しさは前述のとおりであるが，管理部門とメンバーの関係性も他方で組織運営上の課題となる。従業員とメンバーの関係は複雑でときには対立関係にある（Billis, 1993; Handy, 1988; la Cour et al., 2023）。

専門スタッフが，組織の価値観と異なる価値観を有している可能性がそもそもの問題となる。これに対して，組織の価値観を理解するスタッフを雇用するか個人的価値観に関連する地位に惹きつけられることで問題は解消される（Booth, 1995）。

次に，管理の方法についてである。管理部門は定型的な管理を強いるようになり，自発的参加メンバーは自由な活動をしたがる。これにより，通常の組織のスタッフ―ライン関係以上に緊張をはらむことも想定される（Booth, 1995）。

組織が活動を維持するためには，常雇用のスタッフとボランティアの緩やかな連携が欠かせない。これは，管理コアと技術コアのルースカップリングと言い換えることもできる。スタッフはボランティアの熱意を削ぐような管理は避けるべきであるし，むしろ企業のような間接部門と直接部門の関連よりも緩やかなものであるべきと考えられている（田尾, 1998）。

自発的参加メンバーと管理部門との関係性管理についても，先行研究で十分に議論がなされているところではない。

4 ◆ まとめと今後の研究可能性

　本章では，自発的参加型組織の運営において，組織目標を達成するために，どのようなメカニズムで組織構成員を動員していくのかについて検討し，自発的参加型組織とその総合管理の特徴を述べた。

　個々人の自発性に依存する自発的参加メンバーは，外的報酬を前提とした経済合理性よりも，参加するメンバーへの信頼や社会的な大義であるとか，相互扶助の意識をもって組織に参画している。当初は小規模であったものが集団となったときには，組織メンバーが多様になり管理を要するようになり，そこでビュロクラシーの要素が入ってきて，アソシエーションとバランスをどう取るのかというのが基本的な問題となることを確認した。また，自発的参加メンバーを動機づけるにあたっては，内的報酬，内省を通じた自身の整理，金銭以外の外的報酬といったさまざまな要素がありうる。ゆえに，自発的参加メンバーの多様な関心を満たすように業績評価を行うことが難しくなる。

　自発的参加型組織が独自性をもつのであれば組織の独自性に応じた組織論，経営論があってよいのではないかというのが田尾（1998）の基本的な認識である。近年では，DAO（Decentralized Autonomous Organization：分散型自律組織）という中央の権威や管理者がいない形態の組織が登場している。その特徴として，中央の権威や管理者が存在せず，参加者は運営に参加する権利があり，意思決定は投票により決定され，特定の所有者や管理者が存在せずとも，事業やプロジェクトを推進できる組織スタイルをとる。このように，参加メンバーが共通の目的や価値観を共有して協力する共同体組織を考えるうえでも，自発的参加型組織の総合管理についての研究が進展することが期待される。

●注
1　すべての災害時における救援活動を純然たるボランティア活動と言っているわけでは当然ない。
2　後述するように，本研究が対象とする組織において給与が支払われるスタッフは存在するものの，主たる活動をするメンバーは基本的に雇用されない。ボランティアから発展しても，医療サービスや福祉サービスのように従事者が雇用関係による場合には，これまで研究対象とされてきた非営利企業の性質を強く帯びる組織体である。

3　日本のNPO組織研究の歴史については，澤村（2006），吉田（2019）を参照のこと。

4　田尾（1998）はGann（1996）による発展段階をQuinn and Cameron（1983）の発展段階モデルによって再モデル化が可能であるとする。その集団の維持に関心を向けるようになると公式の目標を定め，体制化が進行し，さまざまな規則などが定められるようになる集合化と形成化の段階が青年期にあたり，文書化や標準化によっていかに効率的に運営するかという経営課題に向かう段階が成熟期にあたる。

◆謝辞

本研究はJSPS科研費（JP21 H00763，JP22 K01828）の助成を受けたものである。

◆参考文献

Adro, F. D., & Fernandes, C. (2022). Social entrepreneurship and social innovation: Looking inside the box and moving out of it. *Innovation: The European Journal of Social Science Research, 35*(4), 704-730.

Agyemang, G., O'Dwyer, B., & Unerman, J. (2019). NGO accountability: retrospective and prospective academic contributions. *Accounting, Auditing and Accountability Journal, 32*(8), 2353-2366.

Anthony, R. N. (1978). *Financial accounting in nonbusiness organizations: an exploratory study of conceptual issues.* Financial Accounting Standards Board.

Anthony, R. N., & Young, D. W. (2012) *Management control in nonprofit organizations ninth edition.* The Crimson Press.

Barnes, M. L., & Sharpe, E. K. (2009). Looking beyond traditional volunteer management: A case study of an alternative approach to volunteer engagement in parks and recreation. *Voluntas: International Journal of Voluntary and Nonprofit Organizations, 20,* 169-187.

Baxter, J., Carlsson-Wall, M., Chua, W. F., & Kraus, K. (2019). Accounting and passionate interests: The case of a Swedish football club. *Accounting, Organizations and Society, 74,* 21-40.

Billis, D. (1993) *Organising Public and Voluntary Agencies.* Routledge.

Booth, P. (1995) *Management Control in a Voluntary Organization,* Routledge.

Brudney, J. L., & Meijs, L. C. (2009). It ain't natural: Toward a new (natural) resource conceptualization for volunteer management. *Nonprofit and voluntary sector quarterly, 38*(4), 564-581.

Brudney, J. L., & Meijs, L. C. (2014). Models of volunteer management: Professional volunteer program management in social work. *Human Service Organizations: Management, Leadership and Governance, 38*(3), 297-309.

Carlsson-Wall, M., Kraus, K., Lund, M., & Sjögren, E. (2016). 'Accounting talk'through metaphorical representations: change agents and organisational change in home-based elderly care. *European Accounting Review, 25*(2), 215-243.

Cazenave, B., & Morales, J. (2021). NGO responses to financial evaluation: auditability, purification and performance. *Accounting, Auditing and Accountability Journal, 34*(4), 731-756.

Chenhall, R. H., Hall, M., & Smith, D. (2010). Social capital and management control systems: A study of a non-government organization. *Accounting, Organizations and Society, 35*(8), 737-756.

Chenhall, R. H., Hall, M., & Smith, D. (2013). Performance measurement, modes of evaluation and the development of compromising accounts. *Accounting, Organizations and Society, 38*(4), 268-287.

Chenhall, R. H., Hall, M., & Smith, D. (2016). Managing identity conflicts in organizations: A case study of one welfare nonprofit organization. *Nonprofit and Voluntary Sector Quarterly, 45*(4), 669-687.

Chenhall, R. H., Hall, M., & Smith, D. (2017). The expressive role of performance measurement systems: A field study of a mental health development project. *Accounting, Organizations and Society, 63*, 60-75.

Cnaan, R. A., Handy, F., & Wadsworth, M. (1996). Defining who is a volunteer: Conceptual and empirical considerations. *Nonprofit and voluntary sector quarterly, 25*(3), 364-383.

Connors, T. D. (Ed.). (1995). *The volunteer management handbook* (Vol. 42). New York: Wiley.

de Villiers, C., La Torre, M., & Botes, V. (2022). Accounting and social capital: A review and reflections on future research opportunities. *Accounting and Finance, 62*(4), 4485-4521.

Dhanani, A., & Connolly, C. (2015). Non-governmental organizational accountability: Talking the talk and walking the walk?. *Journal of Business Ethics, 129*, 613-637.

Einolf, C. (2018). Evidence-based volunteer management: a review of the literature. *Voluntary Sector Review, 9*(2), 153-176.

Englert, B., & Helmig, B. (2018). Volunteer performance in the light of organizational success: A systematic literature review. *Voluntas: international journal of voluntary and nonprofit organizations, 29*, 1-28.

Gann, N. (1996). *Managing change in voluntary organizations: a guide to practice.* Open University Press.

Hager, M. A., & Brudney, J. L. (2015). In search of strategy: Universalistic, contingent, and configurational adoption of volunteer management practices. *Nonprofit Management and Leadership, 25*(3), 235-254.

Hall, M., & O'Dwyer, B. (2017). Accounting, non-governmental organizations and civil society: The importance of nonprofit organizations to understanding accounting, organizations and society. *Accounting, Organizations and Society, 63*, 1-5.

Handy, C. B. (1988). *Understanding voluntary organizations.* Penguin.

Kober, R., & Thambar, P. J. (2023). Coordination in a not-for-profit organisation during the COVID-19 pandemic: organisational sensemaking during planning meetings. *Accounting, Auditing and Accountability Journal, 36*(4), 1137-1166.

Kraus, K., Kennergren, C., & Von Unge, A. (2017). The interplay between ideological control and formal management control systems–a case study of a non-governmental organisation. *Accounting, Organizations and Society, 63*, 42-59.

Kuruppu, S. C., & Lodhia, S. (2020). Shaping accountability at an NGO: A Bourdieusian perspective. *Accounting, Auditing and Accountability Journal, 33*(1)，178-203.

la Cour, A., Hustinx, L., & Eliasoph, N.（2023）．Paradoxes Within the Management of Volunteers. *Voluntas: International Journal of Voluntary and Nonprofit Organizations*, 1-10.

Lohmann, R. A.（1992）．The commons: A multidisciplinary approach to nonprofit organization, voluntary action, and philanthropy. *Nonprofit and Voluntary Sector Quarterly, 21*（3），309-324.

Machin, J., & Paine, A. E.（2008）．*Management matters: A national survey of volunteer management capacity.* Institute for Volunteering Research.

Musick, M. A., & Wilson, J.（2007）．Volunteers: A social profile. Indiana University Press.

O'Dwyer, B., & Boomsma, R.（2015）．The co-construction of NGO accountability: Aligning imposed and felt accountability in NGO-funder accountability relationships. *Accounting, Auditing and Accountability Journal, 28*(1)，36-68.

O'Leary, S.（2017）．Grassroots accountability promises in rights-based approaches to development: The role of transformative monitoring and evaluation in NGOs. *Accounting, Organizations and Society, 63*, 21-41.

Quinn, R. E., & Cameron, K.（1983）．Organizational life cycles and shifting criteria of effectiveness: Some preliminary evidence. *Management science, 29*(1)，33-51.

Rothschild-Whitt, J.（1979）．The collectivist organization: An alternative to rational-bureaucratic models. *American Sociological Review*, 509-527.

Sanusi, Z. M., Johari, R. J., Said, J., & Iskandar, T.（2015）．The effects of internal control system, financial management and accountability of NPOs: the perspective of mosques in Malaysia. *Procedia Economics and Finance, 28*, 156-162.

Studer, S., & Von Schnurbein, G.（2013）．Organizational factors affecting volunteers: A literature review on volunteer coordination. *Voluntus: International Journal of Voluntary and Nonprofit Organizations, 24*, 403-440.

Wisner, P. S., Stringfellow, A., Youngdahl, W. E., & Parker, L.（2005）．The service volunteer–loyalty chain: An exploratory study of charitable not-for-profit service organizations. *Journal of Operations Management, 23*(2)，143-161.

小島廣光（1998）『非営利組織の経営 - 日本のボランティア -』北海道大学図書刊行会.

澤村明（2006）「日本における経営学系のNPO研究の状況」『ノンプロフィット・レビュー』第6巻第1・2号: 37-45.

田尾雅夫（1997）「ボランタリー組織の経営管理」『組織科学』31(2)，20-28.

田尾雅夫（1998）「ボランタリー組織は組織か?」『組織科学』32(1)，66-75.

吉川晃史（2023）「会員組織のマネジメントと地域中小企業のMCS」『原価計算研究』47（1-2），12-24.

吉田忠彦（2019）「日本におけるNPOの経営学的研究」『ノンプロフィット・レビュー』19（1-2），23-32.

第7章

管理会計と大衆文化の相互関係

1 ◆ はじめに

　近年，海外の管理会計を中心とする会計研究では，会計と大衆文化の相互関係というテーマが1つの潮流を形成しつつある。しかしながら，そうした先行研究の大半は欧米を中心とする西洋における大衆文化を前提した研究にとどまっている。翻って，わが国にも一方には相撲や日本食・日本茶・日本酒消費などの伝統的な大衆文化，他方には野球やサッカーをはじめとするスポーツ観戦・漫画・アニメーションなどの現代的な大衆文化と，固有の大衆文化が存在する。換言すれば，洋の東西という観点は大衆文化の多様性を象徴する1つの視角であり，したがってわが国の事例を研究することは会計と大衆文化の相互関係の多様な在り方に対する学術的理解を深めるうえで有用であると筆者は考える。そこで，本章はその第一歩として，先行研究のレビューを通じてこれまでの歩みを概観し，今後わが国の事例の研究を通じて当該研究領域のさらなる発展へどのように貢献することができるかについて，その可能性を考察することを目的とする。

　上記の目的を達成すべく，本章は以下の構成をとる。まず，次節では会計と大衆文化の相互関係というテーマの序論として，同テーマに関する研究の第一人者であるJeacle教授の所説を検討する。続く2つの節では，会計と大衆文化の相互関係について，会計から大衆文化への作用および大衆文化から会計への作用という双方向から，それぞれ関連する管理会計の先行研究を整理・検討する。これらの検討を踏まえつつ，わが国の事例の研究に秘められた可能性について考察した後，本章の結論を述べる。

2 ◆ Jeacle教授の所説

　会計と大衆文化の相互関係というテーマは，たとえば映画や小説，ジョークの中で会計担当者がどのように描かれているかといった観点を通じて，1990年代にはすでに一部の研究者の間で関心を集めていた（Bougen, 1994; Beard, 1994など）。そうした先行研究群の中には，大衆文化という用語を直接用いているもの（Bougen, 1994; Beard 1994; Dimnik and Felton, 2006など）もあれば，大衆小説や大衆映画のような用語を用いることで間接的に大衆文化とのつながりを示しているもの（Czarniawska, 2008; Jeacle, 2009など）もある。

　これらの先行研究群の中にあって，当該研究テーマの生成・発展において先導的役割を果たしてきたと考えられるのが，英国エジンバラ大学のIngrid Jeacle教授である。Jeacle教授は*Accounting, Auditing & Accountability Journal*（第25巻第 4 号），*Critical Perspectives on Accounting*（第37巻），*Management Accounting Research*（第35巻），そして*Accounting History*（第26巻第 1 号）という複数のトップレベルの国際的学術雑誌において，会計と大衆文化の相互関係を主要テーマないしテーマの一部とする特集号のゲストエディターとして巻頭言を発表している（Jeacle, 2012, 2017, 2021; Jeacle and Miller, 2016）。また，*The Routledge Companion to Critical Accounting*という論文集へも大衆文化をテーマとする論文を発表している（Jeacle, 2018）。そこで，本節ではJeacle教授のこれらの一連の著作に見られる所説をもとに，会計と大衆文化の相互関係というテーマの射程や重要性について検討したい。

　まず，Jeacle（2012）では，会計研究が大衆文化を研究対象とする意義の説明や大衆文化の概念整理，援用しうる 2 つの理論的枠組の紹介，そして特集号に掲載された諸論文の簡単な解説がなされている。この巻頭言にはJeacle（2018）と重複する部分も多く，また一部はその他の巻頭言（Jeacle, 2017, 2021; Jeacle and Miller, 2016）でも繰り返し取り上げられている。そこで，以下ではこのJeacle（2012）およびJeacle（2018）を軸にしつつ，その他の巻頭言も横断的に検討する形で上述の論点を個別に整理したい。

　はじめに，会計研究が大衆文化というテーマを取り扱う意義について，Jeacle教授は「会計の面白さは周辺部にこそある（"accounting is most interesting at the margins"）」というPeter Miller教授の主張（Miller, 1998: 605）を引き合いに出し，そのまさしく周辺部に位置する大衆文化の研究を進めることが，伝統的に会計の中心部とみなされてきたものの価値の再認識と相まって会計に関する知識の進歩につながると論じている（Jeacle, 2012: 581; Jeacle, 2018: 344）。ここでいう伝統的な会計の中心部とは，製造現場で展開されている（管理）会計，会計職専門家集団の間に浸透している会計（監査），そして最新の会計基準に規定されている（財務）会計のことである。

　なお，Jeacle教授によれば，これらの中心部に位置する公認会計士や製造業などは伝統的に男性的領域に属するものであり，対して大衆消費に代表されるような大衆文化はしばしば女性的領域に属するものであると含意されることが，これまで大衆文化が会計研究においてあまり注目を集めてこなかった一因であるかもしれないという（Jeacle, 2012: 581）。もちろん，こうした中心部に位置する会計の価値を否定するのではなく，中心を明確に定めたうえで，周辺部にこそあるとされる会計の面白さを究明し，場合によっては周辺部にあるものを中心部へと移動させつつ会計研究全体の裾野を広げていくことが，会計という知識の進歩にとっては重要であり，大衆文化はそのための格好の題材であるというのがJeacle教授の主張である。

　会計と大衆文化の相互関係に関する研究の源流として，Jeacle教授が一連の著作（Jeacle, 2012, 2017, 2018, 2021; Jeacle and Miller, 2016）の中で一貫して言及しているのがAnthony Hopwood教授による2本の論文である（Hopwood, 1983, 1994）。まず，Hopwood（1983）については，会計がおかれた組織的および社会的文脈に注目する研究の先鞭をつけた論文として，Miller（1994）と並ぶ形で評価したうえで，大衆文化もそうした文脈の1つとして考えられると論じている。次いで，Hopwood（1994）について，特集号の巻頭言ゆえに分量は多くないがその内容は非常に説得力があると評したうえで，特に，日常生活と会計の間の相互のつながりに研究者の関心を向けさせたという点に功績を認め，大衆文化への注目はそうした日常生活への着目の自然な延長線上にあると論じ，Hopwood（1994）が会計と大衆文化の相互関係に関する研究の「礎石」であるとまで言い切っている（Jeacle, 2018: 334-335）。

　Hopwood（1983）およびHopwood（1994）に言及することにより，Jeacle教授が強調している1つの概念がある。それは，会計に備わっている，現実社会を今ある姿から別のものへと変革していく力（transformative power）である。これは，現実社会のありのままの姿を肯定し，その写像を忠実に描き出す会計の力とは対照的であり，この観点に沿って考えると，大衆の間に見られる流行やトレンドに対し会計上の仕組みや数値がどのような反応を示すかという視角からの研究だけでなく，むしろ会計上の仕組みや数値そのものが大衆的な現象を形作っていく役割を担っているという前提に立って，その役割は具体的にどのようなものであるかという視角から研究をしていくことが可能になるという（Jeacle, 2018: 335）。

　そのような会計が持つ現実を変革する力に着目した研究を後押しする理論的な分析枠組みとして，他にも候補は考えられ得ると断ったうえでJeacle教授が提示している2つの有力候補が，Miller and Rose（1990）を嚆矢とする統治性（governmentality）命題およびPower（1997）により先鞭がつけられた監査社会（audit society）命題である。それぞれの命題の詳細な解説はJeacle（2012: 585-591）に譲るとして，ここではこれらの命題が会計と大衆文化の相互関係に関する研究に与えるインプリケーションについてのJeacle教授の所説を取り上げたい。

　まず，統治性命題について，「一般大衆の日常生活は，会計を含む言語によって現実を認識・管理可能な状態にした上で，その言語の基で理想的と表される状態に人々の自主的な行動を向かわせることで，間接的に統治されている」と考えるこの命題が会計と大衆文化の相互関係に関する研究に与えるインプリケーションについてJeacle教授は次の4つをあげている（Jeacle, 2012: 587-588）。すなわち，統治性命題では，第1に間接的にではあるものの国家以外の力によって人々の生活が支配されていると考えられていること，第2に人々の私的な空間を規制するプロセスとして統治を考えていること，第3に自由民主主義下の市民を社会的に一枚岩の主体と見るのではなく自律的で自由な思考を有する主体として多様性を認める方向で考えていること，そして第4にミクロな計算技術とマクロでより大きな事象の間のつながりに関する理解を促進する包括的な分析枠組みであることが，会計と大衆文化の相互関係を研究する際に

役立つという。というのも，どのような衣服を着て，どのような音楽を聴き，どのようなテレビ番組を観て，どのような本を読むかという大衆文化の受容に関する意思決定問題は，まさしく人々の私的な空間の範疇にある問題であり，人々の自律的で自由な意思決定問題であると同時に，その意思決定はメディアや企業など国家以外の力によって間接的に統治されていると考えられるからである。そして，その意思決定に際し理想的な状態を提示する言語の中に，たとえば「低コスト」のような会計用語が含まれることにより，ファストファッションなどのような大衆文化の形成・発展へとつながっていくと考えることで，ミクロな計算技術としての会計とマクロな大衆文化との関係性を理解することが可能となるのである。

　次いで，監査社会命題について，伝統的な財務諸表監査の範疇を飛び越えて環境や医療，教育など，社会のさまざまな場面で監査という言葉が使われるようになったことを指摘するこの命題が会計と大衆文化の相互関係に関する研究に与えるインプリケーションとしてJeacle教授が指摘しているのは，二者間にアカウンタビリティ関係が成立すればいかなる状況であっても会計研究の対象たり得るという考え方を可能にすることと，監査の担い手として多様な主体の想定が可能になることである（Jeacle, 2012: 589）。たとえば，映画やテレビ番組の批評家，投票要素を含む参加型テレビ番組の視聴者，インターネット書店への書評やインターネット宿泊予約サイトへのレビューなどの投稿者も監査の担い手として研究対象になり得るという（Jeacle, 2012: 590）。そして，この監査社会命題も統治性命題と同様に，監査というミクロな技術が映画やテレビ番組，インターネットといったマクロな大衆文化とどのようにつながっているかを理解するのに役立つものであるという（Jeacle, 2012: 591）。

　以上の分析枠組を筆頭に，その他さまざまな分析枠組みを用いて会計研究が研究対象としうるトピックの具体例としてJeacle教授があげているのは，消費者購買活動などに代表される大衆消費文化，流行形成の担い手としての著名人やその言動を取り上げる雑誌やテレビなどのメディア媒体，インターネット，喫茶・喫酒・映画鑑賞・スポーツ観戦・読書・音楽鑑賞などの旧来からある大衆娯楽，そしてDIYなどである（Jeacle, 2012）。これらの中でも，特に潜在的に大きな可能性を秘めたリサーチ・サイトとして，インターネットすなわち仮

想世界，メディア，国際化社会，そして大衆文化の創出に携わる組織の4つを
あげている（Jeacle, 2018）。

　以上のトピックやリサーチ・サイトに関連する先行研究群について，それぞ
れを詳細にレビューするだけでは，Jeacle教授の単なる後追いになってしまう。
そこで，本章の次節以降では，管理会計と大衆文化の「相互」関係としてJea-
cle教授が識別した2つの研究の流れ，すなわち，大衆文化というコンテクス
トを所与として，そのコンテクストにおける管理会計がどのようなものである
かを解明する研究の流れと，会計の変革力（transformative power）に着目して，
管理会計の作用によって大衆文化がどのように形成・発展・変容・衰退してい
くかを解明する研究の流れのそれぞれに沿って，先行研究から得られる知見に
ついて整理していきたい。

3 ◆ 大衆文化というコンテクストにおける管理会計

　大衆文化というコンテクストにおける管理会計研究の射程は広く，たとえば
外食を大衆消費文化の一部とみなせばレストラン・チェーンにおける管理会計
実務に関する研究（Ahrens and Chapman, 2002, 2004, 2007）などもそうした研究
の1つとみなすことは可能である（Jeacle, 2009）。しかしながら，そうした先
行研究は必ずしも大衆文化というコンテクストの特徴と関連づける形で管理会
計の在り方などを論じているわけではないことに注意が要る。

　大衆文化というコンテクストの特徴として考えられるものの1つに，繁忙期
と閑散期のギャップの大きさがある。たとえば，プロサッカーやプロ野球では
シーズンとオフシーズンがあり，相撲でも場所中と場所外がある。そして，そ
の最たる例としてあげられるのが，テニスやスキー，マラソン，陸上などの大
会である。これらの大会を運営する組織では，Carlsson-Wall et al.（2017）が
指摘するように，大会期間外に必要となる人員などの経営資源は最小限である
のに対し，大会期間中のそれはあたかも心電図に示される波形のごとく急激に
跳ね上がるという特徴がある。

　こうした状況下では，一見すると詳細な行動マニュアルや徹底した訓練など
の厳格なコントロール・システムによる大会運営は難しく，最小限のコント

ロール・システムを敷くことによって柔軟性を担保することが得策なようにも思われる。しかしながら，Carlsson-Wall et al.（2017）によれば，詳細なアクションプランなどのむしろ厳格なコントロール・システムを備えることにより，特に運営ボランティアのような経験の浅い人々にまずは大会運営の原則を理解させ，そのうえで必要に応じて即興的に柔軟性を発揮することが可能となるのだという。

さらに，Carlsson-Wall et al.（2017）によれば，同じ大会方式のスポーツイベントであっても，マラソン大会のような参加型の大会とプロテニス大会のような観戦型の大会とでは，重要となる業績指標の内容が異なるという。具体的に，前者の参加型大会では大会への参加登録料が重要な収益指標となるのに対し，後者の観戦型大会ではスポンサー契約の多寡が重要な指標になるという。また，非財務的業績指標も，前者では大会参加者すなわち競技者の満足度が重要になるのに対し，後者ではスポーツ連盟による評価や聴衆の満足度が重要になるという。

さらに，両者の違いは，非営利組織か有限会社かという違い，運営ボランティアに対するスポーツ連盟からの補助制度の違い，そしてステークホルダーによる大会運営方針などへの関与度の違いとしても現れるという。特に，運営ボランティアに対する補助制度の違いは，連盟から与えられるのが金銭的補助か物的補助かという違いが運営ボランティアのクラン・コントロールの在り方，すなわち運営ボランティアに参加することが大会を金的に支援することにもつながると感じさせることで一体感を与えるか，それとも運営ボランティアに参加することが他の参加者との交流につながると感じさせることで一体感を与えるかの違いとして現れることになるという。要するに，スポーツイベントを効果的に運営するためのマネジメント・コントロール・システムは伝統的な製造企業を効果的に経営するためのそれとはさまざまな面で異なることを，Carlsson-Wall et al.（2017）の研究は示唆しているのである。

大衆文化というコンテクストのもう1つの特徴は，化粧品や喫酒・喫茶，外食など有形の大衆財消費が関係する文化もある一方で，スポーツ観戦や観劇，音楽鑑賞などのように無形のサービス消費が関係する文化も多く存在する点である。そうした無形のサービス消費という特徴が管理会計に与える影響を示す

好例がLapsley and Rekers（2017）によるミュージカル制作会社の事例である。とりわけ，ミュージカルのショーでは，観客が購入したチケットの対価として得るものは無形のサービスというだけでなく，提供されるサービスの内容が実際に上演されリアルタイムに消費されるまでわからないという不確実性が高いという特徴もある。そのような場合，トップダウンで明確に規定された戦略に基づいた戦略目標を事前に定めることはきわめて困難であり，したがって既定の戦略目標を実現することを支援する戦略的管理会計という考え方は馴染みにくいという。それに代わる戦略的管理会計の在り方としてLapsley and Rekers（2017）がミュージカルの新しいショーという新製品開発の事例を通じて提示しているのは，ショーの制作サイドだけでなく，上演会場によるプロモーションや，観客自身による口コミなど，観劇をめぐるより幅広い層のステークホルダーの多様な活動をコントロールするシステムの必要性であり，またそうしたコントロールを通じて実践されるものとしての戦略という考え方である。そうしたコントロール対象とする活動の範囲や戦略観のもとでの戦略的管理会計の在り方は，トップダウンで策定された戦略に沿った枠組みの中において製品・サービスの提供側が行う諸活動のコントロールに焦点を絞った伝統的な戦略的管理会計の在り方とは特徴的に異なると考えられ，したがって大衆文化が持つ特異なコンテクストが管理会計に与える影響の1つの表れであると考えられよう。

4 ◆ 管理会計から大衆文化への作用

　管理会計から大衆文化への作用を考える際の1つの糸口として，伝統的な製造企業に限らず多くの組織によって使用されている予算管理システムが人間行動に与える影響をあげることができる。Maier（2017）によるテレビドラマシリーズの制作会社に関するエスノグラフィー研究はその好例である。同研究によれば，特定のドラマシリーズに与えられた予算枠の存在が，そのドラマシリーズで使用可能なロケ地の選定や撮影のための舞台セットや，小道具，衣装，照明機材やエキストラの使用可否など，大衆が消費するテレビドラマの撮影内容に影響を及ぼすだけでなく，限られた予算内で自分たちが作りたいと思って

いる内容に近づけるべく制作チームの創意工夫を促す形で，時に即興的なやりくりにつながるなどの創造的な結果に結びつくことでも大衆文化の創造に一役買っているという。加えて，ドラマシリーズの撮影に際して予算という財務的指標と並ぶもう1つの重要な非財務的指標として撮影期日，すなわち時間があり，複雑な舞台セットの制作や特定のシーンの撮り直し回数を増やすことは時間と予算の両面で断念せざるを得ない場合があるなど，この2つの制約が連動して撮影内容に影響を及ぼすことがあるという。

　要するに，Maier（2017）の研究を通じては，予算的制約や時間的制約が，あるときには「何ができないか」を示すことによって，またあるときには「制約のもとで何ができるか」という創意工夫意欲を刺激することによって，製作チームの意思決定を方向づけることにより，その意思決定の結果として生じる撮影内容という現実を変革する力を有していることが確認できるのである。そうして生み出されたテレビドラマシリーズの中から大衆が自らの嗜好に応じて取捨選択して視聴した結果が人気シリーズとそうでないものを分かつと考えることで，人気テレビドラマシリーズの視聴という大衆文化の創造・発展の源流には管理会計があるという解釈が成り立つと言えるのである。

　なお，この財務的指標と非財務的指標の組み合わせが意思決定を特定の方向に導くことによって大衆文化の内容に影響を及ぼす，というロジックは，Cooper and Johnston（2012）やJanin（2017）によるプロサッカークラブの事例研究にも見られる。具体的には，プロサッカークラブにとってはリーグ内の順位や異なるカテゴリーへの昇格・降格というチーム成績，すなわち非財務的指標が放映権やチケット販売，さらにはグッズ販売による収入の多寡という財務的指標と連動すると考えられることから，好成績による収入増加を見据えながら選手の獲得などのチーム編成に関する意思決定がなされ，そうした前提の上で成り立っているチームを応援するという形でサッカー観戦という大衆文化が成り立っているという意味において，その根底に管理会計が見いだせるのである。

　管理会計から大衆文化への作用を考えるもう1つの切り口として，管理会計担当者が果たす役割をあげることができる。たとえば，Janin（2017）は，フランスのプロサッカーリーグの事例の検討を通じて，二部リーグに所属するクラブの管理会計担当者が対内的のみではなく対外的にもビジネス・パートナー

としての役割を果たすことによって，大衆文化の創造発展に寄与していること
を示している。具体的に，リーグの財務規制部門から各クラブに対する過剰と
も言える財務監査の要求や慎重過ぎるとも言える内容の予算を用意する要求に
対しクラブの管理会計担当者が真っ向から反論することで，規制圧力からクラ
ブの経営者を解放する役割を果たしていることが示された。管理会計担当者が
リーグによる規制に異を唱えて規制そのものの是正という結果を導くことによ
り，より多くの経営資源を選手の獲得やアカデミーの運営などコンテンツとし
てのサッカーそのものの内容に直結する部分に振り向けることが可能になり，
それがより魅力的なサッカーリーグの形成に寄与するという点において，管理
会計担当者から大衆文化への作用が見られるのである。

　ここまで，管理会計から大衆文化への作用について論じた先行研究群を概観
してきた。ここで，そうした作用がありとあらゆる局面において存在しうるわ
けではないことを示す先行研究群があることにも留意しておく必要がある。た
とえば，Lapsley and Rekers（2017）は，ニューヨークおよびトロントの
ミュージカル産業において新製品，すなわち新しいショーが開発されてから上
市されるまでの間において，ショーの制作サイドや上演サイドに属する管理会
計担当者は，チケット価格の設定や年間の財務的成果の記録といったほとんど
歴史家のような副次的で限定的な役割を果たすのに終始しており，興行の成否，
すなわち大衆文化の形成・変容には全く関与できていないと結論づけている
（p.53）。

　また，これよりはやや肯定的な見方として，Jackson et al.（2012）は，19世
紀末におけるスコッチウイスキー産業の盛衰の歴史の中で，会計がイギリスに
おける大衆喫酒文化に対し間接的で微妙な形（tangential way）ではあるものの
深遠なるインパクトを与えたと主張している。具体的に，まず，ビクトリア朝
時代の禁酒運動では飲酒が庶民層の家計のみならず国家経済をも毀損する害悪
として糾弾された。次いで，1890年代のイギリスでは，ウイスキーを含むスピ
リッツに対する需要の急増が，投資対象としてのウイスキー産業の魅力度急上
昇と相まって，ウイスキーブームが到来した。しかし，そのブームはウイス
キーのブレンディング会社であったパティソン社が起こした会計不正をきっか
けに終焉し，同社を皮切りとする複数のウイスキー関連企業の連鎖的な倒産に

つながることで，その後のウイスキー需要が長期間にわたり冷え込む結果となった。要するに，家計や国家経済，投資収益，会計不正，そして倒産という会計にまつわるさまざまな事象が，イギリスにおける大衆喫酒文化の発展を促進ないし阻害していると考えられるのである。

5 ◆ 考　　察

　前節および前々節では，大衆文化と管理会計の相互関係について，大衆文化というコンテクストが持つ特徴が管理会計に与える影響と，管理会計が大衆文化の生成・発展・変容・衰退に与える影響という2つの方向から，関連する欧米の事例に基づく先行研究をそれぞれいくつか概観した。具体的には，まず大衆文化のコンテクストが管理会計の在り方に与える影響として，大衆文化として享受される内容の周期的変動性や無形性という特徴が管理会計の利用法や概念そのものに特徴的な変化をもたらしうる可能性が示された。また，管理会計が大衆文化に与える影響としては，財務的指標のみならず非財務的指標をも含む管理会計情報が大衆文化の在り方に与える影響と，それらの管理会計情報を司る管理会計担当者が大衆文化の在り方に与える影響という，2つの可能性が示された。

　以上の先行研究の知見を踏まえたうえで，わが国の事例を研究するにあたり留意すべきであると考えられる点を以下に3つほど指摘しておきたい。

　第1に，大衆文化というコンテクストにおける管理会計を考える際には，わが国と欧米諸国の歴史的コンテクストの違いに留意すべきである。一例を挙げれば，プロサッカー観戦文化について，1888年に世界初のプロリーグが誕生したイギリスでは150年近い歴史があるのに対し，わが国では2023年にJリーグがようやく設立30周年を迎えたにすぎず，歴史としてはまだまだ浅い。加えて，歴史の深いプロスポーツとして，わが国には1936年に設立されたプロ野球リーグが存在する。こうした歴史的コンテクストの違いは，たとえば観客動員数にも影響を与えており，それは収益・費用の両面での予算規模や設備投資計画，あるいは財務指標と非財務指標の相対的重要度など，管理会計的な側面にも直接的な影響を及ぼすと考えられる。

　ここで，歴史の浅さ・深さという観点には，わが国における大衆文化と他国の大衆文化の比較と，わが国の国内において異なる歴史的コンテクストを有する大衆文化間の比較の2つのアプローチが考えられうることに留意する必要がある。特に，前者については，他国に比して相対的に深い歴史を有する大衆文化があることを見逃してはならない。その一例とも言えるのが，本書の第2章で検討されているコンシューマーゲーム産業である。たとえば，比較的長い社歴の中で人気作品を生み出すことに成功して次の作品開発のために十分な経営資源（＝キャッシュ）の蓄積を果たしているわが国のゲーム制作会社に見られる新製品開発予算プロセスが，相対的に社歴の短い他国のゲーム制作会社に見られるそれとは特徴的に異なるということが仮にあるとすれば，それはゲームという大衆娯楽文化の創造に従事する組織の管理会計の仕組みが，歴史的コンテクストの違いによる影響を受けていることにほかならない。要するに，先行研究が指摘する大衆文化の周期的変動性や無形性に加えて，歴史性も管理会計の特徴に影響を与えうることに留意すべきである。

　さらに，こうした歴史的コンテクストの違いは，管理会計が大衆文化に与える作用を検討する際にも重要であると考えられる。たとえば，わが国において相対的に歴史の浅いプロサッカー観戦文化では，歴史が深く大衆文化としてすでに成熟しているプロ野球観戦文化と比較して，文化そのものに変容の「のびしろ」が大きいと考えることもできるため，管理会計が大衆文化の発展ないし衰退に与える作用がより鮮明に現れる可能性があるかもしれない。いずれにせよ，歴史的コンテクストの違いを明確に意識して研究を行うことで，先行研究に対してわが国の事例を用いた研究を相対的に位置づけることが可能となると考えられる。

　第2に，管理会計が大衆文化に与える作用を検討する際には，わが国の大衆文化のいくつかに見られるような多層性に留意すべきであると考えられる。たとえば，大衆喫酒文化の1つである日本酒消費のコンテクストでは，昔ながらの晩酌にみられるような従前からの大衆文化の受容層だけでなく，近年の地酒ブームや吟醸ブームの結果として，従前とは異なる大衆文化の受容層が生じている。換言すれば，ひとことで日本酒消費文化と言っても，その中は旧来の大衆層と新規の大衆層という2層構造に分かれており，場合によっては3層以上

にさらに分かれる可能性すら有しているのである。

　同様に，プロサッカー観戦文化においても，Ｊリーグとひとことで言っても
その中はＪ１リーグからＪ３リーグまで３層に分かれている。また，それぞれ
のリーグに属する個々のサッカークラブの応援というミクロレベルの大衆文化
に端を発し，それらのクラブが形成している特定リーグの動向に関心を示すと
いうメゾレベルの大衆文化，そして複数のリーグを包括するわが国のプロサッ
カー界全体を指し示すものとしてのＪリーグというマクロレベルの大衆文化と
いう３層構造として考えられるのである。このように，大衆文化の中に多層性
を認めることは，ミクロの会計技法からまずはミクロの大衆文化へ，そしてそ
こからメゾの大衆文化，マクロの大衆文化へという風に，管理会計が大衆文化
に与える作用を段階的に考えることを可能とする。言い換えれば，管理会計情
報や管理会計担当者といったミクロな管理会計から一足飛びでマクロな大衆文
化を考える傾向のある先行研究に対し，多層性の存在が認められるわが国の大
衆文化の事例検討を通じて，管理会計が大衆文化に与える作用についてより深
く理解できる可能性があることに留意すべきである。

　第３に，これはわが国の大衆文化の事例に限ったことではないが，大衆文化
が管理会計に与える影響と大衆文化が管理会計に与える影響という，管理会計
と大衆文化の相互関係が持つ２方向のうち，どちらが管理会計研究の進展によ
り貢献しうるかという点に留意すべきである。この点について，Jeacle教授の
所説では，会計が持つ現実を変革する力への着目からも読みとれるように，会
計が大衆文化の生成・発展・変容・衰退に与える影響を解明することの学術的
価値が強調されているように筆者の目には映る。また，別の見方をすれば，た
とえばサービス産業における管理会計研究や中小企業における管理会計研究な
ど，特定のコンテクストに着目した管理会計研究においてたびたび登場する，
そのコンテクストの特異性が果たして管理会計の特徴的な実践に本当に結びつ
いているのかという批判的議論が，大衆文化というコンテクストにおける管理
会計研究にも当てはまりうることは想像に難くない。大衆文化というコンテク
ストにおける管理会計実践の特徴と思われていたことが，たとえば中小企業と
いったような大衆文化とはまったく関係のないコンテクストにおける管理会計
実践にも見られる特徴なのではないか，といった類の批判である。

　さらに言えば，コンテクストには重層性があると考えられることにも留意する必要がある。たとえば，Ｊリーグに所属する地方サッカークラブは，大衆文化に関連する事業に従事する企業であると同時に，スポーツエンターテイメントというサービス産業における企業でもあり，従業員数や売上高で言えば中小企業でもある。仮にそのサッカークラブが実践する管理会計が特徴的なものであった場合に，その特徴がサービス産業というコンテクスト，中小企業というコンテクスト，はたまた大衆文化というコンテクストのどれか１つに起因するとは必ずしも言い切れず，むしろそれらのコンテクストの複雑な重なり合いの中から生じているものと考えるのが説得力があるように思われる。このように，大衆文化というコンテクストが管理会計の特徴に与える影響を究明する研究には一定の限界があり，裏を返せば，大衆文化と管理会計の相互関係を考えるうえでは，管理会計が大衆文化の在り方に与える影響に着目した研究視角がとりわけ有用であると考えられる。

6 ◆ おわりに

　本章の執筆に先立つこと約２年前の2021年６月１日に筆者は縁あって京都大学大学院経済学研究科に講師として着任した。そして，着任にあたり担当することとなった大学院授業の講義名が，奇遇にも「会計文化論Ａ」および「会計文化論Ｂ」であった。大衆文化と管理会計の相互関係に関する先行研究に対する筆者自身の関心はそれ以前からあり，前任校である英国ブリストル大学の大学院授業の講義「Management Accounting」でも，「Future Directions of Management Accounting」と題した最終回講義では環境管理会計と並んで大衆文化と管理会計の相互関係というテーマを扱っていた。ただし，そこではJeacle教授の所説の紹介が主であり，同テーマに関する先行研究についてはトピックの紹介にとどまっていた。

　「会計文化論」では経済学研究科に所属する大学院生の受講生だけでなく，在外研究で京都大学に内地留学されていた管理会計研究者とも一緒になって，本章で取り上げた論文のうちいくつかを輪読して議論をし，理解を深めた。その京都大学で長い間管理会計の研究と教育にあたられ，同大学の名誉教授とな

られた上總康行先生の傘寿を記念して刊行されることとなった本書の1章分を執筆させていただくという機会に恵まれたのも，何かのご縁ではなかろうか。

　そのような思いもあって取り上げた本章のテーマであるが，会計研究の中心部ではなくその周辺部に位置すると考えられる，大衆文化に関連する事業に従事する組織の管理会計実践の面白さを，特に会計が持つ現実を変革する力に焦点を当てて究明することに筆者は大きな可能性を感じており，その意味ではJeacle教授と志を同じくするものである。わが国の管理会計研究では早くから，管理会計システムには人間の考え方や行動に影響を与える機能（伊丹，1986; 廣本，1988）があることが指摘されていた。そのような個々人の考え方や行動の集合体が文化であるとすれば，管理会計が大衆文化を変革する力の可能性について研究することは，管理会計システムの影響機能を拡張して考えることにもつながると言えよう。本章ではその足がかりとなる先行研究を網羅できているわけではなく，その意味で限界を有するものではあるが，今後の研究の呼び水となることを願い，以て結びとしたい。

◆謝辞
　本研究はJSPS科研費（JP22K13512）による助成の成果である。

◆参考文献

Ahrens, T., & Chapman, C. S. (2002). The structuration of legitimate performance measures and management: day-to-day contests of accountability in a UK restaurant chain, *Management Accounting Research, 13*(1), 1-21.

Ahrens, T., & Chapman, C. S. (2004). Accounting for flexibility and efficiency: A field study of management control systems in a restaurant chain. *Contemporary Accounting Research, 21*(2), 271-301.

Ahrens, T., & Chapman, C. S. (2007). Management accounting as practice. *Accounting, Organizations and Society, 32*(1–2), 1-27.

Beard, V. (1994). Popular culture and professional identity: accountants in the movies. *Accounting, Organisations and Society,* 19, 303-318.

Bougen, P. D. (1994). Joking apart: the serious side to the accountant stereotype. *Accounting, Organizations and Society, 19*(3), 319–333.

Carlsson-Wall, M., Kraus, K., & Karlsson, L. (2017). Management *control* in pulsating organisations: A multiple case study of popular culture events. *Management Accounting Research,* 35, 20–34.

Cooper, C., & J. Johnston (2012). Vulgate accountability: Insights from the field of football. *Accounting, Auditing & Accountability Journal, 25*(4), 602-634.

Czarniawska, B.（2008）. Accounting and gender across times and places: An excursion into fiction. *Accounting, Organisations and Society, 33*, 33-47.

Dimnik, T., & Felton, S.（2006）. Accountant stereotypes in movies distributed in North America in the twentieth century. *Accounting, Organisations and Society, 31*, 129-155.

Hopwood, A.（1983）. On trying to study accounting in the contexts in which it operates. *Accounting, Organisations and Society, 8*, 287–305.

Hopwood, A.（1994）. Accounting and everyday life: an introduction. *Accounting, Organisations and Society, 19*, 299–301.

Jackson, W. J., Paterson, A. S., Pong, C. K. M., & Scarparo, S.（2012）. "How easy can the barley brie": Drinking culture and accounting failure at the end of the nineteenth century in Britain. *Accounting, Auditing & Accountability Journal, 25*(4), 635-659.

Janin, F.（2017）. When being a partner means more: The external role of football club management accountants. *Management Accounting Research, 35*, 5-19.

Jeacle, I.（2009）. "Going to the movies": Accounting and twentieth century cinema. *Accounting, Auditing & Accountability Journal, 22*(5), 677-708.

Jeacle, I.（2012）. Accounting and popular culture: Framing a research agenda. *Accounting, Auditing & Accountability Journal, 25*(4), *580-601*.

Jeacle, I.（2017）. Editorial: Managing popular culture. *Management Accounting Research, 35*, 1-4.

Jeacle, I.（2018）. Popular culture. In Roslender, R.（Ed.）*The Routledge Companion to Critical Accounting*, 334-349. Oxford: Routledge.

Jeacle, I.（2021）. Accounting and entertainment: An introduction. *Accounting History, 26*(1), 3-8.

Jeacle, I., & Miller, P.（2016）. Accounting, culture, and the state. *Critical Perspectives on Accounting, 37*, 1-4.

Lapsley, I., & Rekers, J. V.（2017）. The relevance of strategic management accounting to popular culture: The world of West End Musicals. *Management Accounting Research, 35*, 47-55.

Maier, E. R.（2017）. The budget in the aesthetic: The role of calculative practice in the production of popular culture. *Management Accounting Research, 35*, 83-98.

Miller, P., & Rose, N.（1990）. Governing economic life, *Economy and Society, 19*(1), 1-31.

Miller, P.（1994）. Accounting as social and institutional practice: An introduction. In Hopwood, A., & Miller, P.（Eds.）, *Accounting as Social and Institutional Practice*, 1-39. Cambridge: Cambridge Studies in Management.

Miller, P.（1998）. The margins of accounting. *European Accounting Review, 7*, 605–621.

Power, M.（1997）. *The Audit Society: Rituals of Verification*. Oxford: Oxford University Press.

伊丹敬之（1986）. 『マネジメント・コントロールの理論』岩波書店.

廣本敏郎（1988）.「管理会計研究覚書」『一橋論叢』100(5), 601-618.

第8章

地域経済活性化とアントレプレナーファイナンス

1 ◆ はじめに

　アントレプレナーファイナンスの嚆矢は，1946年に設立された世界初の組織的ベンチャーキャピタル（Venture Capital，以下VCと略記），アメリカンリサーチアンドディベロップメント（American Research & Development Corporation，以下ARDと略記）である。ARDの設立されたボストン地域は，19世紀には，漁業，皮革，繊維，刃物，鋳型などの産業によって，アメリカでも最も繁栄していたところであった。しかし，20世紀以降，経済的地盤沈下に見舞われ，第2次世界大戦後も，都市は次第に衰退しつつあった。ARDの設立発起人の1人で，当時のボストン連銀総裁のRalph Edward Flandersは，こうしたボストン衰退の原因について，古い産業の喪失ではなく，新しい産業の欠如にあり，新しい企業の誕生する率の低さは，新たな企業向けの資本が欠如しているためだと結論づけた（Jacobs, 1969）。さらに，第2次世界大戦中に，マサチューセッツ工科大学等で開発された技術の事業化の可能性を信じ，金融機関の資金さえ導入できれば，政府の援助がなくとも民間の独立した機関を設立し，技術的な研究成果を事業化できると確信していた（Timmons and Bygrave, 1992）。ARD設立のねらいは，ボストン地域の大学等の技術を事業化するスタートアップ（start-ups）に資本を提供し，その成長を後押しすることであり，その延長線上としてのボストンの地域経済活性化にあった。

　ARDの設立以降，アントレプレナーファイナンスの黎明期を支えたのが，VCであった。彼らは，クラシック・ベンチャーキャピタルと呼ばれ，事業資金が不足するスタートアップに投資し，投資先企業の経営に積極的に関与した

（Manigart et al., 2002; Sahlman, 1990; Timmons and Bygrave, 1986）。VCは，上記で述べたミクロレベルの投資先企業への貢献にとどまらず，マクロレベルでの貢献も指摘される。Chan（1983）によると，投資家と起業家との間の情報の非対称性が深刻な市場においては，投資家は有望なベンチャーとそうでないベンチャーを識別することができず，有望でないベンチャーに投資してしまうリスクを過大に認識する（Chan, 1983）。起業家も，有望ではない事業を市場に提供するインセンティブが働く。VCは，こうした投資家と起業家の情報の非対称性問題を緩和し，より大きな社会的経済的厚生をもたらす金融仲介機関として機能しているとされる（Baum and Silverman, 2004; Gompers and Lerner, 2001）。

　アントレプレナーファイナンスを担ってきたVCだが，1990年代初頭以降，スタートアップへの成長資金供給という役割（Timmons and Bygrave, 1992）を外れ，次第にレイターステージ企業，さらには，上場直前の企業への投資に傾注する（Aernoudt, 2005; Fili and Grünberg, 2016; Hindle and Lee, 2002 a ; Hindle and Wenban, 1999 a ; Sohl, 2003; Sohl, 1999; Wilson, 1995）。スタートアップに特有の高いビジネスリスクと長期にわたる保有期間が，その理由とされる（Kirihata, 2009; Sapienza et al., 1996）。すなわち，機関投資家等から出資を得て，通常10年程度の期間でファンドを運営するVCは，投資家と約束した期間において，期待された投資リターンを確保する責任を有する。しかし，スタートアップは，リスクが高く予測が難しい。さらに，新規株式公開等のエグジット（Exit）までに長期を有し，ファンド運営期間内に回収できない可能性がある。こうした要因から，VCの投資ステージのレイター化が促進されたとされる（Kirihata, 2008, 2010a, 2010b, 2016a, 2016b, 2017, 2018）。

　VCの投資ステージのレイター化は，スタートアップに十分な成長資金が供給されない現象を生じさせた。この現象は，ファイナンシャル・ギャップ（Financial gap）と呼ばれる，アントレプレナーファイナンスの主要な論点となっている（Block and Sandner, 2009; Mason and Harrison, 1995）。ファイナンシャル・ギャップ問題がきっかけとなって，アントレプレナーファイナンス研究における新領域と認識されるに至ったのが，ビジネスエンジェル（Business angel, 以下BAと略記）とガバメントベンチャーキャピタル（Government venture capital, 以下GVCと略記）である。

　BA研究の嚆矢は，Wetzel Jr.（1981）に遡ることができる。Wetzel Jr.（1981）は，米国における技術イノベーションの担い手としての起業家，そして，そのリスクキャピタル供給者としてのVCについて概観したうえで，当時，すでに議論になり始めていたファイナンシャル・ギャップ問題の解決策としてのBAの有用性を学術研究として初めて指摘した（Wetzel Jr. 1981）。BAは，その研究の黎明期から，その果たすべき役割として，スタートアップへの資金供給が意識されていたことになる。

　GVCは，政府による経済施策としてのアントレプレナーファイナンスである。ファイナンシャル・ギャップ問題が深刻になるにつれて，スタートアップ投資を目的とするGVCが規模を拡大し，近年では，欧州のVC投資資金全体の20%は，政府機関が占めるまでになった（Invest Europe, 2020）。政策先行で，GVCは，アントレプレナーファイナンス研究の主要な新領域の1つと認識されるようになった。

　本章は，アントレプレナーファイナンスのうち，ファイナンシャル・ギャップ問題の解決策としてのBAおよびGVCに着目する。そのうえで，彼らが，地域経済活性化に向け，スタートアップの育成に貢献できるのかどうかについて，先行研究をもとに論じる。

2 ◆　ビジネスエンジェル

2.1　ビジネスエンジェルの特徴

　BAは，家族のつながりのないスタートアップにリスクマネーを提供する裕福な個人である（Duxbury et al., 1996; Mason and Harrison, 1995）。その多くは，成功した起業家または専門家であり，単独またはセミフォーマルなネットワークを通じて，有望なハイテクスタートアップに自らの資金を投資するとされる（Avdeitchikova, 2008; Hindle and Lee, 2002 b; Hindle and Wenban, 1999 b; Tashiro, 1999）。

　BAの特徴は，単に経済的な利益を求める投資家ではないとされる点である。BAは，新しい事業の成長プロセスに参画することを楽しむ。投資先企業との

補完関係を重視する。自分たちを，事業の共同クリエイターと認識する（Drover et al., 2017; Landström, 1998; Mason and Stark, 2004）。BAの投資前活動（Pre-investment activities）の特徴としては，人的資本のレベルが高い。すなわち，より学歴が高い，あるいは，起業家としての経験が長いBAほど，より高い企業評価を投資先企業に提示するとされる（Collewaert and Manigart, 2016）。投資後活動（Post-investment activities）の特徴としては，自らの経験，ネットワーク，専門性をもとに投資先企業に関与する。その成長を熱心に支援する（Mason and Harrison, 2002; Morrissette, 2007; van Osnabrugge, 2000）。彼らの多くは，通常，取締役会のメンバーとして投資先企業の意思決定プロセスに関与する。管理，財務，販売，マーケティングの実践的なサポートを熱心に提供するとされる（Brettel, 2003; Madill et al., 2005）。

　BAの特徴として，議論の続く論点もある。BAは，“忍耐力のある資本（Patient Capital）”かどうかという点である。BAは，投資前から“忍耐力のある資本”であるべきとの意図をもって，エグジットまで終始一貫して貫いているというよりも，売却したくとも売却できず放置している可能性が高い（Harrison et al., 2016）。一方，Kirihata（2022b）は，エストニアのBAを対象とした実証分析で，彼らは，投資先企業の増加した売上から利益を絞り出させるのではなく，投資先企業の将来的な成長のための支出を容認する忍耐を有しているとして，BAは“忍耐力のある資本”であると指摘する。

2.2　ビジネスエンジェルによる投資先への貢献

　BAは，地域経済活性化に向け，スタートアップの育成に貢献できるのだろうか。先行研究によると，BAが，投資先企業の業績に貢献したかどうかについての研究結果は定まっていない。BAによる投資先企業業績への影響研究は，大きく3つのグループに分けられる。第1グループは，BAが投資先企業業績に正の影響を与えているとするものである。第2グループは，その正の影響は，VCと比較して必ずしも高くないとするものである。第3グループは，投資先企業業績への正の影響は明確に確認できず，個々のBAに依存するというものである。順に見ていく。

　第1グループは，BAが投資先企業に与える正の影響を指摘している。米国

のBAを対象とした研究（Kerr et al., 2014）によると，BA投資先企業は，BAの投資対象から外れた企業と比較して，生存率が高く，従業員数が多く，さらにウェブサイトのトラフィックが増加している。米国におけるBAグループの内部収益率（IRR：Internal rate of return）は，インデックスファンドと比較して高い（Roach, 2010）。雇用成長率が高いBA投資先企業ほど，BAによる恩恵を受ける傾向がある（Levratto et al., 2018）。BA投資先企業の業績と生存率は，BAの関与によって正の影響を受ける（Bonini et al., 2019）。Kirihata（2022 b）は，BAの投資先への関与が，投資先企業の業績に正の影響を与えているかどうかについては確認できなかったものの，投資資金によって，投資先企業の従業員数，売上増加に正の影響を与えていることを示した。

第2グループは，BAの投資先企業への正の影響は，VCと比較して必ずしも高くないとするものである。米国のBAは，VCよりも，投資先企業のイノベーションとエグジットへの正の影響が少ない（Dutta and Folta, 2016）。国際的なプライベートエクイティのデータベースをもとにした研究（Choi and Kim, 2018）によると，BA投資先企業の生存率は，VC投資先企業よりも劣っているとされる。

第3グループは，BAの投資先企業への正の影響は，BA全体としては明確に確認できず，個々のBAに依存するとしている。英国における研究（Mason and Harrison, 2002）によると，BAの内部収益率の分布は，正規分布に従わず，歪みが大きいとされる。具体的には，投資全体の23％が50％以上の内部収益率を達成している。一方，全体の34％は投資先企業の倒産等による完全な損失である。また，全体の13％が損益分岐点レベルにあるとされる。カナダのBAを対象とした研究（Riding, 2008）によると，家族や友人への投資を行うアマチュアのBAの投資リターンは低いと指摘する。BA投資先企業の業績は，個々のBAのビジネス経験，デューデリジェンス，投資提案の却下率，投資先企業への関与，株式保有期間等に負うところが大きいとされる（Capizzi, 2015; Wiltbank, 2005）。

3 ◆ ガバメントベンチャーキャピタル

3.1 ガバメントベンチャーキャピタルの特徴

　GVCは，スタートアップの資金需要を支援する政府主導のVCであり，政府によるスタートアップへの直接の投資，または，民間VCへ出資し，当該民間VCに対して，スタートアップへの投資を促すスキームがある（Lerner, 2002）。GVCの特徴は，言うまでもなく，投資リターンの最大化に留まらず，経済および産業振興，雇用およびイノベーション促進等，地域経済の活性化を投資の目的とする点にある（Lerner, 2009）。GVCの投資前活動の特徴としては，投資地域を限定し，アーリーステージの大学発ベンチャー等ハイテクベンチャーに投資する（Cumming, 2007; Lim and Kim, 2015; Mason and Pierrakis, 2013; Murray, 1998; Pintado et al., 2007）。投資後活動の特徴としては，取得した株式を長期間保有する（Buzzacchi et al., 2013）。長期間一貫した投資姿勢を維持する（Bertoni et al., 2015; Leleux and Surlemont, 2003）。投資先のエグジットとして新規株式公開に固執しない（Jeng and Wells, 2000）。投資先への関与は，他の投資家と比較して少ないとされる（Bottazzi et al., 2008; Luukkonen et al., 2013）。

3.2 ガバメントベンチャーキャピタルによる投資先への貢献

　GCVは，政府の意図どおり，地域経済活性化に向け，スタートアップの育成に貢献できるのだろうか。GVCによる投資先企業への貢献については，正の影響を与えているとする研究が存在する一方，負の影響を与えている，または，正の影響を与えているとは言えないとの研究が多い。先行研究によると，GVCは，投資先企業の雇用，評判付与，長期借り入れ，イノベーションおよび特許等に，正の影響を与えている（Colombo et al., 2016; Cumming, 2007; Cumming and Johan, 2016; Guerini and Quas, 2016; Lerner, 2000, 2009; Link and Scott, 2010; Meuleman and de Maeseneire, 2012; Toole and Czarnitzki, 2007）。一方，投資先企業のエグジット，雇用，生産性および効率性，投資獲得，特許等で，負の影響を与えている，または，正の影響を確認できないとされる（Alperovych et al., 2015; Brander et al., 2015; Cumming et al., 2017; Cumming and Johan, 2010; Munari et al., 2015; Munari and Toschi, 2015; Pierrakis and Saridakis, 2017; Standaert and Manigart, 2018; Tykvová and Walz, 2007）。

　投資先企業への貢献についてのGVCの力不足を，民間VCのビジネスオリエンテッドな投資スタイルで補おうというのが，官民シンジケーションベンチャーキャピタル（Mixed syndication between government and private venture capital，以下MSVCと略記）である（Bertoni et al., 2015; Leleux and Surlemont, 2003; Lerner, 2009）。MSVCは，GVCと民間VCが協業して行うVC投資である。

　MSVCが投資先企業に与える影響についての学術研究はそれほど多くなく，その議論も定まっていない。MSVCが，投資先企業の業績に正の影響を与えているとする研究では，MSVCは，投資先企業のエグジットと次のラウンドのファイナンス獲得に，正の影響を与えている（Brander et al., 2015）。GVC単独では，投資先の売上に対する正の影響を確認できないものの，MSVCとしては投資先の売上に正の影響を与えている（Grilli and Murtinu, 2015）。一方，MSVCが投資先企業の業績に正の影響を与えているとは言えないとする研究では，MSVC投資先企業のエグジットは，民間のVCより成果をあげる傾向があるものの，統計的に有意なレベルではない（Cumming et al., 2017）。MSVCにおけるGVCと民間VCの役割分担として，民間主導のMSVCのみ，投資先企業の売上に統計的に有意な正の影響を与えている（Grilli and Murtinu, 2014）。MSVC投資において，GVCは，発明やイノベーションの促進に貢献する補完的役割のみを担うにすぎない（Bertoni and Tykvová, 2015）。Kirihata（2022a）は，エストニアにおけるMSVCと民間VCとの比較研究で，MSVCは，投資先企業の従業員数の増加に，統計的に有意な正の影響を与えているとしている。これは，政府の意向が反映したものと見られる。一方，投資先企業の売上については，比較対象とした民間VCは，統計的に有意な正の影響を与えている一方，MSVCは，正の影響を与えているとの確認はできなかった。投資先企業の売上におけるMSVCと民間VCとの相違が，MSVCが今後解決すべき課題と指摘している（Kirihata, 2022 a ）。

4 ◆ おわりに

　本章は，アントレプレナーファイナンスのうち，ファイナンシャル・ギャップ問題の解決策としてのBAおよびGVCに着目した。その上で，BAおよびGVCが，地域経済活性化に向けスタートアップの育成に貢献できるのかどうかについて，先行研究をもとに論じた。

　BAは，スタートアップ，アーリーステージのベンチャーへの成長資金供給者として，ファイナンシャル・ギャップ問題緩和に一定の役割を果たしている。BAによる投資先企業業績への貢献としては，正の影響を与えているとする先行研究が存在するものの，VCとの比較で十分なものと言えない，また，その成果は，個々のBAに依存するとの指摘がある。一方，GVCは，投資リターンの最大化に留まらず，経済および産業振興，雇用およびイノベーション促進等，地域経済の活性化を投資目的としている。これは，資本の出し手である政府の政策目標に沿ったものである。欧州では，GVC投資が，VC投資資金全体の20％を占めるまでに拡大した。GVCは，ファイナンシャル・ギャップ問題緩和に一定の貢献をしている。一方，投資先企業業績への貢献については，民間VCとの比較において力不足との先行研究が多い。投資先企業への貢献についてのGVCの力不足を，民間VCのビジネスオリエンテッドな投資スタイルで補おうというMSVCについては，その投資スタイルをめぐって，すなわち公的セクターがいかなる関与をすべきかとの点について，試行錯誤が続く。

　アントレプレナーファイナンス全般について概観すると，スタートアップ向けの成長資金供給者として，クラウドファンディング（Crowdfunding）等，新たなアントレプレナーファイナンサーが出現している。Cambridge Center for Alternative Finance（2021）によると，2020年における米国における投資規模は840億ドルと，2019年の489億ドルから71.7％増加したとされる。2020年における米国におけるベンチャーキャピタルの投資規模は，1,562億ドルであることと比較すると，その存在感がうかがえる（OECD, 2022）。

　ファイナンシャル・ギャップ問題を抱えるスタートアップに資本を提供し，その成長を後押しする。そして，その延長線上として，地域経済活性化を促す。

1946年のARD設立以降続くアントレプレナーファイナンスの理想は，今後も訴求されていくのか。それとも，新たなかたちへと変質するのか。そのカギは，アントレプレナーファイナンサーが，投資先企業の成長を後押しできるかどうかにかかっていると言える。スタートアップに対して，いかなる状況下で，だれが，どのように投資および後押しを行うべきなのか。検討すべき独立変数は数多い。さらなる学術研究の進展が望まれる。

◆参考文献

Aernoudt, R.（2005）. Executive forum: Seven ways to stimulate business angels' investments. *Venture Capital, 7*(4), 359-371.

Alperovych, Y., Hübner, G., & Lobet, F.（2015）. How does governmental versus private venture capital backing affect a firm's efficiency? Evidence from Belgium. *Journal of Business Venturing, 30*(4), 508-525.

Avdeitchikova, S.（2008）. On the structure of the informal venture capital market in Sweden: developing investment roles. *Venture Capital, 10*(1), 55-85.

Baum, J. A. C., & Silverman, B. S.（2004）. Picking winners or building them? Alliance, intellectual, and human capital as selection criteria in venture financing and performance of biotechnology startups. *Journal of Business Venturing, 19*(3), 411-436.

Bertoni, F., Colombo, M. G., & Quas, A.（2015）. The patterns of venture capital investment in Europe. *Small Business Economics, 45*, 543-560.

Bertoni, F., & Tykvová, T.（2015）. Does governmental venture capital spur invention and innovation? Evidence from young European biotech companies. *Research Policy, 44*(4), 925-935.

Block, J., & Sandner, P.（2009）. What is the effect of the financial crisis on venture capital financing? Empirical evidence from US Internet start-ups. *Venture Capital, 11*(4), 295-309.

Bonini, S., Capizzi, V., & Zocchi, P.（2019）. The performance of angel-backed companies. *Journal of Banking & Finance, 100*, 328-345.

Bottazzi, L., da Rin, M., & Hellmann, T.（2008）. Who are the active investors?: Evidence from venture capital. *Journal of Financial Economics, 89*(3), 488-512.

Brander, J. A., Du, Q., & Hellmann, T.（2015）. The effects of government-sponsored venture capital: International evidence. *Review of Finance, 19*(2), 571-618.

Brettel, M.（2003）. *Business angels in Germany: a research note.*

Buzzacchi, L., Scellato, G., & Ughetto, E.（2013）. The investment strategies of publicly sponsored venture capital funds. *Journal of Banking & Finance, 37*(3), 707-716.

Cambridge Center for Alternative Finance（2021）The 2nd Global Alternative Finance Market Benchmarking Report.

Capizzi, V.（2015）. The returns of business angel investments and their major determinants. *Venture Capital, 17*(4), 271-298.

Chan, Y. (1983). On the positive role of financial intermediation in allocation of venture capital in a market with imperfect information. *The Journal of Finance, 38*(5), 1543–1568.

Choi, Y., & Kim, D. (2018). The effects of investor types on investees' performance: Focusing on the seed accelerator. *Cogent Economics & Finance, 6*(1), 1550870.

Collewaert, V., & Manigart, S. (2016). Valuation of Angel‐Backed companies: The role of investor human capital. *Journal of Small Business Management, 54*(1), 356–372.

Colombo, M. G., Cumming, D. J., & Vismara, S. (2016). Governmental venture capital for innovative young firms. *The Journal of Technology Transfer, 41*, 10–24.

Cumming, D. (2007). Government policy towards entrepreneurial finance: Innovation investment funds. *Journal of Business Venturing, 22*(2), 193–235.

Cumming, D. J., Grilli, L., & Murtinu, S. (2017). Governmental and independent venture capital investments in Europe: A firm-level performance analysis. *Journal of Corporate Finance, 42*, 439–459.

Cumming, D., & Johan, S. (2010). Venture capital investment duration. *Journal of Small Business Management, 48*(2), 228–257.

Cumming, D., & Johan, S. (2016). Venture's economic impact in Australia. *The Journal of Technology Transfer, 41*, 25–59.

Drover, W., Busenitz, L., Matusik, S., Townsend, D., Anglin, A., & Dushnitsky, G. (2017). A review and road map of entrepreneurial equity financing research: Venture capital, corporate venture capital, angel investment, crowdfunding, and accelerators. *Journal of Management, 43*(6), 1820–1853.

Dutta, S., & Folta, T. B. (2016). A comparison of the effect of angels and venture capitalists on innovation and value creation. *Journal of Business Venturing, 31*(1), 39–54.

Duxbury, L., Haines, G., & Riding, A. (1996). A personality profile of Canadian informal investors. In *Journal of Small Business Management* (Vol. 34, Issue 2).

Fili, A., & Grünberg, J. (2016). Business angel post-investment activities: a multi-level review. *Journal of Management & Governance, 20*, 89–114.

Gompers, P., & Lerner, J. (2001). The venture capital revolution. *Journal of Economic Perspectives, 15*(2), 145–168.

Grilli, L., & Murtinu, S. (2014). Government, venture capital and the growth of European high-tech entrepreneurial firms. *Research Policy, 43*(9), 1523–1543.

Grilli, L., & Murtinu, S. (2015). New technology-based firms in Europe: market penetration, public venture capital, and timing of investment. *Industrial and Corporate Change, 24*(5), 1109–1148.

Guerini, M., & Quas, A. (2016). Governmental venture capital in Europe: Screening and certification. *Journal of Business Venturing, 31*(2), 175–195.

Harrison, R. T., Botelho, T., & Mason, C. M. (2016). Patient capital in entrepreneurial finance: a reassessment of the role of business angel investors. *Socio-Economic Review, 14*(4), 669–689.

Hindle, K., & Lee, L. (2002 a). An exploratory investigation of informal venture capitalists in Singapore. *Venture Capital: An International Journal of Entrepreneurial Finance, 4*

(2), 169-177.

Hindle, K., & Lee, L. (2002 b). An exploratory investigation of informal venture capitalists in Singapore. *Venture Capital: An International Journal of Entrepreneurial Finance, 4* (2), 169-177.

Hindle, K., & Wenban, R. (1999 a). Australia's informal venture capitalists: an exploratory profile. *Venture Capital: An International Journal of Entrepreneurial Finance, 1*(2), 169-186.

Hindle, K., & Wenban, R. (1999 b). Australia's informal venture capitalists: an exploratory profile. *Venture Capital: An International Journal of Entrepreneurial Finance, 1*(2), 169-186.

Invest Europe. (2020). *Investing in Europe: Private Equity Activity 2019.* Invest Europe Brussels.

Jacobs, J. (1969). *The economy of cities.* Vintage Books: A Division of Random House.

Jeng, L. A., & Wells, P. C. (2000). The determinants of venture capital funding: evidence across countries. *Journal of Corporate Finance, 6*(3), 241-289.

Kerr, W. R., Lerner, J., & Schoar, A. (2014). The consequences of entrepreneurial finance: Evidence from angel financings. *The Review of Financial Studies, 27*(1), 20-55.

Kirihata, T. (2008). Venture capitalist's investment decision making in the new technology based firms in Japan. *Graduate School of Economics, Kyoto University, Working Paper, 93.* http://hdl.handle.net/2433/65732

Kirihata, T. (2009). Post-investment activities of venture capitalists when making investments in new technology-based firms in Japan. *The Kyoto Economic Review, 78*(1), 39-51. https://doi.org/10.11179/ker.78.39

Kirihata, T. (2010 a). The formation process and characteristics of the Japanese venture capital industry. *Graduate School of Economics, Kyoto University, Working Paper, 113.* http://hdl.handle.net/2433/108673

Kirihata, T. (2010 b). The function of venture capitalists investing in new technology based firms. *Graduate School of Economics, Kyoto University, Working Paper, 112.* http://hdl.handle.net/2433/108672

Kirihata, T. (2016 a). A public venture capital fund as an economic policy: the Estonian development fund. *The Ritsumeikan Business Review, 54*(5), 83-95. https://doi. org/10.34382/00001189

Kirihata, T. (2016 b). A technology-focused angel investor: Ambient sound investments. *The Ritsumeikan Business Review, 54*(6), 215-243. https://doi.org/10.34382/00001195

Kirihata, T. (2017). Crowding-in or crowding-out? the effects of public venture capital policies. *The Ritsumeikan Business Review, 56*(1), 165-174. https://doi. org/10.34382/00001251

Kirihata, T. (2018). Japanese government venture capital: what should we know? *Asia Pacific Journal of Innovation and Entrepreneurship, 12*(1), 14-31. https://doi. org/10.1108/apjie-11-2017-0040

Kirihata, T. (2022 a). The impact of mixed syndication between government and private venture capital on investees in Estonia. *Journal of Asian Business and Economic Stud-*

ies. https://doi.org/10.1108/jabes-01-2022-0003

Kirihata, T.（2022 b ）. Contribution of business angel investments: evidence from Estonia. *Journal of Capital Markets Studies.* https://doi.org/10.1108/jcms-08-2022-0033

Landström, H.（1998）. Informal investors as entrepreneurs: Decision-making criteria used by informal investors in their assessment of new investment proposals. *Technovation, 18*(5), 321–333.

Leleux, B., & Surlemont, B.（2003）. Public versus private venture capital: seeding or crowding out? A pan-European analysis. *Journal of Business Venturing, 18*(1), 81–104.

Lerner, J.（2000）. The government as venture capitalist: the long-run impact of the SBIR program. *The Journal of Private Equity, 3*(2), 55–78.

Lerner, J.（2002）. When bureaucrats meet entrepreneurs: the design of effectivepublic venture capital'programmes. *The Economic Journal, 112*(477), F73– F 84.

Lerner, J.（2009）. Boulevard of broken dreams. In *Boulevard of Broken Dreams.* Princeton University Press.

Levratto, N., Tessier, L., & Fonrouge, C.（2018）. Business performance and angels presence: a fresh look from France 2008–2011. *Small Business Economics, 50,* 339–356.

Lim, S., & Kim, Y.（2015）. How to design public venture capital funds: Empirical evidence from South Korea. *Journal of Small Business Management, 53*(4), 843–867.

Link, A. N., & Scott, J. T.（2010）. Government as entrepreneur: Evaluating the commercialization success of SBIR projects. *Research Policy, 39*(5), 589–601.

Luukkonen, T., Deschryvere, M., & Bertoni, F.（2013）. The value added by government venture capital funds compared with independent venture capital funds. *Technovation, 33*(4-5), 154–162.

Madill, J. J., Haines George H, J., & RIding, A. L.（2005）. The role of angels in technology SMEs: A link to venture capital. *Venture Capital, 7*(2), 107–129.

Manigart, S., de Waele, K., Wright, M., Robbie, K., Desbrières, P., Sapienza, H. J., & Beekman, A.（2002）. Determinants of required return in venture capital investments: a five-country study. *Journal of Business Venturing, 17*(4), 291–312.

Mason, C. M., & Harrison, R. T.（1995）. Closing the regional equity capital gap: The role of informal venture capital. *Small Business Economics, 7,* 153–172.

Mason, C. M., & Harrison, R. T.（2002）. Is it worth it? The rates of return from informal venture capital investments. *Journal of Business Venturing, 17*(3), 211–236.

Mason, C., & Pierrakis, Y.（2013）. Venture capital, the regions and public policy: the United Kingdom since the post-2000 technology crash. *Regional Studies, 47*(7), 1156–1171.

Mason, C., & Stark, M.（2004）. What do investors look for in a business plan? A comparison of the investment criteria of bankers, venture capitalists and business angels. *International Small Business Journal, 22*(3), 227–248.

Meuleman, M., & de Maeseneire, W.（2012）. Do R&D subsidies affect SMEs' access to external financing? *Research Policy, 41*(3), 580–591.

Morrissette, S. G.（2007）. A profile of angel investors. *The Journal of Private Equity, 10*(3), 52-66.

Munari, F., Pasquini, M., & Toschi, L.（2015）. From the lab to the stock market? The characteristics and impact of university-oriented seed funds in Europe. *The Journal of Technology Transfer, 40*, 948–975.

Munari, F., & Toschi, L. (2015). Assessing the impact of public venture capital programmes in the United Kingdom: Do regional characteristics matter? *Journal of Business Venturing, 30*(2), 205–226.

Murray, G. C. (1998). *A policy response to regional disparities in the supply of risk capital to new technology-based firms in the European Union: The European seed capital fund scheme.*

OECD (2022), *Financing SMEs and Entrepreneurs 2022: An OECD Scoreboard*, OECD Publishing, Paris, https://doi.org/10.1787/e9073a0f-en.

Pierrakis, Y., & Saridakis, G. (2017). Do publicly backed venture capital investments promote innovation? Differences between privately and publicly backed funds in the UK venture capital market. *Journal of Business Venturing Insights, 7*, 55–64.

Pintado, T. R., de Lema, D. G. P., & van Auken, H. (2007). Venture capital in Spain by stage of development. *Journal of Small Business Management, 45*(1), 68–88.

Riding, A. L. (2008). Business angels and love money investors: segments of the informal market for risk capital. *Venture Capital, 10*(4), 355–369.

Roach, G. (2010). Is angel investing worth the effort? A study of Keiretsu Forum. *Venture Capital, 12*(2), 153–166.

Sahlman, W. A. (1990). Why sane people shouldn't serve on public boards. *Harvard Business Review, 68*(3), 28–32.

Sapienza, H. J., Manigart, S., & Vermeir, W. (1996). Venture capitalist governance and value added in four countries. *Journal of Business Venturing, 11*(6), 439–469.

Sohl, J. (2003). The private equity market in the USA: lessons from volatility. *Venture Capital: An International Journal of Entrepreneurial Finance, 5*(1), 29–46.

Sohl, J. E. (1999). The early-stage equity market in the USA. *Venture Capital: An International Journal of Entrepreneurial Finance, 1*(2), 101–120.

Standaert, T., & Manigart, S. (2018). Government as fund-of-fund and VC fund sponsors: effect on employment in portfolio companies. *Small Business Economics, 50*, 357–373.

Tashiro, Y. (1999). Business angels in Japan. *Venture Capital: An International Journal of Entrepreneurial Finance, 1*(3), 259–273.

Timmons, J. A., & Bygrave, W. D. (1986). Venture capital's role in financing innovation for economic growth. *Journal of Business Venturing, 1*(2), 161–176.

Timmons, J. A., & Bygrave, W. D. (1992). Venture capital at the crossroads. *Harvard Business School Press-Boston, Massachusetts.*

Toole, A. A., & Czarnitzki, D. (2007). Biomedical academic entrepreneurship through the SBIR program. *Journal of Economic Behavior & Organization, 63*(4), 716–738.

Tykvová, T., & Walz, U. (2007). How important is participation of different venture capitalists in German IPOs? *Global Finance Journal, 17*(3), 350–378.

van Osnabrugge, M. (2000). A comparison of business angel and venture capitalist investment procedures: an agency theory-based analysis. *Venture Capital: An International Journal of Entrepreneurial Finance, 2*(2), 91–109.

Wetzel Jr. W. E. (1981). Technovation and the informal investor. *Technovation, 1*(1), 15–30.

Wilson, H. I. M. (1995). Are the business angels of today the venture capitalists of yesterday? *The Journal of High Technology Management Research, 6*(1), 145–156.

Wiltbank, R. (2005). Investment practices and outcomesof informal venture investors. *Venture Capital, 7*(4), 343–357.

第Ⅲ部

中小企業の管理会計研究

経営者と組織成員の共創に基づく
経営管理システムのデザイン
―アントレプレナーシップの発揚を促進するメカニズム―

1◆ はじめに

　デザイン研究者のNorman（2013）によると，デザイン[1]にはアフォーダンスとシグニファイアが必要だという。すなわち，アフォーダンスとは「モノの属性と，それをどのように使うことができるかを決定する主体の能力との間の関係」（Norman, 2013; 訳書15）とされている。一方，シグニファイアは「人々に適切な行動を伝える，マークや音，知覚可能な標識の全てを示すもの」（Norman, 2013; 訳書19）と定義されている。ユーザーが適切な行動や判断を行うのに際し，情報として何を見えるように可視化するかというアフォーダンスに対して，受け手にとって重要なコミュニケーションを仕掛けるための具体的な装置（シグニファイア）がセットとしてデザインされていることが重要だと言う。そして，「デザインにおいて，シグニファイアはアフォーダンスよりも重要である。シグニファイアはデザインしたものの使い方を伝えるから」（Norman 2013; 訳書26）だとも言う。

　企業内部において経営者と組織成員を同期的に活動するように導くため，組織目的や目標を実現するプロセスを示す重要な情報機構として経営管理システム（Management Control System；以下，MCSと略記する）がある。MCSを「組織活動において維持したり，変更したりするために経営管理者が用いる公式的で情報をベースとした手順と手続き」（Simons, 1995; 訳書37）とした場合，どのような情報をどのような形で提供するか，いかにデザインするかは重要な課題になる。単に，KPI（Key Performance Indicator：重要業績指標）を設定すれば組織成員を動機づけられるとは限らない。目的や目標を達成するためのロジッ

クをいかに構築するかを含めてデザインされる必要がある。すなわち，MCS
も「人工物」(Simon, 1996; 訳書 6) であるからデザインすることが求められる
し，優れたデザインには適切なアフォーダンスとシグニファイアが設計されて
いなければならない。

　では，MCSはどのようにデザインされればよいのであろうか。伊丹・加護
野（2022）によれば，MCSを構成する重要なサブシステムである計画（Plan-
ning）とは「事前にあらかじめ将来とるべき行動の案を練っておくこと」であ
り，統制（Control）とは「その計画にそって動き出した後で，計画どおりには
ことが進まないときに修正行動をとること」だとしている。これにより，企業
や個人がなんらかの目標を達成しようと行っている事柄が不確実な環境の中で
行われ，組織のほかの協働メンバーとの行動の調整が可能になる。やはり，単
に目標を掲げること，その目標をどのような情報システムを用いて提示するの
かということだけではない。そのシステムを通じて，組織成員の行動や心理的
要因を鑑みつつ，活動成果をどのように測定し，編集し，意思を伝えるかをデ
ザインする必要がある。

　飛田（2021）はこうしたアイデアをもとに，中小企業を事例にMCSのデザ
インを検討した。そこで「計画と成果との間のギャップをどのように埋める
か」という点と「経営者と組織成員の間にある認識のギャップをどのように縮
めるか」という 2 点が重要であることを示した。しかし，残された研究上の課
題として「経営者の思考と現実とのギャップを認識し，それにどのように
MCSが機能するか」という点が示された。それは言わば，「今ある会社」と
「ありたい会社」という理想と現実のギャップを，MCSを通じていかに埋める
かということである。

　そこで，本章は「今ある会社」と「ありたい会社」という理想と現実の
ギャップを埋めるMCSがいかなるものか，MCSのデザインが経営者の思考に
どのように影響を及ぼし，経営者のアントレプレナーシップにどのように影響
を与えるかを検討することを目的とする。

2 ◆ 経営管理システムのデザイン：計画設定と統制を基軸にして

　Norman（2023）は、「ストーリーと測定は、我々の事象の理解を表現するための2つの補完的な形式である」（Norman, 2023; 訳書134）と述べている。わたしたちが研究対象としている会計、とりわけ管理会計は企業にとって重要な情報生成システムである簿記によって生成され、帳簿組織という情報処理システムによって構築されている。会計システムによって、時間、事業領域、組織階層といった多面的な情報が集約され、比較可能な貨幣量や物量に抽象化していく。こうして「人間の行動に対する真の洞察は、測定とストーリーが組み合わさったときに生まれ」（Norman, 2023; 訳書130）、人間あるいは企業は、会計情報システムを通じて今何が起き、過去何が起きて、未来をいかに見通すかという測定とストーリーを読み取ることができる。

　これらをMCSや管理会計システムのデザインという話に持ち込むとすれば、これを設計する経営者あるいは会計スタッフは、企業が進む方向性を指し示す目的（経営理念やミッションに相当するもの）を実現するために、時間軸（長期・中期・短期）、事業領域、組織個人に割り当てられる目標を適切に設計するということである。すなわち、目的を実現するように経営者や組織成員を適切な行動へと導く、何か指し示す機構が求められる。多くの場合、これは貨幣量であり、定量的に指し示される。管理会計で言えば計画であり、予算であるし、他の管理技法と組み合わせられたシステムがMCSやその中核を成す管理会計システムだと言えるだろう。では、そのシステムがいかにデザインされるのであろうか。

　上總（2017）は「管理会計とは、営利企業に所属し、管理者集団を目標利益や経営企画にそう方向へと説得・誘導する管理者管理を目指して、専門経営者が企業目的の達成に向けて管理している企業活動に関する会計情報を会計手段で収集・総合・報告する行為である」（上總, 2017: 17）としている。すなわち、階層化した組織において、経営者が管理者集団を目標に沿うようにいかに導くか、そのために会計情報を利用してマネジメントを行うことが管理会計である

と述べている。そのうえで，上總（2017）では，管理会計が財務管理機能と動機づけ機能の２つを持つことを指摘している。

　まず，財務管理機能とは次のような機能である。それは，専門経営者は企業目的の達成に向けて企業活動を合理的に管理するために目標利益として事前に予定し，この目標利益を実現するための手段として企業活動の管理を行う。そのとき，経営者が定めた目標利益を基準に管理者，そして従業員へ，との一連の管理基準の転換・連鎖を通じて，管理会計プロセスが展開されることを指している。

　また，動機づけ機能は，目標利益を組織成員の個人目標へ転換し，これを管理基準として管理会計が展開される。このとき経営者は企業全体の目標利益をかかる組織成員が個人目標として受容し，彼らがこの個人目標を自己の管理基準として意思決定を行い，適切に行動することを期待する。財務管理機能をより合理的に遂行するために，企業内の組織成員の好意的な納得と自発的な行動を引き出すことが求められる。しかも，動機づけ機能は，管理会計と労務管理政策（たとえば目標管理制度の導入など）と結びついて機能する。

　こうして経営者はMCSを活用して，どのようにして目標を提示するのか，どのような手段を用いて統制するのか，それをシステムや指標を提示して組織成員を目標達成に向けて動機づけるようにすることが求められる。MCSは，事業と企業内部への対応を行うための情報システムであり，それぞれの情報を捕捉するために利用される。では，どのような対応が実際に行われているのだろうか。ここでは２つの視点があると考えている。

　第１に，事業に関わる情報の捕捉である。これは主に簿記システムを通じて会計情報が生成され，企業において計画の進捗状況の把握，成果（業績）の測定などに用いられる。つまり，「企業あるいは経営者」（内部環境）と「市場」（外部環境）への対応であり，計画時点での思考（未然）と，その実施の中で徐々に明らかになっていく，あるいは１会計期間の期末，中期経営計画の期末などに明らかになる現実（成果）との間にあるズレへの対応である。第２に，企業内部に関わる情報の捕捉である。管理会計システムのみならず，目標管理制度との併用，人事制度や組織構造，企業統治などの制度設計と組み合わせることを通じて，組織成員の活動の進捗状況や成果を捕捉するために利用される。

つまり，「経営者」（自分自身という内部環境）と「組織成員」（他者という外部環境）の認識のズレへの対応である。

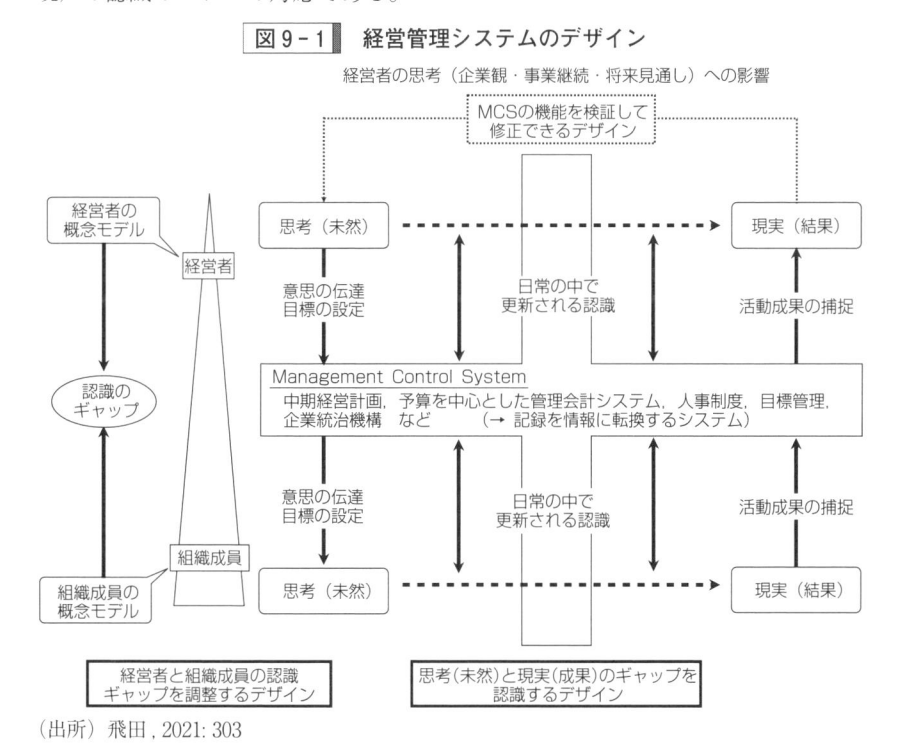

図9-1　経営管理システムのデザイン

（出所）飛田, 2021: 303

　図9-1で言えば，MCSの中核を成す管理会計システムはこの図の縦軸である組織構造によって生じる経営者と組織成員との間のギャップと，横軸である未然（いまだ起きていないこと：計画）と現実（成果）との間にあるギャップを調整するために存在する。つまり，前者は「経営者と組織成員の認識ギャップを調整する」ことであり，後者は「思考（計画）と現実（成果）のギャップを認識する」ことである。さらに言えば，上總（2017）が言う管理会計の「動機づけ機能」が前者のギャップ調整に相当する部分であり，「財務管理機能」が後者のそれに相当する。管理会計システムやMCSはこれら2つの機能を調整することを目的にデザインされると考えられる。このとき，気をつけなければならないのは，財務管理機能と動機づけ機能は独立しているのではなく，相互

補完的に機能しているということである。それぞれを独立して切り分けること
ができないがゆえに，有効に機能するMCSや管理会計システムの構築は容易
ではない。

　なぜなら，経営者のようなMCSを創る「デザイナーは通常，ある行為が可
能かどうか（あるいは，反アフォーダンスの場合は不可能かどうか）を人が知覚し
ているかどうかを考慮する。（中略）適切なシグニファイアは我々が生活の中
で出会う何千もの新しいものごとに対して，たとえ初めて見るものであっても，
またその使い方を教えてもらったことがなくても，適切な振る舞いを可能にす
る」（Norman, 2023; 訳書43）ことが求められるからである。つまり，企業活動
そのものは継続的で繰り返し行われるものではあるが，MCSを通じて期待さ
れる成果や行動を促すシグニファイアは，単に財務数値に基づくKPI（Key
Performance Indicator：重要業績指標）を定めれば良いというわけではない。そ
こには何かしらの「説得・誘導」（上總, 2017: 17）が求められる。

　これに加えて，飛田（2021）では，今後の考察が必要なポイントとして，企
業経営に大きな影響を及ぼす「経営者自身の思考」と「現実」のギャップを認
識するのにMCSが機能する可能性があるとしている。これを飛田（2021）では，
経営者がMCSを繰り返し活用していく中で形成される「自身の企業観や事業
観に与える影響」としている。MCSのデザインは経営者が市場での競争状況
や企業内部での進捗状況を把握するだけでなく，そのデザインされたMCSに
よって経営者が見えたものを経営者自身がどのように認識するのかという意味
で経営者の思考に大きく影響を及ぼす可能性がある。すなわち，MCSや管理
会計システムの進化は，環境への適応の結果として経営者自身の思考や認識の
アップデートを伴いながら進む可能性がある。このように，MCSは事業や日
常的な活動そのものの短期的な修正だけでなく，中長期的な企業の存続可能性，
企業経営者の思考に影響を与える可能性があり得る。それは，経営者としての
「ありたい会社」と「今ある会社」という理想と現実の間にあるギャップを埋
めるための情報システムであると言えるかもしれない。

　では，そうしたMCSや管理会計システムはどのようにデザインすることが
可能なのであろうか。以下では「経営者自身の思考」と「現実」のギャップを
生み出し，阻害要因となる不確実性の高い戦略策定場面でのMCSに関連する

研究として，イノベーションや組織学習との関連について主に検討していく。

3 ◆　先行研究の検討：MCSと組織学習，組織形態の観点から

MCSは会計情報に基づく中期経営計画や予算を中心とする管理会計システ
ムを中軸に，人事制度や目標管理制度，企業統治機構（Corporate Gover-
nance）といった企業のさまざまなシステムから構成されるものである（Malmi
and Brown, 2008）。MCSは経営目標達成までのプロセスを統制する機構であり，
戦略目標の設定とその実現のために経営に関わる諸情報を提供するものである。

MCSをいかにデザインするかという議論はこれまでも先行研究の中で行わ
れてきた（Simons, 1995; Dávila, 2000; Chenhall, 2003; Malmi and Brown, 2008; Fer-
reira and Otley, 2009; Merchant and Van der Stede, 2017など）。たとえば，Malmi
and Brown（2008）は「目標利益を生み出すためにMCSをどのようにデザイ
ンするかを議論する」（Malmi and Brown, 2008: 208）ことが重要であると指摘
している。パッケージとしてMCSをより広く理解することで，組織目的の実
現や統制活動を支援し，組織のパフォーマンスを向上させるためにどのように
してMCSをデザインするかについて議論する必要があると述べている。

Simons（1995）は，MCSを信条（Belief），環境倫理境界（Boundary），診断
的（Diagnostic），相互作用的（Interactive）の4つのコントロール・レバーか
ら構成すると考えているが，その仕組みや道具立てがどのように用いられてい
るのかという状況とプロセスに着目していることが特徴である。すなわち，技
法を用いること＝特定の技法をインストールすることによってシステムが機
能すると考えるのではなく，どのような目的でどのように技法が用いられ，成
果を得るまでの一連のプロセスを観測する装置としてMCSを捉えている。

とりわけ「現行の事業戦略に対して脅威を与えたり，弱体化させる恐れがあ
る不確実性および不測」（Simons, 1995; 訳書180）に対応するため，Simons
（1995）は経営者や上級管理者は相互作用的コントロール・システム（Interac-
tive Control System）を活用し，組織成員の注意（Attention）を集中させ，探索
活動を行うのだと述べている。戦略的不確実性は絶えず流動している状態にあ
り，プログラム化することもできないし，例外管理による監視をすることも困

難である。そこで，そうした状況下で情報量のギャップを埋めるのに会計情報が有用であり，その情報に基づいて適切な意思決定や組織行動を導くMCSのデザインが求められるのだと言う。

また，Chenhall（2003）は，企業外部にある不確実性は意思決定を行うための情報不足を意味し，製品やサービスの展開をいかに行うか，事業計画の策定を困難にする要因であるとするとともに，市場からの需要が経営者や管理者によって統制ができない状況に陥れば適切な意思決定が困難になる可能性もあると述べている。これに対して，柔軟でインタラクティブなMCSが必要であること，学習と適応を促進し，変化する状況に応じて調整可能な基準を用いて管理者を評価するなどしてMCSを適切にデザインするのだとしている。

こうして，管理会計分野においてはマネジメント・コントロールによる組織学習の促進効果に関する研究（Chenhall, 2006; Henri, 2006; Widener, 2006など）や，官僚制組織を導入して現場の知恵を収集し，創意工夫を促すための組織化におけるイネーブリング・コントロール（Enabling Control）（Ahrens and Chapman, 2004）によって組織成員の創造性を発揮させるという方法が検証されてきた。さらに，近年では，Simons and Dávila（2021）が創造性とイノベーションを促進するために，管理可能性原則から逸脱する「起業家ギャップ」（Entrepreneurial Gap）という概念を提示している。ここでは，戦略変更がMCSや組織構造，文化規範の修正を含む包括的なアプローチを必要とすることを強調している。そして，担当者の責任が上司の直接的なコントロールを超える「起業家ギャップ」という概念が創造性とパフォーマンスを刺激するうえで重要な役割を果たすことを示している。

すなわち，先行研究において，MCSは組織の戦略目標と業績を支援するために，情報に基づいて設計された経営管理の重要なシステムであると定義されている。また，MCSをデザインするにあたって，経営者と組織成員の行動を目標達成に向けて直接的に動機づけるだけでなく，不確実性や市場変動に対応するために柔軟で相互作用的なアプローチを採用する必要があるとしている。そうしたMCSをデザインすることがダイナミックな組織の変化に適応し，創造性とイノベーションを促進することにつながるのだという。

ただし，こうした議論には2つの前提があるように思われる。1つは不確実

性の有無にかかわらず，統制をいかに行い，組織をある方向に導くための情報
システムをいかに構築するかという情報機構としての視点であり，もう1つは
マネジメント・サイクル（計画設定と統制）を安定的に機能させやすい階層型
組織なのか，自己組織化の特徴を備えて組織自らが変化を遂げる可能性がある
自律的組織と呼ばれる組織なのかといった，組織形態に関する視点である。

　たとえば，前者について言えば，伝統的な管理会計論で想定されてきたシン
グル・ループによるフィードバックのみならず，戦略や目標を絶えずモニター
し，検証，さらなる検討を加えるためのダブル・ループ・フィードバックによ
る組織学習を組み込むことが解決策として提示されている。このことは，「戦
略形成コントロールにより，組織の戦略や目標が戦略環境にフィットしている
かを絶えずモニターすることで，環境変化を早い段階で把握してタイムラグを
短縮し，環境変化に素早く対応して行く能力を強化しながら，他方で戦略実行
コントロールにより，柔軟に変化していく戦略や目標が効果的に実行に移され
ているかをモニターしていくというアプローチが求められる」（丸田，2005:
136）という意味でもある。しかし，いずれのフィードバック・コントロール
にしても，事後的な対応にならざるを得ず，短期的であれば対応可能かもしれ
ない。加えて，システムでの情報捕捉が遅れ，現実と事実認識との間に中長期
的なズレが生じていることを認識できたとしても，それに対応している間に事
業環境が大きく変化してしまうことがないわけではない。そこで，フィード
フォワード・コントロールを通じて「すでに生じているがまだ戦略に与えては
いない重要な戦略上の脅威を，それが影響を与える前に捉えてあらかじめ対処
していく」（丸田，2005: 137）ことが求められる。果たしてそのようなことは可
能なのであろうか。MCSや管理会計システムをデザインするうえでは重要な
論点であるように思われる。

　一方，後者については次のような論点があげられるであろう。すなわち，伝
統的な官僚制組織は，個々の職能をコントロールし，結果が予測できることを
重視することによって，状況が安定しているときに機能すると考えられている。
そのため，非常に合理化された反復的業務を特徴とする安定した事業構造を持
つ企業において採用されやすい。しかし，官僚的な統制は，個人の自発性を削
ぎ，不確実な状況においては逆機能になる（Burns and Stalker, 1961; Galbraith,

1973）という指摘とともに，組織成員参加型の有機的な組織構造のほうがモチベーションを促す点では効果的である（McGregor, 1960; Argyris, 1964など）という主張も見られる。そこで，官僚制組織（階層型組織）への対応としての自律的組織，たとえばアドホクラシーや水平型組織，ネットワーク型組織によるマネジメントの有用性が検討されるようになって長い時間が経過している。

　こうした自律的組織を論じるとき，水平型組織，ダイナミックな構造，組織成員への権限委譲を行うといった組織構造のみならず，自社のコンピタンスとしてユニークな技術やスキルを強調する，また，知性と知識を最も価値のある企業資産だと認識しているといった知識やスキルを先進的に活用することを強調することが多い（Nonaka and Takeuchi, 1995; 訳書280-281）。管理会計研究においては，廣本編（2009）が「意思決定の原則や意思決定主体間の関係性に，市場と組織の両者の原理を導入することで，命令一元化や管理可能性の原則を基礎にした伝統的階層的組織とは一線を画した」（廣本編, 2009: 255）組織体として提示している。その特徴として，①市場情報が直接的に組織内部へ取り込まれていること，②自ら学習しながら行動する組織構成員が自ら計画し統制していること，③各組織構成員（組織単位）が伸縮的分業を行うという３点をあげている。

　そこにある対比は，組織形態だけでなく，マネジメントをトップダウンで行うか，ボトムアップで行うかという点である。もっと言えば，意思決定権限を経営陣に一元化し，その権限のもと活動を行う組織と，組織階層にかかわらず，組織が持つ知識や資産を活用するために組織成員自らがマネジメント・プロセスを運用する組織かという点である。

　この点について，Nonaka and Takeuchi（1995）は，官僚制組織と自律的組織は互いに排除し合うものではなく，組織への相互補完的なアプローチと考えるべきだと述べている。そして，彼らは，日本企業の知識創造において経営陣と組織成員との間を取り持つミドル・マネジメント，すなわち管理者の存在が重要であったとも指摘している。すなわち，企業形態の概念を二項対立的に扱うのではなく，企業が置かれている状況に合わせて長所をうまく取り入れて調整を行うことも，MCSや管理会計システムのデザインを考えるうえでは重要な論点だと考えられる。

4 ◆ 「共同制御」による管理会計システム：高寺（1989）を手がかりに

　では，官僚制組織と自律的組織を融合したような経営者と組織成員との連携に基づくMCSや管理会計システムはどのように考えることができるのであろうか。ここでは高寺（1989）が示した「共同管理会計システム」（高寺, 1989: 11）というアイデアをもとに検討してみよう。

　高寺（1989）は，「共同管理会計システム」という概念を提示し，いわゆる伝統的な官僚制組織によってマネジメントされる企業，組織，集団が（経営者や上位管理者のような）上位制御によって不確実性を低減できない場合には，組織成員自身により考案される自己制御または内部制御システムが彼・彼女たちが直面する不確実性を低減するのに有効だと述べている。ただし，その場合でもそれを支援する階層的リーダーシップも重要だと言う。なぜなら，Williamson（1975）が指摘しているように，官僚制組織と自律的組織におけるコミュニケーション・コストを見積もれば，自律的組織は官僚制組織に比してはるかに高いコストを見積もらねばならなくなるからである。

　その場合，企業は組織成員により多くの自律性を提供しつつ，同時に高度な制御も求める「自己制御システム」を構築することが求められる。また，そこには自律性と制御の結合についてのジレンマがあるため，たやすくマネジメントをすることはできないという問題にも直面する。そこで，企業経営の現場では，組織成員が有する個人的能力の総体とも言える組織能力を引き出す上位制御システム[2]，すなわちトップ・マネジメントが組織成員自らで自律性の発揮と制御を両立できるようなマネジメント・システムを構築することができる。このようにして，高寺（1989）は，官僚制組織と自律的組織における双方の特徴を組み入れたマネジメントに対するアプローチを「共同制御システム」として設計することで「高い不確実性と相互依存的な課業」（高寺, 1989: 11）に見合う機能が得られる可能性があると示唆している。

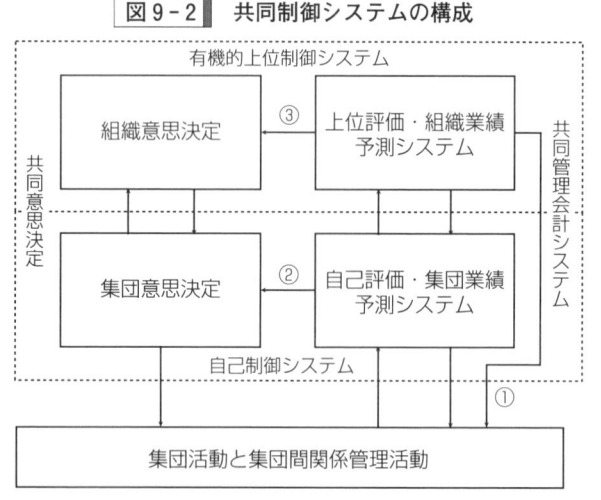

図 9 - 2 共同制御システムの構成

①自己反省支援情報 ②集団学習支援情報 ③構想力喚起情報

（出所）高寺 , 1989: 10 表Ⅲ より筆者作成

　図 9 - 2 は「共同制御システム」の構造を示したものである。高寺（1989）によれば，この「共同制御システム」には「共同管理会計システム」が内包されていなくてはならないという。そして，「共同管理会計システム」には，組織成員レベルにおいて過去の業績評価よりも未来の業績予測に重点を置く未来志向の「自己評価・集団業績予測システム」と，組織成員自らが内省することを通じて職務の業績改善に通じる可能性を経営者によりサポートする「上位評価・組織業績予測システム」が内包されていることが必要だという（高寺, 1989: 11-12）。つまり，「共同管理会計システム」は，フィードバックとフィードフォワードを組み入れた情報機構である。

　そうした共同管理会計システムには組織活動に先立って経営者と組織成員による意味と知識の共有を支援する「自己反省支援情報」を提供することが期待されているだけでなく，経営者と組織成員がともに意思決定に関わる共同意思決定に先立ってなんらかの情報を提供することが期待されているという。具体的には，組織成員個人の業績評価，自身の仕事に関連する財務指標や関連情報が含まれる。その情報によって組織成員個人は自らの業務効率や目標達成度を評価し，必要な場合は改善策を考えることができるようになると考えられる。

すなわち，予算を基礎として組織成員個人の目標を設定する目標管理制度を導入して，個人が設定する目標，果たすべき役割を可視化するということが相当するだろう。

これに加えて，共同管理会計システムに属する「自己評価・集団業績予測システム」には，集団意思決定に「集団学習支援情報」を提供することが期待されている。「集団学習支援情報」とは，集団やチームにとって共同の目標達成や問題解決に向けた協力的な学習を促進する会計情報を指す。たとえば，プロジェクトのコスト効率，組織全体の財務成果などが含まれる。組織成員はこの情報を分析し，協力して業務プロセスを改善したり，新しい戦略を構築したりすることができると考えられる。こうした情報を通じて，経営者と組織成員は不確実性のもとで状況に対処できるようになる。

しかし，経営者と組織成員の連携に基礎を置く組織体では行動目標の不確実性が高いばかりでなく，経営者と組織成員が連携して行動する行動プロセスの不確実性も高い状況にある。よって，「上位評価・組織業績予測システム」は組織意思決定のために経営者に対して「構想力喚起情報」を適時・的確に提供することが期待されている。この情報は，経営者あるいは組織成員に対して創造的思考を促進し，新しいアイデアや戦略を考案するのに役立つ会計情報を指す。これには，市場動向，財務分析，業界のイノベーションに関するデータなどが含まれる。この情報を活用することで，組織は新しい機会を特定し，競争上の優位性を築くための戦略を開発することができると考えられる。

このことから，管理会計システム（あるいはMCS）は，組織の行動パターンを形成・調整する情報基盤のシステムであり，コントロールを通じて戦略的不確実性に対応するため，創造性と組織学習を促進する重要な機能を果たしていると言える。つまり，ここまでの議論が欧米の先行研究の指摘する論点とそう遠くはないことがわかる。とりわけ管理会計情報，ここでいう共同管理会計システムにより提供される「自己反省支援情報」，「集団学習支援情報」，「構想力喚起情報」とは，過去・現在・未来という止まることのない時間という軸に対して，組織内外で発生する不確実性に対応するために，組織階層（経営者と組織成員）に応じた適切な情報を提供する意味を示唆している。

そのような状況下における「共同管理会計システムの開発は，高度に不確実

な革新に立ち向かって，自己設計（self-design）が組織内部で遂行される過程」（高寺, 1989: 13）として進められることになる。

そして，共同管理会計システムは，経営者と組織成員とで行われる共同行動の目標やプロセスの不確実性が高い状況においても，それぞれの直観的意思決定やインスピレーションに基づく意思決定をサポートするために設計されている。しかし，このような管理会計システムの導入は，実行プロセスを計画に落とし込んだり，標準化しにくい高度な不確実性に直面することから，組織としての実行方法を学習するために多くの問題解決と実験を繰り返す必要がある。すなわち，組織学習を行うことが求められる。こうして仮説検証を繰り返してシステムを構築する「自己設計プロセス」が必要なため，共同管理会計システムには相互信頼，協調，共同学習を促進する経営者と組織成員との間の関係形成を必要とする。

これを現代的に解釈すれば，高い不確実性下において「構想力喚起情報」を通じて経営者（創業者あるいは事業承継者）の持つアントレプレナーシップ（企業家精神，Entrepreneurship）を喚起し，その思考プロセスや意思決定に影響を及ぼすと同時に，そのもとに構築される戦略や計画に沿う，時には高い戦略的不確実性下で戦略や計画が形成できない状況下においても，組織成員の目的・目標達成に向けた自律的活動をもたらす「集団学習支援情報」を通じて機能するシステムとしてMCSや管理会計システムを理解できるのかもしれない。ただし，そうしたシステムがいかに「自己設計（self-design）」されていくのかについては，まだ検討の余地がある。

5 ◆ 管理会計システムが扱う問題空間とリスク・不確実性

高寺（1989）は，経営管理における共同制御システムの必要性を強調しており，これは組織成員の自律性と上位制御を統合することで，不確実性に対処し，組織の学習と創造性を促進するための情報システムとして機能することを示唆している。そこには，共同管理会計システムの「自己設計プロセス」による相互信頼，協調，共同学習を促進する経営者と組織成員との間の関係形成が必要だという。そして，管理会計システムは自律性と制御の結合についてのジレン

マがある中でも，そのバランスを取りつつ，組織状況に適合的に構築されると考えるのが良いであろう。

　さらに，共同管理会計システムから経営者に対して「構想力喚起情報」と組織成員に対して「集団学習支援情報」が提供されるが，これらは未来志向的なフィードフォワード的な情報であり，経営者や組織成員に対して創造的思考を促進し，新しいアイデアや戦略を考案するのに役立つ会計情報である。また，リスクと不確実性に向き合う経営者と組織成員が連携して事業が進める中で，経営者の構想力と組織成員の状況に対応する学習が喚起される会計情報である。

図9-3　管理会計情報が対応する問題空間

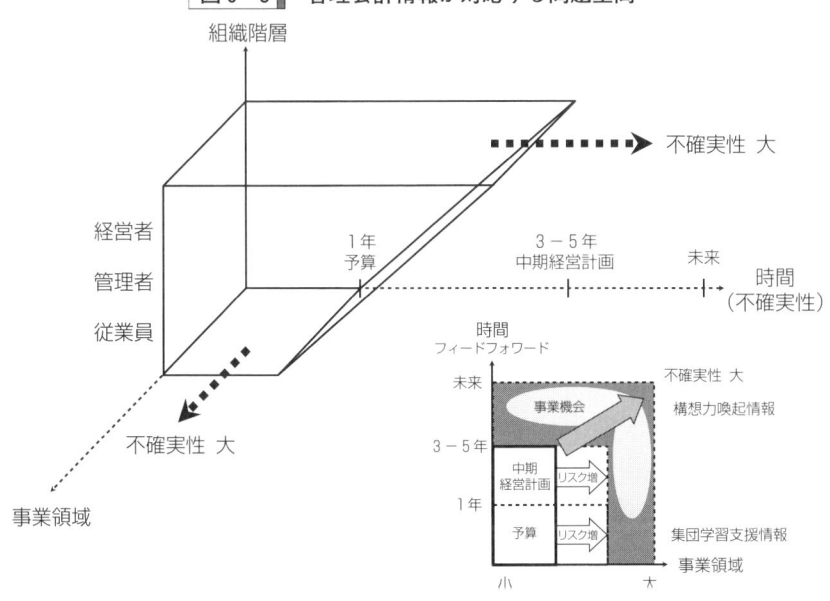

（出所）筆者作成

　ここで図9-3を用いて，さらに検討を加えていこう。図9-3は管理会計情報が対応する問題空間を示したものである。管理会計情報は3つの軸の問題を捉えようとする。すなわち，時間，事業領域，組織階層である。時間とは，経営理念やミッション，ビジョンなどによってありたい姿を表現する「未来」から，3～5年の中期経営計画，1年を基準とする予算のように，一定の時間軸をもって期限を区切り，その実現可能性を担保するために使用する尺度である。

事業領域は，既存の事業領域を遂行するのみならず，新たな事業機会を捉えて新規事業に進出するなどして拡張（あるいは撤退を通じて縮小）することがある。一般に，階層型組織を前提とした場合，戦略や計画策定の中核になるのは経営者や管理者であり，彼・彼女たちは1会計期間で区切られる予算のみならず，そこから先の未来を計画という形で見通す。これに対して，組織階層の下位にある組織成員は予算に関連づけられた目標を達成することに動機づけられ，長くても1年を目標として提示される[3]。こうして構成される空間を取り扱うのがMCSや管理会計システムであり，数量で表現したものが管理会計情報である。これが，時間，事業領域，組織階層の3軸で大きくなったり，小さくなったりする。

　ここで，経営者が直面する不確実性を時間と事業領域の2軸で考えてみよう。図9-3の右下の図である。これは縦軸に時間を示し，横軸に事業領域を示している。既存の事業領域をベースに1会計期間の目標に対してフィードフォワードする管理会計情報が予算，（企業によって年数は異なるが）概ね3年から5年程度の目標を達成するように組織成員をフィードフォワードする管理会計情報が中期経営計画である。ここで事業領域を拡大すると，新たな市場に進出することに伴う不確実性が増大する。この戦略的不確実性とは「現行の事業戦略に対して脅威を与えたり，弱体化させる恐れがある不確実性および不測である」（Simons, 1995; 訳書180）と定義され，現行戦略の前提に対して脅威を与えたり，それを弱める可能性のある，既知および未知の不確実性を経営者や管理者が認知することで発生する（傍点は筆者による）。すなわち，Simons（1995）における不確実性は既知のものと未知のものが含まれている。この不確実性をKnight（1921）[4]が示したように既知の「リスク」と計測不可能な「不確実性」に分類すると，予算や中期経営計画などによって望ましい（達成目標としての）未来を織り込んで策定された管理会計情報は，すでに一定程度予測可能な情報に基づいて作成されたKnight（1921）的に言うところの既知の「リスク」への対応だと言える。そして，経営者，これに組織成員を動機づけることにより，組織目標を実現しようとマネジメントをしている。

　一方で，企業家的な経営者が機会[5]を見出して超長期にある「ありたい未来」を構築しようと事業を構想しようとする場合，経営者が直面する不確実性は

Knight（1921）的「不確実性」である。こうした将来状況の計測が困難な状況においてどのような意思決定を行うのだろうか。そもそも、組織成員は「不確実性」が高い状況下で経営者に見えている事業機会に理解を示すとはどういう状況なのだろうか。そのために適切な情報はどのような性格を持つものなのであろうか。何にフィードフォワードすることができるのだろうか。ただし、Knight（1921）はこの種類の「不確実性」に対応することこそが企業家が利潤を手にすることができる源泉だと述べている。このとき、いかにして経営者は「ありたい未来」を構想するのであろうか。

　やや乱暴な整理になるかもしれないが、これをここまでの議論と重ね合わせて検討するとすれば、識別可能な「リスク」に対応するため、集団やチームにとって共同の目標達成や問題解決に向けた協力的な学習を促進する会計情報、すなわち「集団学習支援情報」をもってフィードフォワードする会計情報は、これまでのMCSや管理会計システムに関する議論に沿うものであろう。一方、経営者の将来構想力が喚起される会計情報、すなわち「構想力喚起情報」とはいかなるものであろうか。MCSや管理会計情報を用いて経営者が組織成員をフィードフォワード・コントロールするためでなく、経営者が「ありたい未来」を構築するために経営者自らの意思をフィードフォワードする情報と言えるかもしれない。そして、それは高寺（1989）によれば、経営者や組織成員に対して創造的思考を促進し、新しいアイデアや戦略を考案するのに役立つ情報となる。そこで、以下では熟達した企業家（Entrepreneur）の活動様式を説明した理論であるSarasbathy（2008）による一連の議論を参考に検討を進める。

　Sarasbathy（2008）は、企業家の活動様式をCausationとEffectuationという2つに分類している。Causationとは、未来が予想可能で、目的が明確で、環境が行為から独立している場合に有効である一方で、Effectuationとは未来が予測不能で、目的が不明瞭で、環境が人間の行為によって変化する場合に有効であるとしている。特に熟達した企業家は状況に柔軟に対応しながら、手元にある経営資源を活用しながらリスクと不確実性に対応し、事業を紡ぎ出すように生み出していくのだとしている。ここに飛田（2021）で示した「『経営者自身の思考』と『現実』のギャップ」を埋めるアプローチとして、「コントロール可能な資源を超越して機会を追求すること」（Stevenson, 1983）としてのアン

トレプレナーシップに着目し，Knight（1921）的リスクと不確実性に対して
いかなる情報を必要とするかについてさらなる検討を進めていこう。

6 ◆ 高不確実性下における経営管理システム・管理会計システムのデザイン

Sarasbathy（2008）は，熟達した企業家が行う活動様式としてのEffectua-
tionの問題空間を構成する要素を3つあげている。

第1は，経済学者Knightが提示した「不確実性」であり，未来の結果に対
して確率を計算することは不可能であること。第2は，「目的の曖昧性」であ
り，選好はまったく与えられていないか，順序だっていないかのどちらかであ
ること。最後に「等方性」であり，どのような環境の要素に注目すべきか，何
を無視すべきかが不明瞭であるという点である。そして，熟達した企業家の認
知プロセスが，伝統的な意味における合理性でも，合理的行為の派生形でもな
い，Effectuationの問題空間で活動する方法に存在する可能性があることを示
した。さらに，Effectuationは予測不可能な未来において目標が不明確であり
ながら，人間の活動によって環境が変化する可能性がある場合に有効である。
こうして彼女が丹念な調査により導き出した熟達した企業家による行動の法則
性は，市場が「発見されるもの」ではなく，「紡ぎ出されるもの」であるとい
うものであった。

すなわち，不確実性が高い状況下で優れた企業家が頼りにするのは自らの身
近にある資源であり，その限られた資源を活用して機会を捉える活動を行うと
いうことである。言い換えれば，限定合理的な状況下で，活動を積極的に仕掛
けるために自らの持てる資源を把握し，どのような成果を紡ぎ出すことが可能
であるかを考えて行動するということである。では，そうした情報を得るため
に，企業内部でどのような情報機構を整えることが求められるのであろうか。
システムを経営者と組織成員との間で創発的に創り出すことは可能かもしれな
いが，新規事業領域への進出に代表されるように，不確実性が高い状況下で市
場を紡ぎ出して形にするまでのプロセスをどのように構築すればよいのだろう
か。

　ここでSarasbathy（2008）がEffectuationを「『デザイン』の論理であり，『選択』の論理ではない」（Sarasbathy, 2008; 訳書94）と述べていることにヒントがあるかもしれない。すなわち，Causationは選択の問題であり，Effectuationはデザインの問題であるとSarasbathy（2008）は指摘する。さらに言えば，Causationは「特定の結果を生み出すために，選択肢の中から手段を選ぶこと」であるのに対し，Effectuationは「特定の手段を使って，可能な結果をデザインすること」だと言う（Sarasbathy, 2008; 訳書96）。では，Effectuationがデザインであるとはどのような意味であろうか。それは，予測に基づく従来の戦略的計画とは異なるアプローチとして，制約の中で創造的な解決策を見出すことを重視するという特徴の中に見出される。

　Simon（1996）のデザイン原則を用いて，Sarasbathy（2008）は「非予測的コントロール」（Non-predictive Control）と「準分解可能性」（Near-decomposability）の2つの原則がEffectuationの論理では重要だと述べている。

　非予測的コントロールとは「未来が，不確実，不可知，予測不可能であったとしても，われわれが望む人工物はデザインすることが可能である」（Sarasbathy, 2008; 訳書204）という考え方である。一方，準分解可能性とは，「階層的システムにおいて，そのシステムを下位システムに分解可能であること，そして下位システムの相互作用と下位システム内部の相互作用を区別できることを意味して」（Simon, 1996; 訳書235）いる。

　すなわち，優れた企業家は，未来が，不確実，不可知，予測不可能な状況に対応するためにシステムを構築するアイデアとして，下位システムをモジュール的に考え，利用可能な資源をさまざまな方法で組み合わせ，新たな機会を創出して事業を進化させる。また，経営資源をモジュラーな方法で活用し，変化する市場の要求や状況に柔軟に対応できるようにしている。さまざまな利害関係者との関係はそれぞれ独立した取引や相互作用として処理しながら全体のネットワークを構築していくことで，目的達成のためにシステムとして機能させている。

　しかし，デザイナーは限定合理性に直面しているから，通常デザイナーが創り出した人工物は局所対応になってしまい，技術的変化，環境を変化させるような偶発的な出来事に十分に対応できるとは限らない。そのため，システム構

築に非予測的コントロールと準分解可能性を取り入れることで，未来が不確実，不可知，予測不可能であったとしても，内部環境の制約が要請する局所性の利用と，外部環境の複雑性の変化が要請する偶発性の双方に長けたシステムが構築できるという。さらには，局所性と偶発性を活かすために，各部分の独立性を活用することで全体と部分の調整を図るとともに，限りある手段を用いて望ましい結果を導けるようにすることが肝要であるとSarasbathy（2008）は述べている。

　ここまでの議論をもとにリスク・不確実性とMCS・管理会計をデザインするポイントをまとめると表9－1のようになるであろう。

表9－1　　リスク・不確実性とMCS・管理会計をデザインするポイント

Knightによる区分	リスク （予測可能性高）	不確実性 （予測可能性低）
活動様式	Causation	Effectuation
対応する問題	決定の問題	設計の問題
状　　況	未来が予想可能／目的が明確 環境が行為から独立している	未来が予測不能／目的が不明瞭 環境が人間の行為によって 変化する
情報の収集目的	情報量のギャップを埋める 適切な意思決定を行う	保有している経営資源を認識する 実行可能な手段を認識・判断する
MCS・管理会計を デザインする ポイント	最適な戦略・計画を策定し， 資源配分を行い，成果を導く ための情報システム構築	未来の方向性を紡ぎ出すための 情報システムの構築

（出所）筆者作成

　会計情報はEffectuationの枠組みの中で重要な役割を果たす。それは，会計情報は企業が現在保有している資源の状況を理解し，それをどのように最適に活用できるかを判断するために不可欠だからである。たとえば，会計情報は企業が直面している財務的な制約を明確にし，その中で最も効果的な投資や事業展開の選択を行うための基盤となる。また，会計情報は事業機会の発見と評価においても重要である。市場動向や需要に対応するための新たなプロジェクトや製品開発に投資する際，企業は利益予測やコスト分析を行うことで，機会が実現可能かを評価する。このプロセスを通じて，企業は有限の資源を効果的に活用し，リスクを最小限に抑えながら新たな事業機会を捉えることができる。

このとき，Effectual（状況適合的）なMCSの設計にSimon（1996）のデザイン原則にある「非予測的なコントロール」と「準分解可能性」を考慮することで，企業家は高い不確実性の状況下でも望まれる結果を創出できる可能性がある。

　すなわち，将来が予測不能で，目的が不明瞭で，環境が人間の行為によって変化する場合に有効であるEffectuationから得られるインプリケーションをMCSのデザインに採用することで，フィードフォワード・コントロールに柔軟性を組み入れることができる。このようなシステムでは，環境の予測不可能性を認識しながら，経営者を中心に組織成員と共同して反復的かつ状況変化に適応可能な意思決定が行われる。これは，あらかじめ定められた結果を達成するための手段を選択する因果関係とは対照的である。

　加えて，経営者が直面する状況に適合的なシステムがモジュール性を持って設計されることで，組織（部門）を半独立的に運営できるようになり，予期しない変化に対して脆弱になりがちな複雑さと相互依存性を減らすことができる。また，モジュール性は，新しい情報が入手可能になると必要となる経営資源と目標の迅速な再構成を可能にし，事業機会の獲得や事業領域の拡大に寄与する可能性がある。そこに，戦略的なパートナーシップなどの多様な利害関係者のネットワークを育成することにより，MCSを通じてより広く，多くの手段へのアクセスを可能にする。これにより，状況適合的に設定された新たな目標と目的に適応させることでMCSの目的の再定義を可能にする。このアプローチには，あらかじめ定められたプロセスを厳守するだけではなく，結果に基づいて学習し進化する連続的なフィードバック・ループも含まれる。

　つまり，高い不確実性のもとで，Effectuationに関連づけられるMCSは，資源管理，リスクの評価，そして新しいビジネスチャンスの創出において中心的な役割を果たす。そして，事業環境の予測不可能な性質を活かして変化に適応し，それに順応するために有機的で柔軟，かつ回復力のあるしなやかな構造を持つことが期待される。その中で会計情報を適切に活用することによって，経営者は不確実性の高い環境の中でも，持続可能で成功を収める戦略を策定し実行することが可能になる。そのようなMCSは未来を予測しようとはせず，手元にある資源を有効に活用して創造的な考え方を選択し，新たな方向性を紡ぎ出すことを目的にデザインされるのではないかと考える。

7 ◆ おわりに

　MCSや管理会計システムの進化は，環境への適応の結果として経営者自身の思考や認識のアップデートを伴いながら進む可能性がある。このように，MCSは事業や日常的な活動そのものの短期的な修正だけでなく，中長期的な企業の存続可能性，企業経営者の思考に影響を与える可能性があり得る。本章では，MCSのデザインを考察する中で，経営者が直面する不確実性という課題を克服し，「ありたい未来」を実現するためのプロセスとしてEffectuationのフレームワークを採用した。Effectuationは，経営者が現実を起点にして，利用可能なリソースを活用し，自身の強みを最大限に生かしながら，未来を形作る手法である。このアプローチをMCSのデザインに組み入れることで，経営者は不確実な環境下でも柔軟かつ創造的な意思決定を行い，企業の成長と進化を促進することができると考える。

　経営者と組織成員が共同でMCSをデザインする過程では，Effectuationの原則を適用することで，未来に対する経営者のビジョンと現実のマネジメントとのギャップを効果的に縮小できる。共同管理会計システムを通じて提供される「集団学習支援情報」は，組織成員が持つ多様な見解と経営者の意思決定を一致させ，経営者が望む未来への道筋を描くことができる。また，「構想力喚起情報」を活用することで，組織全体が不確実な環境に対して柔軟な対応策を練り，創造的な解決策を模索することができる。

　本章では，Effectuationに基づくMCSのデザインが経営者のアントレプレナーシップを喚起し，組織全体の目標達成に向けた新たなパラダイムを生み出す可能性を提示した。経営者の「ありたい未来」を実現するためには，組織成員との共創関係を構築し，MCSを通じて組織全体が共有するビジョンを定義することが不可欠である。この共創プロセスは，組織の一貫した認識を強化し，未来への対応策を促進することで，不確実性を乗り越えるための重要なステップとなる。また，従来型のMCSを通じて意思決定を行うことと合わせて，実行可能な手段を認識，判断し，未来の方向性を紡ぎ出すための情報システムをいかに設計するか，これが「経営者自身の思考」と「現実」のギャップを埋め

るMCSのデザインになり得るかもしれない。

　今後の研究では，Effectuationに基づくMCSの設計と実践が，経営者のアントレプレナーシップをどのように喚起し，企業の未来をどのように形作るかをさらに探求することが求められる。階層型組織と自律的組織の特徴を持つ中小企業やスタートアップ企業における試論的フレームワークの検証，および理論の精緻化を通じて，不確実性の高い事業環境において経営者と組織成員がどのように共創関係を築き，組織目標を達成するためにMCSをデザインし活用するかを理解するうえで重要なステップとなるであろう。いずれも今後の研究課題である。

●注
　1　本章におけるデザインとは，「与えられた環境で目的を達成するために，さまざまな制約下で，利用可能な要素を組み合わせて，要求を満足する対象物の仕様を生み出すこと」(Ralph and Wand, 2009: 108) と定義しておく。
　2　高寺 (1989) はこれを「有機的」上位制御システムと述べているが，現代的な解釈を加えるとすれば，「組織能力を引き出す」という表現のような意図を持ったコントロール・システムを指すと考えている。
　3　もちろん実務においては，目標管理制度を導入し，その目標設定を中期経営計画と連動して行う企業もある。ここでは教科書的な理解を基礎に議論を進めることとする。
　4　Knight (1921) は，以下のような例を用いてリスクと不確実性を定義した。それは，①すでにある状況が一定の確率で起きることが明らかな場合，②当初は確率が不明でも，学習を繰り返すことにより成功確率が明らかになる場合，そして③事前も事後もその確率が明らかにならない場合の3つの状況に対していかに対応可能かということである。①のような状況が設定できれば望ましいが，ビジネスを行ううえではなかなかそのような状況にめぐり会うことはない。②の状況は繰り返し学習を行うことにより成功確率を上げることが可能であり，追加的な情報を収集したり，分析することで不確実性に対応可能である。しかし，③のような状況，すなわち計測不可能な状況において，どのようにして意思決定を行うことが適切であろうか。Knight (1921) は，①や②のように，試行を繰り返したり，経験によって予測可能な状況を「リスク」と呼び，③のように計測不可能なリスクを「不確実性」と呼んだ。そして，この③の種類の「不確実性」への対応こそが企業家が利潤を手にすることができる源泉だと述べている。
　5　Shane and Venkataraman (2000) によれば，魅力的な「機会」とは「良いタイミング」と重要な問題に対処するための「現実的な解決策」の組み合わせであると述べており，成功や進歩の可能性を秘めた有利な状況を指す。

◆参考文献

Ahrens, T., & Chapman, C. S. (2004). Accounting for flexibility and efficiency: A field study of management control systems in a restaurant chain. *Contemporary accounting research, 21*(2)，271-301.

Argyris, C.（1964）．*Integrating the Individual and the Organization*, New York: John Wiley & Sons.（三隅二不二・黒川正流訳（1969）．『新しい管理社会の探求』産業能率短期大学出版部）．

Burns, T., & Stalker, G. M.（1961）．Mechanistic and organic systems. *Classics of organizational theory*, 209-214.

Chenhall, R. H.（2003）．Management control systems design within its organizational context: Findings from contingency-based research and directions for the future. *Accounting, Organizations and Society, 28*(2-3)，127-168.

Chenhall, R. H.（2006）．Theorizing contingencies in management control systems research. In C. S. Chapman, A.G. Hopwood, & M. D. Shields（Eds.），*Handbooks of management accounting research, 1* 163-205.

Dávila, T.（2000）．An empirical study on the drivers of management control systems' design in new product development. *Accounting, Organizations and Society, 25*(4-5): 383-409.

Ferreira, A., & Otley, D.（2009）．The design and use of performance management systems: An extended framework for analysis. *Management accounting research, 20*(4)，263-282.

Galbraith, J. R.（1973）．*Designing Complex Organizations*, Addison-Wesley, Reading, Mass.（梅津祐良訳（1980）．『横断組織の設計 -マトリックス組織の調整機能と効果的運用』ダイヤモンド社）．

Henri, J. F.（2006）．Organizational culture and performance measurement systems. *Accounting, Organizations and Society, 31*(1)，77-103.

Knight, F. H.（1921）．*Risk, Uncertainty and Profit*, Houghton Mifflin Company.（桂木隆夫・佐藤方宣・太子堂正称訳（2021）．『リスク，不確実性，利潤』筑摩書房）．

Malmi, T., & Brown, D. A.（2008）．Management control systems as a package: Opportunities, challenges and research directions. *Management Accounting Research, 19*(4)，287-300.

McGregor, D.（1960）．Theory X and Theory Y. *Organization Theory, 358*, 5.

Merchant, K. A., & Van der Stede, W. A.（2017）．*Management Control Systems: Performance Measurement, Evaluation and Incentives*, 5th edition, Prentice Hall.

Nonaka, I., & Takeuchi, H.（1995）．*The Knowledge-Creating Company: How Japanese Companies Create the Dynamics of Innovation*, Oxford University Press.（梅本勝博訳（2022）．『[新装版] 知識創造企業』東洋経済新報社）．

Norman, D.（2013）．*The Design of Everyday Things*, Revised and Expanded Edition, Basic Books Inc.（岡本明・安村通晃・伊賀聡一郎・野島久雄訳（2015）．『誰のための デザイン？認知科学者のデザイン原論（増補・改訂版）』新曜社）．

Norman, D.（2023）．*Design For A Better World: Meaningful, Sustainable, Humanity Centered*, The MIT Press.（岡本 明・伊賀聡一郎・安村通晃訳（2023）．『より良い世界のためのデザイン：意味，持続可能性，人間性中心』新曜社.

Ralph, P., & Wand, Y.（2009）．A Proposal for a Formal Definition of the Design Concept, In K. Lyytinen, P. Loucopoulos, J. Mylopoulos and B. Robinson（Eds.），*Design Require-*

ments Engineering: A Ten-Year Perspective, 14, 103–136. Springer.

Sarasvathy, S. D.（2008）. *Effectuation: Elements of Entrepreneurial Expertise,* Edward Elgar Publishing.（加護野忠男監訳（2015）.『エフェクチュエーション　市場創造の実効理論』中央経済社）.

Shane, S., & Venkataraman, S.（2000）. The promise of entrepreneurship as a field of research." *Academy of management review, 25*(1), 217-226.

Simon, H. A.（1996）. *The Sciences of the Artificial* Third Edition, MIT Press.（稲葉元吉・吉原英樹訳（1999）.『システムの科学 第3版』パーソナルメディア）.

Simons, R.（1995）. *Levers of control.* Harvard Business School Press.（中村元一・黒田哲彦・浦島史恵訳（1998）.『ハーバード流「21世紀経営」4つのコントロール・レバー』産能大学出版部）.

Simons, R., & Dávila, A.（2021）. How top managers use the entrepreneurial gap to drive strategic change. *European Accounting Review, 30*(4), 583-609.

Stevenson, H.（1983）. *A perspective on entrepreneurship*（Vol. 13）. Cambridge, MA: Harvard Business School.

Widener, S. K.（2006）. Associations between strategic resource importance and performance measure use: The impact on firm performance. *Management Accounting Research, 17*(4), 433-457.

Williamson, O. E.（1975）. *Markets and Hierarchies: Analysis and Antitrust Implicaiions, A Study in the Economics of Internal Organization,* Free Press.（浅沼萬里・岩崎晃一訳（1980）.『市場と企業組織』日本評論社）.

伊丹敬之・加護野忠男（2022）.『ゼミナール経営学入門 新装版』日本経済新聞社.

上總康行（2017）.『管理会計論 第2版』新世社.

高寺貞男（1989）.「共同管理会計の組織的正統性」『経済論叢』143(1), 1-18.

飛田努（2021）.『経営管理システムをデザインする 中小企業における管理会計実践の分析』中央経済社.

廣本敏郎編（2009）.『自律的組織の経営システム－日本的経営の叡智』森山書店.

丸田起大（2005）.『フィードフォワード・コントロールと管理会計』同文舘出版.

第10章

優良中小企業の利益責任会計
－株式会社TOKOの調査から－

1 ◆ はじめに

　すべての企業にとって経営資源をいかに有効に配分し経営を行うかは企業の生存をかける重要事項である。なかでも中小企業はヒト・モノ・カネすべての経営資源の制約が強く，既存研究においても，中小企業の管理会計は大企業の管理会計とは違う，もしくは不十分なものとして議論が展開されることが多い。管理機能に経営資源を十分配分できる大企業と同じ管理会計を展開することが困難なことは想像に難くない。

　しかし，中小企業と言っても規模もさまざまであり，すばらしい業績をあげている企業も多い。そして，生存競争に勝っているならば，なにかしら強みを有しているはずである。中には，その「制約」を突破する管理会計を展開している企業が存在するのではないか。逆に，大企業では実現できない，中小企業だから可能な管理会計を展開している企業があるのではないだろうか。

　そのような問題意識を持ちながらも，まずは中小企業における管理会計の実態を明らかにすることを目標として，地域を代表する優良中小企業である株式会社TOKO（以下TOKOと略記する）に調査を依頼した。調査をすすめるに従い，特徴的な組織管理や製品戦略などと組み合わせた全社的利益責任会計を展開していることが確認できた。そして，中小企業の「制約」を乗り越え，逆に利用することで大きな効果を達成していることも明らかにできた。本章ではTOKOでの取組みを明らかにするとともに，利益責任会計を有効に機能させている仕組みについて検討を行う。

2◆　日本の中小企業の管理会計に関する先行研究

　日本国内における中小企業を対象とした管理会計研究は「近年になって，多数の研究結果となって表れ始めて」（飛田, 2021: 32-33）おり，「特に2000年代後半からの研究成果は増え」，「ここ数年多様な研究が行われている」（ibid.）とされる。牧野（2020）は日本の中小企業の管理会計研究についてシステマティック・レビューを実施し，日本における中小企業を対象とした管理会計研究が非常に少ないこと，中小企業における管理会計の採用に影響する要因についての研究は進展しているが，ケース・スタディによって得られた知見の一般化可能性については十分検証されていないこと，管理会計システムを採用することによって中小企業はさまざまなアウトカムを得ていることを示している。

　近年の中小企業研究では，水野（2019）は，中小企業に対するインタビュー調査やアンケート調査を行い，中小企業における管理会計の現状と課題を，歴史的・理論的・実証的観点から明らかにしている。飛田（2021）はマネジメント・コントロール・システム（Management Control System, 以下MCSと略記する）のデザインという観点から中小企業に対するサーベイ調査とインタビュー調査を行い，中小企業におけるMCSや管理会計システムの全体的傾向とMCSと動機づけとの関係性を明らかにし，経営者の判断基準，組織成員への報告，システムに関する経営者から組織成員への説明と組織成員の理解が中小企業の管理会計実践の特徴であることを明らかにしている。

　中小企業の管理会計の問題として，経営資源，予算管理などの月次・四半期の短いサイクルでの業績管理体制，正確な売上高・仕入高・売上原価の管理，部門別業績管理が不十分であり，概して優れた管理会計システムを構築していないのが実情（本橋, 2015）とされる。たとえば，澤邉・飛田（2009）は，上場企業と中小企業の近似として説明される非上場企業を対象とした郵送調査により，明文化された経営理念や中期経営計画，予算，目標管理制度の有無について調査を行い，これらをほぼすべての大企業が採用しているのに対して，中小企業は4割から7割程度の採用にとどまることを明らかにし，中小企業にとって有用なMCSについて検証している。足立（2017）は，中小企業の予算管理

について，経営資源の不足から予算達成に必要な行動をとり切れない場合があることを指摘し，それを「現場サポート」によって補完していることを明らかにしている。

今回調査を行ったTOKOでは，明文化された経営理念や中期経営計画，予算，目標管理制度といったMCSを採用していた。また，MCSを「補完」する仕組みも観察することができた。さらに，全社的に利益責任会計が展開されており，ミニ・プロフィットセンター制度が展開されていた。ミニ・プロフィットセンターとしては，「代表的な事例として，最も広く認知され，他社への導入が進んでいる京セラの『アメーバ経営』と住友電工の『ラインカンパニー制』」(伊藤, 2012: 175) があげられる。アメーバ経営は京セラコミュニケーションシステム (KCCS) がアメーバ経営のコンサルティング事業を行っていることなどもあり導入する企業も多い。KCCSが「1989年4月の事業開始から2002年9月までにコンサルティングを受けた218社のうち，129社が従業員数200名未満の企業であった」(三矢, 2003: 150) とあるように中小企業にもアメーバ経営，つまりミニ・プロフィットセンター制度は導入されている。システック (三矢, 2003) やアクテック (三矢, 2010; 三矢ほか, 2020)，カズマ (上總, 2012; 丸田, 2013, 2014, 2016; 潮, 2016; 丸田ほか, 2017)，西精工 (渡辺, 2014) など，中小企業のアメーバ経営に対する研究も蓄積されている。

しかし，アメーバ経営の導入には負担や問題が生じる。窪田ほか (2015) は，アメーバ経営は「データに基づいてPDCAサイクルを徹底する」ため，アメーバ経営の導入によって「PDCAにまつわるデータ整備や業績検討のための会議が負担とな」ること，アメーバ経営を継続している企業と中止した企業とでは，帳票手間の負担と利己振舞の問題について有意な差がみられることを指摘している。

アメーバ経営を導入する場合，「本家・京セラのアメーバ経営を標榜するのであれば，広義のアメーバ経営をすべて導入することが望ましい。『フルセット導入』である」(上總, 2021) とされる。アメーバ経営の実施には，「必ずしもすべてのコンポーネントが採用されているわけではな」(窪田ほか, 2016) いが，「アメーバ経営の個別コンポーネントのうち，9割以上の企業がPDCAサイクルに関わるもの (時間当り採算，予定，マスタープランなど) を採用して」

（ibid.）いる。アメーバ経営に必要なデータ整備のために人員や業務を割り当てたり，製造現場の従業員に会議の準備・参加といった生産以外の業務を求めたりすることは，経営資源に余裕のない中小企業にとって非常に高いハードルとなるだろう。

　今回，中小企業でありながら，全社的にミニ・プロフィットセンター制を導入し，利益責任会計を展開している中小企業に対して聞き取り調査を行うことができた。まずは，これらの導入の背景や事業戦略，会計制度の分析を行うことで，いかに会計管理が展開されているかを明らかにしていきたい。また，中小企業だから可能な仕組み，中小企業でも可能にしている仕組みを明らかにし，利益責任会計について検討を行いたい。

3 ◆ 株式会社TOKOにおける管理会計

3.1　調査の概要

　本研究はTOKOの全面的な協力のもと半構造化インタビューを中心に調査を行った。本調査は特定の研究課題を前提として開始していない。TOKOに対する本格的な調査は，成功事例だけではなく，失敗事例を含めた事業内容について佐々木社長からお話をうかがうことが出発点であった。まずは全社的な取組みや近年の取組みについて聞き取りを行った。それをベースに大まかなテーマごとにインタビューを繰り返し，不明点について何度も聞き取りを重ねていった。これにより，TOKOではさまざまな取組みが展開されていることを認識することができた。

3.2　沿革と概要

　株式会社TOKO（2020年東工シャッター株式会社より社名変更）はアルミニウム合金の押出材料を使ったビル・住宅・エクステリア向け建材商品メーカーで，開発から設計・製造・販売まで事業を展開している。1957年に設立し，資本金は9,800万円，従業員数は190名（2022年12月現在），売上高は38億円，経常利益は2.5億円（2021年度）で，折れ戸業界のシェア１位である。

表10-1　聞き取り調査・企業見学の概要

日　　時	担　　当	時　　間		内　　容
2019.01.29	佐々木知也社長ほか	2時間	企業見学	概要説明，工場見学，ショールーム見学
2019.03.26	佐々木知也社長，中川和彦総務部長，川原和夫EXウィンド事業部副部長，橋本正樹総務部グループマネージャー	2時間半	聞き取り調査	会社概要，事業内容の聞き取り，工場見学
2023.02.10	佐々木知也社長	2時間	聞き取り調査	事業戦略
2023.03.08	佐々木紘専務取締役，恩地秀和革新グループグループマネージャー	2時間半	聞き取り調査	経営・業績状況，DX化の取組み，生産工程の改善
2023.04.20	佐々木紘専務取締役，森松巧住宅建材事業部グループマネージャー	2時間	聞き取り調査	製品開発
2023.05.17	佐々木知也社長，佐々木紘専務取締役	2時間	聞き取り調査	財務状況
2023.06.20	佐々木知也社長ほか	2時間半	企業見学	概要説明，工場見学，ショールーム見学
2023.08.10	佐々木知也社長	2時間	聞き取り調査	利益管理，販売管理
2023.08.25	佐々木知也社長	2時間	聞き取り調査	業績評価制度，事業部管理，部門管理

（出所）筆者作成

　シャッターの販売代理店として1955年に創業，「自分のところで全部作る」（東工シャッターグループ, 2005: 22）ことを目標として新会社を1957年に設立し，鉄製シャッターの製造・販売を開始した。1969年，日本で初めてアルミの全面蝶番を採用した折れ戸（カーテンドア）を開発し，シャッターメーカーとして初めて鉄製品からアルミ製品に参入した。1970年には，カーテンドアの技術を発展させたビル用折れ戸（イスターカーテン）を発売，1975年には日本初のアルミ製伸縮門扉（カーテンゲート）を発売，1992年には住宅用全開口サッシ（ウインドイスター）を日本で初めて開発・発売し，現在も事業の柱となっている。2003年にはシャッター事業部（製造，北陸地区販売）を北陸東工シャッター株式会社として分社，設立した。

3.3 製品戦略

　TOKOの製品戦略の大きな特徴は，ニッチで「面倒くさい」製品である。TOKOは折れ戸や伸縮門扉といった「折りたたむ」「収納する」「伸縮する」という特徴をもつ製品に特化している。この特徴を実現するための技術をコアとし，業界初・日本初やオンリーワンでナンバーワン，ニッチ市場・ニッチ技術にこだわり新製品開発を行っている。たとえば日本初のアルミ全面蝶番を採用した折れ戸（カーテンドア）の開発は，一般的なシャッターが，上から下に降ろすところを横から開け閉めできるようにする，閉じると見えないものを見えるようにする，素材を鉄からアルミに変えるなど，真反対を考えることから出発している。これは現在のTOKOにおいても新製品開発の基礎となっている。

　TOKOが事業を展開するアルミニウム建材市場には，LIXILやYKKap，三協アルミといった大手メーカーが存在している。アルミニウム建材市場の中で，「折れる」製品はアルミサッシなど折れない製品に比べると小さな市場になる。大手メーカーの中には折れ戸製品を用意している企業もある。ただし，ビル用の折れ戸製品で類似製品を販売している大手メーカーの場合，製品の種類は少なく，たくさんある商品ラインナップの１つという扱いである。一方TOKOはビル用折れ戸（イスターカーテン）として屋外用・屋内間仕切り用・カウンター用の製品群を用意し，さらに建物の種類や折れ戸の用途，設置場所，デザイン，必要とされる機能，建材として必要な性能などに応じて，13タイプの製品を揃え，すべての製品でサイズやレールなどをオーダーできるようにしている。

　「折れる」製品はその構造上動く箇所が多くデリケートな製品であるため，クレームが発生しやすく，メンテナンスやアフターサポートが必要になる。「商品を出した最初の５年から10年というのはものすごいクレームの嵐で，もう大変だった」（2023.02.10調査：社長）と言うことからわかるように，折れ戸製品の発売後には膨大なクレームへのサポートが発生する。同時に製品の品質向上・ノウハウの蓄積に取り組む必要がある。売上が大きくあがらないニッチな製品にもかかわらずクレームが多いことから，大手メーカーにとって折れ戸製品は「こんな面倒くさいのをやって，売上はたったこれだけか」という，割

に合わない市場となる。この「面倒くさい」製品に対しTOKOは全社員で取り組み、専門とすることで強みを生み、細やかでスピートの早い対応を実現し、「TOKOさんの商品ならこの折れ戸は大丈夫だ」という顧客の安心感につなげ、製品の付加価値を高めることに成功しているのである。

　たとえ面倒くさい製品でも、売上が見込めれば大手メーカーは参入してくる。同じ折れ戸でも「カーテンドア」という浴室や勝手口用の折りたためるドアは、市場にない製品であり、狭い日本の住宅事情に応える製品であったため、TOKOの名前を業界に知らしめる大成功となった。しかし爆発的な売上拡大により市場の存在に気づいた大手メーカーが参入したことにより、「カーテンドア」の売上は減少し終売となった。

　同じように、大手メーカーが大きな市場を見出した製品が、アルミ製伸縮門扉（カーテンゲート）である。TOKOは当初ニッチ製品と考え商品化したが、売上が増えるにつれて、他の大手メーカーが参入しはじめた。「カーテンドア」の失敗経験を糧に、「カーテンゲート」ではTOKO単独ではなく、大手メーカーと手を組み、TOKOが企画・開発・製造、大手メーカーが販売という協働する道を選んだ。結果、利益率は独自路線よりも低くなったが、販売量は増加・安定し、現在でも事業の柱として存続することが可能となった。加えて、協働した大手メーカーから品質管理などモノづくりの指導やアドバイスを受けることにつながり、製品の品質向上、生産力の向上につながった。さまざまなメリットを享受することができ、会社全体の成長へとつなげることになったのである。

3.4　経営管理休制の導入

　TOKOでは現在、事業部制、方針管理、部門別利益管理などさまざまな経営管理が展開されている。この契機となったのが売上拡大戦略の失敗による倒産の危機であった。1985年には、ビル用折れ戸やアルミ製伸縮門扉の成功によって売上高が50億円を突破し、1991年には売上高80億円まで右肩上がりで増えていた。「前社長が出張に行ったら、1つ営業所が増えていた時代」（東工シャッターグループ, 2005: 31）であり、日本全国に営業所などを展開することで、拠点数が最大で36カ所になっていた。ところが80億円あった売上高が1992年か

ら減少しはじめ1999年には50億円を割ってしまう。成長戦略のため工場や営業所へ行ってきた投資が固定費として重くのしかかり，赤字が続くことになった。金融危機による銀行の貸し渋りや貸し剥がしが問題となる中，1998年には自己資本比率が２％を切る状態となり，新社長のもと生き残りをかけて売上至上主義から利益を出せる筋肉質の経営へと事業戦略を大幅に転換することになった。この中で現在も展開されているさまざまな経営管理制度が導入された。

> 土壇場になると，もうねえ，崖っぷちに立たされるとなんか考えるもんやなと思いますわ。もう生きていけないと思ったら，もう変えるしかないし。ていうようなところが大きな転換期だったんだろうね。(2023.08.10調査：社長)

　利益確保戦略への転換，支店営業所を全国36カ所から12カ所へ減らすなどのリストラの実施，事業部制組織の導入や人事評価制度改革による能力給の導入などさまざまな施策の結果，業績を回復することができた。その後も経営改善を継続し，2021年には自己資本比率が50％を越えるまでに成長している。

3.5　頻繁な戦略的組織変更の展開

　TOKOでは現在，事業部制を導入している。図10-1は現在の組織図の一部である。事業部として独自販売製品が中心のビル建材事業部とODM製品が中心の住宅建材事業部があり，本社部門として総務部や新商品開発部，ものづくり革新部などに分かれている。ビル建材事業部と住宅建材事業部は目的・機能ごとにさらにグループに分かれ，グループの中にチームが作られている。

　TOKOが初めて事業部制を導入したのは現社長が事業を引き継いだ後で，職能部門別組織から事業部制組織へと変更した。これは，当時４つあった商品ごとに開発から生産，営業までを事業部へと縦割りにしたもので，商品群ごとに採算を明確にするのが目的だった。営業や生産・開発部門が責任のなすり合いをするのではなく，事業部として１つの部門として評価し利益責任を明確にするためであった。さらに業績を人事評価につなげて給与にも反映させた。

　商品別の事業部制とするメリットは，意思疎通が早く，事業部ごとの素早い指揮・命令が可能となること，責任者のやり甲斐がでることである。職能部門

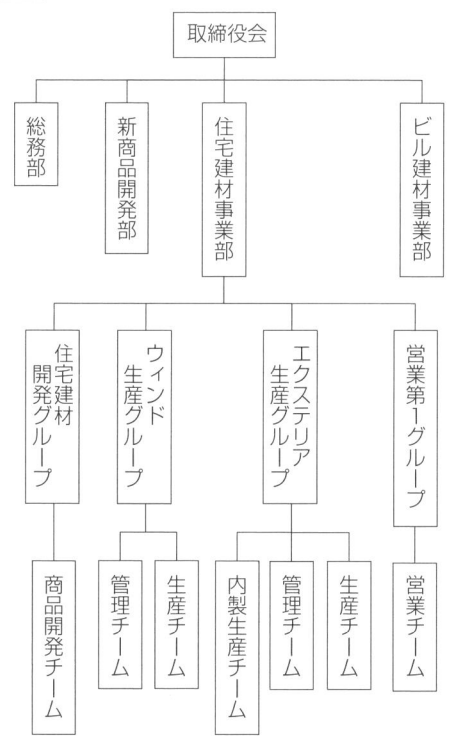

図10-1　TOKO組織図一部：事業部制組織（2023年）

（出所）筆者作成

別の場合，商品別の部門間の調整，職能間の調整が必要となるのに対し，事業部制では，事業部長の権限・責任のもと，開発から営業まで，意思決定から実行までの対応を素早くすることができる。

　現場レベルでも，商品ごとに担当者が明確になる。たとえば開発であれば，他の商品のことを考える必要がなくなり，自分の担当する商品の開発だけを考えれば良くなるため開発スピードが上がる。開発された製品を新製品として発売しようとする場合，他の製品などの生産や営業へ影響が出るため，職能部門別であれば生産や営業の部門長と調整する必要がある。事業部制であれば事業部長が事業部内の生産や営業の担当者と調整するだけで良く，他の商品の生産事情や営業事情を考慮する必要がなくなる。

一番はもう意思疎通が早くできて指揮命令がすぐにできるっていうんかね。対応が早くなる。クイックレスポンスでもう，この開発商品をやってこうとなったら，すっとそこの独立採算をやってる部門だけで決められるんでね，ものすごく早い。

そうじゃないと，それを1つの開発部門にしてしまうと，いや，そんなこと言ったってこっちのあれが忙しいし，こっちの部門も大変だしという話になってしまって，どこを優先させてやるかということから決めていって。そんなこと急に商品開発しろっていったってなかなかそんなもう人もいないし，準備も大変だしというんで遅れがちになってしまうんだけどシャッターならシャッター，イスターカーテンならイスターカーテンだけやってる分にはものすごく早いですね。それはその商品だけをやってるんで。その商品のことしか考えてないですから，開発はものすごく早くなるので。(2023.05.17調査：社長)

　一方デメリットは，同じような仕事をしている開発・生産の現場であっても事業部ごとに壁ができてしまうこと，また柔軟な人の配置替えや仕事の割振り，他部門への応援などが難しくなることである。さらに，事業部ごとに専任のスタッフを配置する必要がでることから，職能部門別と比べて経費が増えることである。

しかし，隣は何をしてるか分からないという状況になってくるんで，そこしかやってないので。そういう面では1つの部門が忙しいとき，暇なときっていうのはもう知らん顔して，こっちはものすごく残業してるし，こっちはまあまあ余裕持ってやってるし。本当は余裕持ってるところに少し忙しいところの仕事をしてもらいたいんだけど，それはやらないんですよね。(2023.05.17調査：社長)

縦割りにするとやっぱり費用がちょっとかかるんですね。その事務系とかのスタッフもそれなりに専任，専任，専任と置かないといけないので。それ，横割りにすれば営業，事務で何人かで分け合って仕事をやれますから，その経費的には少なく済んで。だからどっちとも言えないですね。だから経費を少なくしようと思ったら，やっぱり横に分けたほうのほうが経費は削減できるし。でもやっぱりもう

早く生産して開発して，専門で営業をやってこうとなった場合にはスタッフは
ちょっと多めにいるんですけれども，そのほうが行動力が早いですし，営業的に
も生産的にもやっぱり一体となれるんで強くなれますね。(ibid.)

　事業部制の場合，事業スピードは上がるが現場の効率的な運用には障害が生
じ，追加経費が発生する。職能部門別の場合は，職能部門間の調整が必要とな
るなど事業スピードは下がるが，現場の効率的な運用が可能となり，経費も安
くなる。このように事業部制と職能部門別にはメリットとデメリットがある。
TOKOでは組織の状況や市場環境に応じて，事業部制と職能部門別を適宜選
択したり，一部を組み合わせたりして頻繁に組織編成を繰り返している。
　たとえば最初に事業部制を導入したときは，数年で職能部門別に戻すことに
なった。これは同じように努力しても売上が上げやすい部門と上げにくい部門
があり，同じ会社であるにもかかわらずどの部署に配属されるかで給料が変
わってしまうため，不平不満が出たことによる。図10-2は職能部門別組織
（2005年当時）の組織図の一部になる。現在の事業部制（図10-1）では事業部
ごとに分かれている生産・開発などのグループが職能ごとにまとめられている
ことがわかる。その後も組織に壁ができるなど生じた弊害を打ち消すときや，
市場に迅速に新製品を出したいとき，経費を削減したいときなど，必要に応じ
て職能部門別組織と事業部制組織を，時には組み合わせながら組織編成を繰り
返している。

デメリットの部分を直していくためにはその組織を縦にしたり，横にしたりしてっ
て。ほんで一時的によくなるんですね。そのデメリットがどんどん，どんどん前
に出てきてしまったときには，それを打ち消すためにはどうしても。(2023.05.17調
査：社長)

１つは業績が悪くなってきたときに，やっぱり経費を節減，節約してこうとかっ
ていったときに，今言うようなスタッフを，２人のところを１人で済むんで，極
端に言うと。事業部制から横割りね。(ibid.)

図10-2　TOKO組織図一部：職能部門別組織（2005年当時）

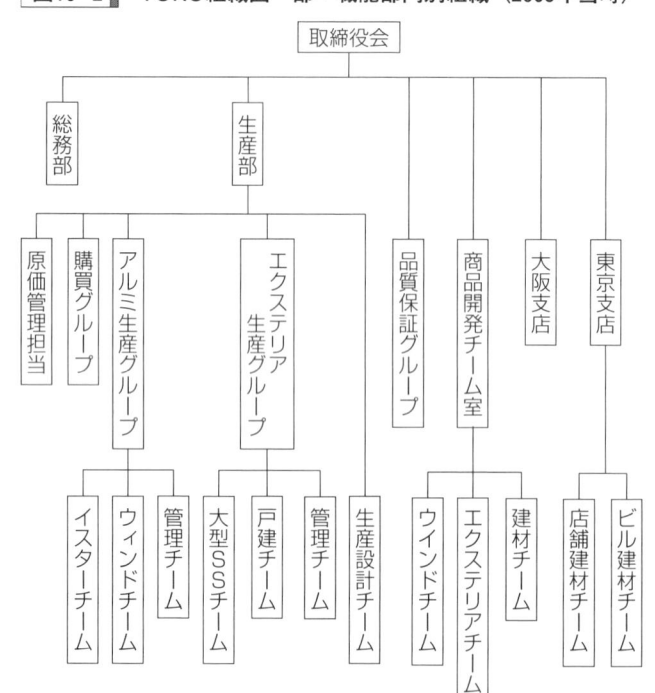

（出所）東工シャッターグループ（2005：74）をもとに筆者作成

マンネリ化してきたときにはちょっとやっぱり横串を刺す組織にしたり，また横串を外したりして，もう1回これをやったりとか。もう，ずっと何年か置きにそうやってやってます。(ibid.)

行ったり帰ったり，もう何度もやってます。(ibid.)

　TOKOが事業部制と職能部門別の組織変更を頻繁に繰り返すことを可能にしているのは，従業員が200人程度の中小企業であり，組織構造がシンプルで，階層が少ないこと，現場が職能別かつ商品別にユニット化されており，組織変更のための業務が現場レベルでほとんど発生しないこと，製造・販売している商品群は，販売先などが異なるとは言え，アルミ建材という点で共通点も多く

多角化の程度が低いことが要因としてあげられる。たとえば現在の事業部制の場合，生産部門はビル建材事業部にビル建材生産グループが，住宅建材事業部にエクステリア生産グループとウィンド生産グループが存在するが，職能部門別の場合は，生産部の下にビル建材生産グループとエクステリア生産グループとウィンド生産グループがまとめられることになる。組織変更により，グループ内部のユニットがどの部に属するかという変更はあるため，管理部門の人事異動は生じる。しかし，生産・営業・開発といった現場の組織は職能別かつ商品別にユニット化されているため，組織変更に伴う現業部門の担当業務の変更や人事異動，職場の変更を必要としない。事業部制と職能部門別という大きな組織変更にもかかわらず，担当業務の変更や組織変更に伴う追加業務といった負担が現場にほとんど発生しないのである。

一方「縦割りにする（事業部制）」か「横串を通す（職能部門別）」かによって，責任者や指示命令系統が変わる。管理体制や利益管理単位が変わることになるため，現場の働き方へ影響を与えることが可能となる。きわめて少ないコストで外部環境や内部環境に応じた，臨機応変かつ柔軟な戦略的組織変更を可能としているのである。

3.6 振替価格と商品戦略による効果的利益管理の展開

TOKOでは，全社方針・テーマ，売上高・利益などが中期3年計画として設定され，事業部ごとにテーマ・施策・売上高・利益が設定されている。年度計画においても経営方針と売上高・利益の目標が示され，事業部，グループ，個人へと展開される。それに基づき個人は目標を設定し，進捗管理がなされ業績評価がなされる。

利益管理は事業部単位だけでなく，職能別かつ商品別のグループまで展開されている。必要に応じて複数のグループが営業・事業部本社・生産といった職能ごとにまとめられて管理される。各グループでは目標を達成すべく数量，売上高，利益率などに基づきチームや個人が管理される。グループ内のチームは，生産部門が6名から20名程度，生産部門を除くと1名から6名程度で構成されており，2・3チームをまとめてグループになっている。グループマネージャーは利益管理のために，チームに対して具体的な指示を出し直接管理を展

開している。

　各グループでは部門別利益管理が展開されている。生産グループは，生産した商品を事業部の本社グループに販売し，生産高が計上される。生産高から材料費など変動費を差し引いて限界利益を求め，さらに人件費や諸経費などの固定費を差し引いて生産利益を計算する。事業部本社グループは生産高に一定比率を乗じ，事業部の本社売上高として営業グループに販売する。ここから生産高を差し引いて事業部の本社売上総利益を求め，人件費や諸経費を差し引いて事業部の本社利益を計算する。営業グループは客先へ販売した売上高から事業部の本社売上高を差し引いて売上総利益を求め，人件費や諸経費を差し引いて営業利益を求める。さらに全社管理部門の費用を管理費分担額としてグループまたは事業部ごとに負担し，事業部の利益が計算される。このように，事業部では営業・生産・（事業部）本社といった職能別や商品別によるグループごとの部門別利益管理に加えて，事業部ごとの利益管理が展開されている。TOKOの利益管理では，利益や売上高と同時に製品販売量も重要な管理項目となる。

生産現場，工場を持ってると，やっぱそこにコンスタントに量を出してかないといけないんで，メーカーってのはね。だからやっぱり量っていうのは大事ですよね。営業からしても，とにかく工場に量を送ってくということで，フル稼働にとにかく持ってくっていう。生産はね，一番の効率化はそういうことですよね。たまにぽつっとその月空いたりとか，工場が暇だったりするとやっぱり非効率的になるんで，…（略）…。若干，本当に残業する程度が，一番効率はいいですよね。だから，とにかく営業は取ってくることですわ。取ってきて，うちの工場に流すということが一番ですね。(2023.05.17：社長)

結局営業が達成できなかったらもう自動的に生産も達成できないと。もちろん本社も達成できないということになるので，全部営業次第なんでね。生産は自分でもうけるなんてことできない。営業が売ってこなかったら稼働しないんで。だから，生産は，とにかく生産を動かすために営業が売ってくるっていうのがありますよね。(2023.08.10：社長)

　目標利益を達成するためには，まず販売量を確保する必要があり，注文があってはじめて生産が可能となり，営業部門だけでなく，本社・生産部門も利益目標を達成できる，という認識が全社で共有されている。そのため，生産，事業部の本社，営業部門に対してそれぞれ異なる利益管理が展開されることになる。

　まず，生産部門に対しては管理活動として５Ｓ活動が展開されている。これによって，品質保証・不良品の削減・生産性の向上などのために，日常的に改善活動を展開することになる。本社と工場が同じ場所にあることや，設備投資などをはじめとする費用についても合理的に精査できるため，無駄を削減し経営資源の有効配分が可能で，効果的な利益管理を実現しており，経費の管理可能性が高い。

　事業部の本社部門に対しては，事業部の本社売上総利益から人件費・諸経費を差し引いて事業部の本社利益を計算することから，この本社売上総利益の範囲内で業務を遂行することが求められる。事業部の新製品開発グループにかかる経費はこの中に含まれ，この予算内でいかに新製品開発を実現するかが重要となる。

　一方，営業部門に対しては利益管理だけではなく，売上高や販売量の管理，特に販売量を確保するための管理が重要視されることになる。生産計画の予測状況をみながら受注活動を展開し，生産計画が少ないときは安くしても多く注文を取りにいく活動を展開し，繁忙期には逆に注文を減らすように先をみながらコントロールをしていく必要がある。

　このとき危惧されることの１つが過度な安売り競争である。TOKOは建材メーカーであるため，建築業界の閑散期・繁忙期の影響を強く受けることになる。当然競合他社も同様の状況にあり，受注獲得のために，閑散期には価格競争となりやすい。この状況で販売量の目標達成を求めれば，客の大幅な値下げ要求に応じざるを得なくなり，大幅な値引き販売をすることになってしまう。また，営業費の管理も問題となる。受注獲得を目指す営業活動が適切に展開されなければ営業費を浪費することになるが，営業活動と成果との因果関係や営業活動の適否を判断することは難しい。売上の多くを占める東京の営業部門と本社の所在地が離れていることもあり，営業費の管理は困難で，管理可能性は

低い。

この問題に対してTOKOは，製品戦略と振替価格の設定によって対応している。まず，製品戦略として，ニッチで面倒くさい商品を顧客のニーズに応じて細かく展開している。加えて品質を高め，顧客の信頼を獲得することで製品の付加価値を高めている。これにより，他社製品には代えられない価値の提供を実現しており，顧客の値下げ要求に対抗する競争力を獲得できている。

もう1つは営業部門への製品の内部振替価格である。生産部門から事業部本社を通じて営業部門が受け取る製品の振替価格は高く設定されている。これにより，生産部門の利益が多くなり，営業部門の利益は少なくなる。そのうえで，営業部門には販売量を多くすることが求められている。

> 生産部門に利益を落として，営業は利益を若干浅くっていうふうな，薄くというふうにしてるんですけど。という理由は，言うと，営業のほうに利益を落とすようになると，営業がやっぱりお客さんとのネゴに，値段交渉に負ける場合もあるんで。余裕があり過ぎると。…（略）…。だから，どちらかというと営業のほうに薄くして，とにかく量を売れば，生産のほうに利益がたまるというふうにして，とにかく量を追っ掛けるのが営業。あんまり利益のことを考えずに，とにかく販売数量を多くしてくと。(2023.05.17調査：社長)

この製品戦略と振替価格の設定方針のもとで営業部門は利益管理を展開することにより，値引き対策と営業費の管理を可能としている。まず，営業部門への振替価格が高く設定されているため，営業部門が有する利幅は小さく，営業部門が値下げできる余地が小さくなる。このことが値下げ販売に一定の歯止めをかける効果を持つことになる。もしこの振替価格が低く設定されていると，たとえ顧客からの値下げ要求に応じても営業部門は十分利益を確保することが可能になるため，販売目標を達成するために，大幅な値下げをする可能性が大きくなってしまう。ところが振替価格が高く設定されているため，値下げ交渉に応じることができる余地は大きくない。営業部門は値引き交渉に頼らずに販売量を達成する必要がある。これを可能としているのがニッチ製品戦略である。TOKOが特定の顧客にとって他社製品には代えがたい価値と信頼性を提供で

きているため，過度な安売り競争を回避しつつ，販売目標の達成を可能としているのである。

　また，営業部門への振替価格が高く設定されていることは営業費の管理においても有効に機能している。営業部門の利益は，顧客への販売価格と営業部門への振替価格の差額から営業費を差し引いて求められる。振替価格が高く設定されているため，営業費への予算制約が強くなり，利益目標達成のためには営業費を効果的に使用し，売上につなげることが求められる。もし営業費を厳密に管理しようとすれば，さまざまな営業費管理業務が必要となり，追加で人員を配置したり，営業活動に費やしてきたリソースを管理業務に割いたりする必要が生じる。一方TOKOでは，振替価格を高めに設定することで，そういった業務や人員を不要とし，限られた人員による効果的な営業費の管理を実現しているのである。

　営業部門は自部門の利益を優先し，販売量の増加ではなく営業費を削減してしまう可能性がある。この部分最適化の危険性は，最終的に事業部全体で評価することにより回避している。事業部の評価は営業部門と生産部門の利益をあわせて行われるため，たとえ営業部門の利益があがらなくても，販売量を増やすことができれば，生産部門の利益が多くなるように振替価格が設定されていることもあって，生産部門の利益があがり，事業部全体の利益があがることになる。たとえば賞与の評価は事業部ごとに行われるため，営業部門の利益が少ない場合でも，販売量を増やすことで事業部の利益を増やすことができれば自身の賞与につながることになる。

　事業部長も営業グループマネージャーもこのことを理解しているので，注文状況と工場の生産稼働状態をみながら，受注に向けて活動を展開することになる。たとえば工場の稼働が低くなることが予測されるときは，価格を安くしても注文を取りにいくような活動が展開されることになる。つまり，振替価格の設定と部門別利益管理，製品戦略の組み合わせにより，営業部門の管理可能性を高め，さらには事業部全体の利益管理を可能としていることになる。

4 ◆ 考 察

　これまで見たように，TOKOでは事業部制のもとで，事業部長に利益責任を負わせるだけでなく，製造部門や営業部門，そこに属するグループに対して利益責任を負わせる利益責任会計が展開されていることが確認できた。「通常，職能部門別組織では生産部（工場）は原価中心点，販売部は収益中心点，本社スタッフは原価中心点とされ，社長が利益中心点とされている。事業部制組織では，各事業部は利益中心点とされ，社長はもちろん利益中心点とされる」（上總, 2017: 264-265）。また，図10-3にあるように，職能部門別組織であっても，製造部長や販売部長に利益責任を負わせることができるのが，アメーバ組織に

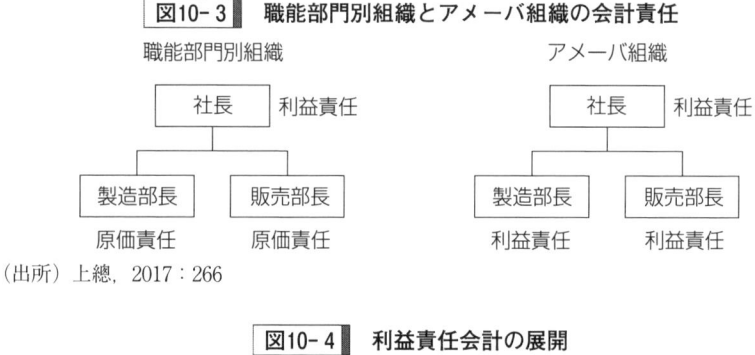

図10-3　職能部門別組織とアメーバ組織の会計責任

職能部門別組織

社長　利益責任

製造部長　　販売部長

原価責任　　原価責任

アメーバ組織

社長　利益責任

製造部長　　販売部長

利益責任　　利益責任

（出所）上總，2017：266

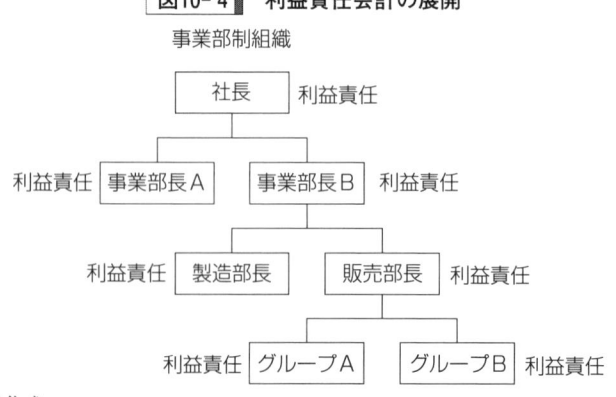

図10-4　利益責任会計の展開

事業部制組織

社長　利益責任

利益責任　事業部長A　　事業部長B　利益責任

利益責任　製造部長　　販売部長　利益責任

利益責任　グループA　　グループB　利益責任

（出所）筆者作成

なる。アメーバ組織では通常，製造部における連続した工程がすべて利益責任を負った組織単位とみなされ，時間当たり採算という統一した基準により評価される。

　一方，TOKOでは図10-4のように，事業部制組織のもと，事業部長にとどまらず，事業部長の下部組織に対しても利益管理が展開されており，利益責任が割り当てられていた。これはアメーバ組織と同様であり，TOKOにおいても利益責任会計が展開されていると言える。これはミニ・プロフィットセンター（MPC）の一形態と考えることができるだろう。MPCを代表するアメーバ組織と異なり，フィロソフィー教育や時間当たり採算などは採用していない。評価基準は部門別の利益となり，営業部門の利益計算では，営業口銭を利用せず，製造部門から事業部本社部門を経由した営業部門への振替価格によってなされていた。アメーバ組織であっても通常スタッフ部門は原価中心点とされることが多いのに対し，TOKOでは製造部門からスタッフ部門である事業部本社が一旦買い取り販売部門へ売り上げることで，スタッフ部門を利益中心点として管理していた。

　上總（2021）はアメーバ経営の導入において，アメーバ経営以外の補助的経営管理が導入企業の既存の経営管理の中に準備されている必要があることを指摘している。TOKOにおいても同様に，利益責任会計による会計管理に加えて，さまざまな経営管理が展開されていた。まず，全社目標を実現するために方針管理が展開されていた。方針管理は，部門はもちろん個人目標にまで展開されており，個人の業績評価の基準として活用されていた。製造部門の管理としては５Ｓが展開されており，品質改善や生産効率向上の取組みが徹底的に実践されていた。販売部門に対しては，振替価格が意図的に高くなるように設定されており，ニッチ製品戦略とあわせることで，販売価格管理と営業費管理を可能としていた。また，経営目標達成のため，外部環境や内部環境に応じて組織を事業部制組織と職能部門別組織とに柔軟かつ頻繁に変更する戦略的組織変更を展開していた。このように会計管理とそれ以外の経営管理が両輪の輪として展開されていることで，利益責任会計による管理が効果的に経営を支えることを可能としていた。

5 ◆ ま と め

　TOKOは倒産の危機を乗り越え，生き残るためにさまざまな経営改革を行い，経営管理制度を導入してきた。現在のTOKOは，利益責任会計による管理を展開するとともに，さまざまな経営管理を会計管理と同時に展開することで，経営目標を達成していた。なかでも開発力を生かしたニッチ製品戦略，外部環境・内部環境の変化に応じた柔軟かつ頻繁な組織変更，戦略的振替価格設定などは大きな特徴となっていた。

　組織変更は，大企業であれば関係部署の調整や大きな意思決定が必要になり，一度変更をしたら元に戻すこともまた変更することも困難である。逆に中小企業は組織が小さくシンプルなので，会社の組織構造を変更するコストを低くでき，環境に即してすばやく変身し，会計管理機能の展開を可能としていた。

　また，ニッチ製品戦略と戦略的振替価格設定を組み合わせることによって，会計責任会計を効果的に展開していた。これも中小企業であるがゆえに，大企業が進出しない・したがらないニッチ市場に活路を見出し，開発と改善によって製品の付加価値を高めたこと，組織が小さいことで根拠や方針を組織全体で共有しやすく振替価格を戦略的に設定できたこと，そしてこれらを組み合わせることによって，高度な利益責任会計を可能としていた。中小企業だから可能な仕組み，中小企業でも可能にしている仕組みにより，会計管理機能が展開されていたと言えるだろう。

◆謝辞

　本章の調査では，株式会社TOKOの佐々木知也社長，佐々木紘専務取締役をはじめ，多数の方々のご理解ご協力を賜わりました。関係者の皆様に厚くお礼申し上げます。納得できるまで質問に答えてくださったこと，貴重な資料をご提供くださったこと，大変感謝いたします。ありがとうございました。

◆参考文献

足立洋（2017）.「『現場サポート』の予算管理」『中小企業会計研究』2017(3), 25-36.
伊藤克容（2012）.「第 1 節 ミニ・プロフィットセンターの計算構造（第 5 章 ミニ・プロフィットセンター）」廣本敏郎・加登豊・岡野浩編『体系現代会計学［第12巻］日本企

業の管理会計システム』中央経済社.

潮清孝（2016).「アメーバ経営の多様性と採算表比較：カズマにおける進化経営を事例として」上總康行・長坂悦敬編『ものづくり企業の管理会計』中央経済社.

上總康行（2012).「脱賃加工戦略と中国進出：カーテン製造業㈱カズマの成長戦略」上總康行・中沢孝夫編著『経営革新から地域経済活性化へ』福井県立大学.

上總康行（2017).『管理会計論 第2版』新世社.

上總康行（2021).「アメーバ経営の「停滞」を克服するTPSの導入」『経営会計レビュー』2（1），15-32.

窪田祐一・三矢裕・谷武幸（2015).「アメーバ経営は企業に成果をもたらすのか（中）：アメーバ経営の導入における目的，成果と負担・問題」『企業会計』67（12），1752-1758.

窪田祐一（2016).「アメーバ経営は企業に成果をもたらすのか（下）：アメーバ経営のコンポーネントとまとめ」『企業会計』68（1），124-130.

澤邉紀生・飛田努（2009).「中小企業における組織文化とマネジメントコントロールの関係についての実証研究」『日本政策金融公庫論集』3, 73-93.

東工シャッターグループ（2005).『創造と挑戦：創業50周年記念誌』東工シャッター株式会社・北陸東工シャッター株式会社.

飛田努（2021).『経営管理システムをデザインする：中小企業における管理会計実践の分析』中央経済社.

牧野功樹（2020).「中小企業の管理会計研究：システマティック・レビューによる統合の試み」『管理会計学』28（1），71-95.

丸田起大（2013).「アメーバ経営における中国人従業員の採算意識への報酬制度の影響：㈱カズマでの質問票調査から」『經濟學研究』80（4），97-107.

丸田起大（2014).「アメーバ経営の導入効果の検証：㈱カズマにおける従業員意識と財務業績の向上」『經濟學研究』81（1），1-20.

丸田起大（2016).「アメーバ経営の導入効果の検証：予定難易度向上と速度連鎖効果」上總康行・長坂悦敬編『ものづくり企業の管理会計』中央経済社.

丸田起大・潮清孝・上總康行（2017).「アメーバ経営の導入プロセスと導入効果」アメーバ経営学研究会編『アメーバ経営の進化：理論と実践』中央経済社, 153-183.

水野一郎編著（2019).『中小企業管理会計の理論と実践』中央経済社.

三矢裕（2003).『アメーバ経営論：ミニ・プロフィットセンターのメカニズムと導入』東洋経済新報社.

三矢裕（2010).「アメーバ経営の導入：アクテックの事例」アメーバ経営学術研究会編『アメーバ経営学：理論と実証』KCCSマネジメントコンサルティング.

三矢裕・鈴木貴之・加登豊（2022).「アクテック株式会社におけるアメーバ経営の導入」『原価計算研究』46（2），15-26.

本橋正美（2015).「中小企業管理会計の特質と課題」『会計論叢』10, 51-69.

渡辺岳夫（2014).「アメーバ経営システムの影響機能と経営理念：西精工（株）の利益・収益配分システムに関するケーススタディ」『會計』186（4），418-432.

小規模企業の管理会計構造：
大企業との試論的比較

1 ◆ はじめに

　近年，中小企業の管理会計実践が研究者の注目を引くようになってきた。かつて，2000年前後には中小企業の管理会計に関する研究の不足が指摘されていた（Mitchell and Reid, 2000: 386; 頼, 2004: 188）。しかしその後，国内外では中小企業管理会計の研究への注目が高まってきた（飛田, 2021: 30, 34）。その中で，管理会計の実践度が組織の規模と関連していることが多くの研究で示されてきた（López and Hiebl, 2015: 98）[1]。

　一方，そのような近年においても，「中小企業における管理会計について，まだ十分に理解されていない部分が相当数ある」（ibid.: 113; 牧野, 2020: 86）。その問題の1つとして，多くの中小企業管理会計研究においては，そこで実践されている管理会計を質的に大企業と明確に区別していないという問題がある（Heinicke, 2018: 485）。多くの研究において，大企業に比べて企業規模が小さく，組織が簡素な構造をしていることの多い中小企業では，管理会計の利用頻度が低い，あるいは管理会計システムがあまり発達していないことが指摘されてきた（López and Hiebl, 2015: 98）。

　その原因の1つとして考えられるのは，「中小企業」の幅の広さが十分に考慮されていない点である。中小企業の中でも比較的規模の大きい企業になると，ほとんど大企業と変わらない程度にまで管理会計が複雑化していることもある（ibid.: 99）。にもかかわらず，多くの中小企業管理会計研究では，そのような企業と，中小企業の中でも管理会計情報の利用度合いが著しく低い小規模企業（飛田, 2021: 76; Broccardo, 2014: 4 - 5 ）とをサンプル上区別せずに議論したり，

あるいは小規模企業を除いたサンプルでもって議論したりされることが少なくない（Ruiz and Collazo, 2021: 86-87）。

　そこで本章では，あえて小規模企業の管理会計研究に焦点を絞り込んだうえで，それが大企業の管理会計と質的にどのように異なるかを整理したい。具体的には，まず次節第2節において，上總（2017）によって大企業を念頭に置いて概念化された管理会計の構造を整理する。第3節では，それを念頭に置いたうえで，小規模企業の管理会計に焦点を当てた研究成果を整理する。この整理を踏まえて第4節では，大企業の管理会計構造と小規模企業のそれがどのように異なるかについて，構造的側面から整理することを試みる。そのうえで，今後の研究が期待される課題を整理したい。

2 ◆　大企業の管理会計の構造

　前述のように，伝統的には通常，管理会計研究は大企業をその対象としてきた。したがって，多くの場合テキスト等における管理会計の定義は大企業を念頭に置いて示されている。この点に着目し，ここでは，大企業を念頭に置いて管理会計の構造を示したテキストとして上總（2017）を取り上げ，大企業の管理会計構造をその組織の大きさという観点から整理したい。

　上總（2017: 17）では，「管理会計とは，営利企業に所属し，管理者集団を目標利益や経営計画にそう方向へと説得・誘導する管理者管理を目指して，専門経営者が企業目的の達成に向けて管理している企業活動に関する会計情報を会計手段を用いて収集・総合・報告する行為である」と定義されている。その管理会計のプロセスを図示すると，図11－1のようになる。それによれば，「専門経営者ないし会計人は企業目的の実現を目指して企業管理を合理的に展開するために，目標利益とそれを具体化した経営計画が会計プロセスを通じて会計報告書に表現され，これが管理者集団に報告される。管理者集団は会計報告書によって目標利益と経営計画を説得され，彼らがこれを『納得＝合意』するならば，この利益計画や経営計画の達成を目指す企業管理へと誘導される」（ibid.: 14-15）。

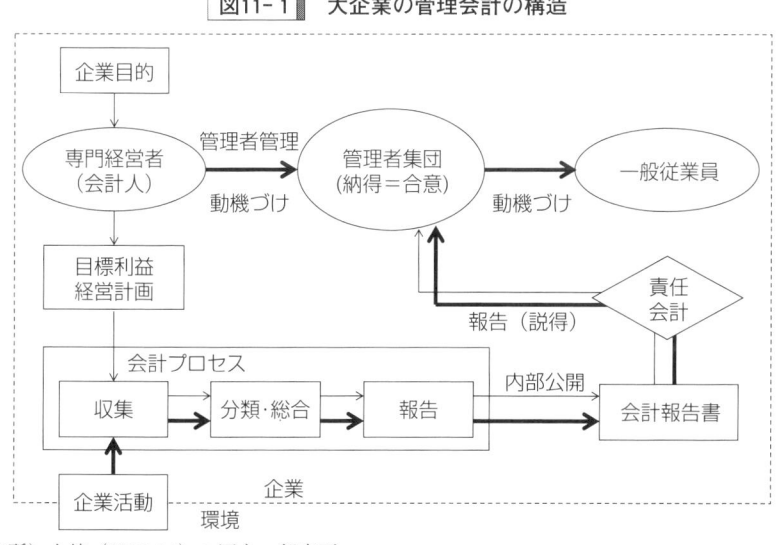

図11-1　大企業の管理会計の構造

（出所）上總（2017: 14）の図を一部変更。

　このように説明される大規模組織の管理会計プロセスには，特筆すべき点が何点かある。それらは，企業が零細規模からスタートして拡大・発展し，最終的に大企業になる中で生み出される構造に関するものである。以下，それについて論じよう。

2.1　会計人への会計職能の委譲

　企業活動を合理的に管理するうえで会計が果たす役割は大きい。したがって，会計は，経営者が本来遂行すべき管理職能の一部である（上總, 2017: 81）。

　一方，企業活動が大規模化・複雑化するにつれ，会計情報の必要性がますます増大し，質的にも量的にも高度の会計処理が必要となる。他方では，経営者の職務負担を軽減し，重要な管理職能に専念するために，経営者の管理職能の一部が下位の管理者に委譲されるが，その中で会計職能の一部も，簿記係などと呼ばれる会計担当者に委譲されることとなる。特に，経営者が会計知識に乏しい場合には，会計職能のかなりの部分が会計担当者に委譲されることになる。その結果，1人の会計担当者ではとても会計職能を遂行することができなくなるので，多数の会計係が雇用され，簡単なルーチン的な会計処理については彼

ら彼女らにゆだねられることとなる（ibid.: 81-82）。

2.2 目標利益と経営計画の会計報告書への表現

　営利企業は，財やサービスの提供を通じて，できるだけ大きな利潤を獲得することを企業目的としている（上總, 2017: 91）。この企業目的の実現のため，株主に代わって企業の管理を任された専門経営者は，企業活動を合理的に管理し，一定期間後には利潤分配を行わなければならない。そこで，利潤分配したい金額を目標利益として事前に予定するとともに，その目標利益を達成するための企業活動の計画として経営計画が策定される。経営者は，この目標利益および経営計画を実現するため，企業活動を管理することになる（ibid.: 15）。

　その目標利益と経営計画は，会計プロセスを通じて会計報告書に表現される。会計プロセスは収集・処理・報告のプロセスから構成されている。すなわち，企業活動に関する原始情報が捕捉され（収集），その原始データが分類・総合されて会計情報が生成され（処理），この会計情報に演出を加える（報告）ことで会計報告書が完成する（ibid.: 8）。会計報告書に掲載され演出された会計情報は，管理者に対する説得をねらいとして提示される。すなわち，会計報告書という「のせもの」（髙寺, 1967: 18）に提示された会計情報の提示を通じて，目標利益や経営計画を達成するべく管理者を動機づけることが目指される。

　ここで重要なことは，企業活動が大規模化・複雑化すると，それに伴って会計情報は量的にも質的にも高度化するという点である。この高度化した会計情報を管理者に明確に伝達するためには，「のせもの」への演出が必要になるのである。人間の頭脳にもこれらの会計情報を記憶しておくことには一応の限界があり，一定量以上の情報をインプットすることは不可能である。仮にかなりの情報を挿入できたとしても，それが半永久的に貯蔵されるという保証はない。したがって，「このような容量が小さく，かつ一時的不完全にしか貯えのできない貯蔵力のおとった『いれもの』に代って，積載量が大きく，かつ半恒久的に保存のきく『のせもの』」（ibid.）として，会計報告書が作成され，管理者の説得に利用されることとなる。

2.3　責任会計を基礎とした管理者管理

　大企業では通常，株主→経営者→管理者→一般従業員という責任と権限の委譲関係のもとで，ピラミッド型の管理組織が構築され，階層的な経営管理が行われている。そこでは管理組織を形成する多数の管理者が決定的に重要となる。経営者がいくら素晴らしい目標利益や経営計画を立案しても，この管理者集団の合意がなければ実現は不可能である。管理者集団が経営者に代わって一般従業員を指揮・監督しているからである（上總, 2017: 13）。

　そこで，経営者はまず管理者集団に対して，経営計画を十分に説明・説得し，彼ら彼女らの合意を獲得する必要がある。ここに管理会計は管理者管理のための会計としての側面を有することになる（ibid.: 13-14）。管理者集団に対して目標利益と経営計画の説明・説得を行うため，情報公開の一環として会計情報が提示され，これらの情報に基づいて管理者や一般従業員との間で十分な議論が行われる（ibid.: 16）。この結果，目標利益は彼らの個人目標として受容され，この個人目標を管理基準として彼らの意思決定と行動が行われることになる（ibid.: 16）。

　ここで，目標利益が管理者集団の個人目標として受け入れられる可能性を高めるため，大企業では多くの場合，責任会計が実施される。そこでは，目標利益や経営計画に基づいて，管理者に対して，彼ら彼女らに委譲された責任と権限に対応して，原則として管理可能費だけから構成される責任予算が展開される。そのうえで，定期的に責任予算と企業活動の結果を測定した実績とが比較され，予算差異が計算される。予算差異が分析され，差異を生じた原因を取り除く修正行動が展開されるとともに，予算差異に基づいて業績評価が行われる。大企業では通常，この責任会計のプロセスを通じて，管理者集団は目標利益や経営計画の達成に向けて動機づけられることとなる（ibid.: 199）。

3 ◆　小規模企業の管理会計の構造

　それでは，小規模企業の管理会計にはどのような構造上の特徴があるのであろうか。本節では，2節で整理した大企業の管理会計の構造に照らしながら，

この点について整理を行いたい。

　もちろん，小規模企業の中にも，管理会計実践に積極的な企業もある。たとえば，環境不確実性の高まりなどにより，経営者の情報ニーズが高まり，そのニーズに合った管理会計システムが導入されることはある（たとえば足立・岸保, 2017: 22-23; 三浦, 2022: 88）。小規模企業でも，企業が身を置く競争環境が厳しいものであるほど，企業活動のモニタリングの必要性が高まるため，そのための手段としてより頻繁に財務諸表が作成されるようになる（Cassar, 2009: 32-33）。そして，一部の管理会計技法については，多用する企業ほどROIが高いという研究成果もある（Shields and Shellman, 2016: 19）。

　それでも，小規模企業では，前述のように組織構造が簡素であることから，複雑な管理会計システムが構築され利用されることはまれである（Greenbank, 2000: 408）。そこで，ここでは，小規模企業の組織構造上の特徴との関係において，管理会計の構造に着目したい。具体的には，小規模企業の管理会計に関する経験的研究の知見について，管理会計の実践度に影響を及ぼす経営者の属性，目標利益と経営計画の構造，責任会計の構造という3つの視点から整理する。

　ただし，「小規模企業には普遍的な定義はない」（Ruiz and Collazo, 2021: 87）。法律上の定義をとってみても，国ごとに異なるのが実態である。そこで本章では，小規模企業に関する研究成果を参照するにあたって，国内企業については，中小企業基本法における小規模企業者に関する経験的研究を主な対象とする。すなわち，商業・サービス業であれば従業員5人以下，製造業その他であれば従業員20人以下の企業である（中小企業庁, 2023）。一方，海外の研究に関しては，最もよく使用されている欧州委員会の定義（Ruiz and Collazo, 2021: 87）における零細企業（micro enterprise）ないし小規模企業（small enterprise）に着目した研究を中心に取り扱う。

3.1　経営者の知識と会計担当者・会計専門職によるサポート

3.1.1　経営者の時間・知識による影響

　前述のように，大企業では企業活動の大規模化・複雑化に伴い，質的にも量的にも高度の会計処理が必要となるため，経営者の会計職能が大幅に会計担当

者に委譲される。これに対して，組織や事業構造が比較的簡素な小規模企業では，経営者自身が管理会計を実践するか，雇用されていたとしてもごく少数の会計スタッフとともに管理会計業務を担うことになる。そのため，経営者が管理会計の実践に充てられる時間や，管理会計関連の知識やスキルのいかんによって，管理会計システムの利用頻度が大きく影響を受けることとなる（Marriott and Marriott, 2000: 486）。

時間に関しては，計画の文書化には経営者の時間が奪われることとなるため，ときには計画の文書化に注力しすぎることで逆に労働生産性が落ちる可能性があることも示唆されている。事業環境の変動があまりにも激しい場合には，むしろ計画の策定によって労働生産性が低くなる傾向も報告されている（Risseeuw and Masurel, 1994: 319-321）。

そして，小規模企業の管理会計実践度に大きく影響するもう1つの経営者の属性が，彼ら彼女らの持つ知識の問題である。Halabi et al.（2010: 175）は，10社のケース・スタディから，小規模企業の経営者は，会計知識が豊富な人ほど会計情報を利用する可能性が高いことを示唆している。経営者が管理会計情報を利用する場合，どのような情報が自らの事業にとって重要であるかを自分で判断し，探し出してきた情報をどのように活用すれば組織目標達成の可能性を高めることに役立つかを理解している必要がある。

一方で，そのような管理会計情報への理解が不十分であれば，管理会計導入は減少し，会計の高度化は進みにくい（Yla-Kujala et al., 2023: 62）。Halabiらのケース・スタディでは，会計用語や会計ルールを理解しており，財務諸表をある程度理解することのできる経営者は，会計報告書を作成・利用することの必要性を強く感じていたが，そのようなリテラシーを有していない経営者は会計報告書の作成・利用を行っていなかった。このように会計知識を十分に有していない場合，経営者は会計報告書は銀行などの外部機関に情報を提供するためのツールとしか認識しておらず，意思決定には使われなかった（Halabi et al., 2010: 169-170）。

それでは，管理会計を実践しようという動機を持つ小規模企業の経営者は，何によって実践へと促されるのであろうか。先行研究では，その促進要因として，受けた教育の内容や，職務経験などの要素の存在が示唆されている。

受けた教育内容に関しては，第1に，社外のネットワークに所属していた経験や，受けた教育によっては，経営者が管理会計を行いやすくなる可能性はある。ごく簡素なものであっても，経営計画を作成している小規模企業経営者のほとんどは，地元の経済開発局が提供する経営計画策定セミナーに参加した経験を有していたか，経営系の学部学位を有していたという報告がある（Ruiz and Collazo, 2021: 96-97）。

第2に，経営者の学歴をはじめとして，受けた教育の内容によって管理会計の利用度に影響が及ぶことも考えられる。スタートアップ企業の創業者が経営学や経済学の教育を受けた経歴を有する場合，彼ら彼女らは財務や会計に関する業務に敏感であり，その結果管理会計を高いレベルで利用することにつながると考えられる（Mengel and Wouters, 2015: 197）。そしてこれとは逆に，経営者が会計教育を受けた経験がなかったために，起業当時にほとんど管理会計を実践していなかったというケースもある（Alattar et al., 2009: 95）。

第3に，経営者が高学歴であること自体が，事業計画の策定頻度に影響を及ぼす可能性も示唆されている。計画設定という行為そのものが合理的な企業管理に直結するかどうかについては議論が分かれているものの（Pelz, 2019: 261-262），学術教育においては，計画設定に基づくアプローチが重視される傾向がある。このため，より高度な学問的教育を受けた経営者は，計画に基づくアプローチが望ましいという認識を持ち，学習した概念モデルを適用して解決策を導き出すようになる可能性が高い（Brinckmann and Kim, 2015: 156）。このことから，高学歴の経営者は，事業計画策定活動に従事し，文書化された事業計画を策定する可能性が高まる（ibid.: 158）。国内でも，経営者が大学卒業者や大学院修了者である場合には，高校卒業者等に比べて経営計画を策定する傾向が確認されている（朝原, 2010: 8）。

もちろん，管理会計知識を身につけるための機会は，決して大学やセミナーだけではない。職務経験の中で身につける場合もある。たとえば第一に，創業者がスタートアップを立ち上げる前に別の企業で働いた経験を有する場合，管理会計の利用度が高くなるという傾向が確認されている。企業での勤務経験の中では，組織が定期的に直面する手続きや慣行などを経験する機会がある。その経験の中で，彼ら彼女らは管理会計を会社運営に必要な実用的なものと考え

るかもしれない。したがって，創業チームのメンバーが創業前に他の企業で働いたことがある場合には，管理会計の意義を重視し，その利用度合いも高まる傾向がある（Mengel and Wouters, 2015: 198）。特に，経営者が会計業務の経験者である場合には，社外から雇用した会計専門職との契約を継続する傾向にある（Cassar and Ittner, 2009: 331）。

　また第2に，経営者がかつて別の企業を起業したことがある場合には，事業計画が文書化される傾向が見られる（Brinckmann and Kim, 2015: 158）。過去にベンチャー企業の起業経験を通して得られた情報や知識やスキルには，事業計画を立てるためのノウハウも含まれる。創業経験が浅いと，計画を立てるべき領域や，どのような計画を立てればどのような効果が得られるかなど，十分なノウハウを有していないため，計画策定の作業に圧倒されてしまう可能性がある。これに対し，起業の経験者であれば，こうしたノウハウを保有している可能性が高くなる。その結果，事業計画の策定が円滑に進められやすくなる（ibid.: 156）。

　もっとも，会計知識がある経営者であれば必ず管理会計の強化に注力するかというと，必ずしもそうではない。この点には注意が必要である。経営者が，自社の経営資源の制約を強く認識している場合には，結果として管理会計技法の導入と使用にかかるコストに非常に敏感になっていることもあり，コストに見合わないと判断した結果，管理会計が導入されないケースもある（Armitage et al., 2016: 64）。その判断に影響を及ぼす要素の1つとして，小規模企業の経営者の「ミクロの世界」，すなわち彼ら彼女らが自覚している自らの経営管理のルーチンに適合するかどうかという問題がある。彼ら彼女らが管理会計知識に出会ったとき，自らの「ミクロの世界」を支援するものと確信できなければ，それを導入するように動機づけられることは難しい。そしてその導入は，会計専門職のように，「ミクロの世界」の内側と外側の接点に立つ人物が存在することによって可能になる場合もある（Perren and Grant, 2000: 397, 406-407）。

3.1.2　会計担当者・会計専門職による管理会計支援

　一方，管理会計を実践するための知識や実践に割く時間が十分になくとも，経営者が管理会計のプロセスを整備する意思を強く持つならば，会計専門職が

提供する管理会計サービスを利用するという方法も考えられる。あるいは，会計担当者を雇用して管理会計業務を任せることも可能である。それでは，これらの代替的方法はどのような場合に利用されるのであろうか。

第1に，会計専門職のサービス利用について整理してみよう。前述のように，会計専門職のサービス利用は，経営者側に十分な知識がなければ，容易なことではない。しかしながら，経営者が管理会計の重要性を認識できるよう，会計専門職が誘導することも可能である。それが実現すれば，経営者は管理会計サービスに対する対価を支払うことの有用性を理解しやすくなる（Marriott and Marriott, 2000: 486）。たとえば，管理会計の必要性をあまり認識していない経営者でも，比率やグラフを提示すると関心を示し，そこにさらに会計専門職によるデータの説明が付け加えられると，そのデータへの理解を深め，自身にとって有用なものと考えるようになるケースが確認されている（ibid.: 475）。

あるいは，経営者の側に十分な知識がなくとも，経営者が証憑の収集など「収集」の段階だけを行い，それを仕訳して試算表や財務諸表の形にする作業を顧問税理士などの会計専門職に委託するという実務は広く行われている。その場合，会計専門職が作成した財務諸表の分析に基づいて業績改善に向けた提言を行い，経営者がそれを受けて組織成員の行動を管理するというケースもある（足立・岸保, 2019: 42-43）。

ただし，会計専門職が提供する管理会計サービスの利用度は，第1に，経営者と会計専門職との関係性によって大きく影響を受ける。たとえば，会計専門職の支援を受けながら自社の業績を分析している経営者は，その支援に感謝し，価値を認めている。その一方で，会計専門職との関係性が希薄な場合には，経営者は管理会計情報の提供を会計士に依頼するように動機づけられにくい。会計専門職との関係性によっては，経営者は会計報告書から得られる情報の価値について否定的な判断を下したり，そうでなくともわからないことを会計専門職に対して質問することができず，自社業績の分析を依頼することができなかったというケースが報告されている（Halabi et al., 2010: 174）。

また第2に，経営者の会計知識も，サービスの利用度に影響する。経営者の知識が不足している場合，会計システムから提供される管理会計情報が不完全で不正確なものになっていても，そのことに気づかないがために，あるいは会

計システムに高額な費用をかけたくないがために，システムの選択や適合性に関して会計専門職のアドバイスを求めることは少ない（Marriott and Marriott, 2000: 486）。仮に会計専門職のアドバイスを求めたとしても，経営者が相談内容を言語化できない場合には，適切な財務アドバイスが提供されない可能性がある（Yla-Kujala et al., 2023: 62; Berry et al., 2006: 43）。

　一方で，会計専門職の提供サービスを購入することだけが，経営者の制約を乗り切る手段ではない。2つ目の手段として，会計担当者を雇用して任せることも可能である。ただここでも，経営者と同様，知識の問題にぶち当たることがある。小規模企業では，従業員が1つの分野の専門知識を身につけるよりも，さまざまな責任を負わなければならないことが考えられる（Benjaoran, 2009: 274）。したがって，小規模企業の会計担当者が，管理会計業務のみを担当していることはまれである。このことから，小規模企業の会計担当者が管理会計を実践するための知識を高いレベルで身につけるのは容易なことではない。しかしながらここで，会計担当者が高度な管理会計を実践するうえでの知識やスキルを欠いていると，管理会計の利用頻度は減少する（López and Hiebl, 2015: 103-104）。ただその一方では，社内に会計担当者がいること自体は，管理会計の実践を促すことにつながる場合もある。会計担当者が，自ら積極的に経営者の意思決定に役立つ会計情報を作成し，提供するケースが報告されている（Alattar et al., 2009: 96）。

　なお，経営者の時間や知識の制約の問題を解決する方法は，会計専門職や会計担当者の力を借りることだけではない。会計プロセスが整備されていなくとも，管理会計がまったくできないわけではない。たとえば，内部報告目的で会計報告書の作成が行われていなくとも，管理会計が実践されることもありうる。会計記録を取るという行為自体が，記録者による管理への意識を喚起し，結果として管理活動に結びついていることもある（高橋, 2017: 36）。たとえば，経営者が銀行通帳の記録のみに頼って収支の管理を行っているケースや（Nayak and Greenfield, 1994: 225），財務諸表の作成・分析は税理士に委託していても，日常的に証憑や売上高データの収集を行っており，それが管理に結びついていることもある（足立・岸保, 2019: 42-43）。また，文書化された会計情報によらず，経営者が記憶している会計情報（工藤, 2011: 4）を頼りに管理が行われるケー

スもある（Alattar et al., 2009: 99）。

3.2 目標利益と経営計画

3.2.1 目標利益と経営計画の策定に影響する要因

　大企業では通常，目標利益や経営計画が企業目的に即して専門経営者によっ
て策定される。それらは，会計プロセスを経て報告書にまとめられ，管理者集
団を目標や計画の達成に向けて動機づけるべく，彼ら彼女らに対して提示され
る。

　一方，小規模企業の場合，経営者が経営管理活動に割ける時間的な制約の問
題などがあり，目標や計画の策定に時間を費やすことは容易ではない。あるい
は，小規模企業では組織構造が簡素なことから，経営者と従業員の間で日常的
に頻繁にコミュニケーションがとられており（Merchant, 1981: 813），目標利益
や経営計画を設定しなくとも，自社の経営目的を伝達することができると考え
られている場合もありうる。むしろ，不確実性の高い事業環境において，詳細
な財務計画を立て，それに沿って組織成員の統制を行うことに固執すると，組
織の戦略的な柔軟性を制限する可能性があり，成長を阻害する可能性すらある
（Brinckmann et al., 2009: 19）。

　したがって，過去の売上と利益の推移を確認する程度であれば小規模企業の
経営者の大半が実施している一方，財務諸表に掲載されている情報を活用して
経営計画の作成を行っている小規模企業となると，4分の1にも満たない（朝
原, 2010: 6）。たとえ経営計画を作成していても，経営規模が小さくなると，
税理士や中小企業診断士をはじめとした外部の専門家による協力を得ながら策
定している場合が多くなる（ibid.: 13）。また，利益計画を策定している場合，
小規模企業では，短期的な計画のみが作成されているのが一般的である（ibid.:
14）。

　もちろん，目標利益や経営計画が設定されていなくとも，前年度実績などの
過去の実績を基準として経営管理が行われている場合もある（足立・岸保, 2017:
16; Ruiz and Collazo, 2021: 95）。原価管理においては，過去の実際原価に基づい
て決定される見積原価であっても，管理基準として利用することは可能である
ことが明らかになっている（上總, 2017: 327-328）。これと同様に，小規模企業

においては，目標利益や経営計画が設定されていなくとも，過去の実績を基準とした管理が行われていることもある。

　それでは，どのような小規模企業が目標利益や経営計画を策定するのであろうか。1つには，不確実性の高い環境に身を置く企業では，その不確実性を低減し，より着実に成果を生み出す道を明確にするために，経営計画を精緻に作る傾向がある。たとえば，スタートアップ企業の傾向として，それ以外の小規模企業に比べて戦略計画や業務計画が洗練されているという研究成果がある。スタートアップ企業では通常，収益性と成長性が優先的な目標とされ，長期的には市場の支配力を高めることが目指されている。スタートアップ企業の経営者は，そのために事業環境をコントロールしたいという意思を強く持つ傾向にあるため，そのための手段として戦略計画や業務計画を精緻に作りこむ傾向にある（Matthews and Scott, 1995: 37-38）。

　また第2に，経営者が目標や計画を策定している場合，なんらかの外部のネットワークによって影響を受けて実施している場合が少なくない。たとえば，経営者が事業計画セミナーに参加したことがあったり，経営系の学部出身であったりするケースが紹介されている（Ruiz and Collazo, 2021: 96-97）。

　ただし，経営計画は，必ずしもすべてが文書化されているとは限らない（ibid.: 91）。その理由としては，たとえば第1に，前述のように組織が小規模ゆえに計画や目標を文書化しなくとも，人的コミュニケーション（Merchant, 1981: 813）を通じて組織の方向性を示すことができる。あるいは，第2に，計画の文書化には経営者の時間が奪われることとなるため，ときには計画の文書化に注力しすぎることで逆に労働生産性が落ちる可能性があることも示唆されている。たとえば，事業環境の変動が激しくなると，一度立てた計画が環境に適合しなくなりやすい。しかも，それを修正する場合には，再び経営者の時間を投入しなければならない。したがって，事業環境の変動が中程度の場合には計画の文書化が進められる傾向がある一方で，事業環境の変動があまりにも激しい場合には，むしろ計画の策定によって労働生産性が低くなる傾向も報告されている（Risseeuw and Masurel, 1994: 319-321）。

　それでは，どのような場合に計画が文書化されるのであろうか。第1に，比較的環境が複雑である場合のほうが，経営者が計画策定によって不確実性を低

減しようとする意図を持ちやすく，そのために計画は明確に文書化され，長期間にわたって策定される傾向があるとされる。したがってたとえば，事業分野の絞り込みが行われている企業のほうが，計画の文書化や長期的な計画の策定の必要は低くなる。このような企業では，従業員の活動の調整が容易であるうえ，過去の経験を活用して将来の企業活動の方向性を見据えやすいので，計画の文書化の必要性が低くなる。また，売上高が安定して得られる事業構造であれば，企業が対処しなければならない不確実性が低くなるので，計画の文書化や中長期的な計画策定の必要性は低くなる（ibid.: 314-315）。

　また第2に，計画の文書化を促進する要因は，環境の複雑さのみならず，経営者の人間性によっても影響を受ける可能性がある。起業家的自己効力感は文書化された事業計画[2]の作成を促進し，起業家的忍耐力は事業計画の策定活動への関与を促進することが示唆されている（Brinckmann and Kim, 2015: 153）。

　ここでいう企業家的自己効力感とは，自らが起業に関する特定の役割や業務を成功裏に遂行する能力を有していると信じる感覚のことを指す。事業計画の策定は，起業家の重要業務とみなされることが多いが，起業家的自己効力感の高い人物は，成果を出すことへの高いモチベーションや自信などに後押しされて，起業家の重要業務の1つとされることの多い事業計画策定に対し，しり込みすることなく取り組むことができる（ibid.: 155）。

　また，起業家的忍耐力とは，抵抗や挫折，結果の不確実性にもかかわらず，継続的な努力や持続的な行動を導く個人の認知特性を指す（ibid.）。計画の策定・実行は，不確実性や曖昧性に対処することを強いるが，起業家的忍耐力が高い経営者は，なんらかの目標を設定したとき，自らの継続的な努力が起業の成功に結びつくと信じて，その達成に向けた努力を惜しまない。したがって，いったん事業計画の策定に取り組めば，起業家的忍耐力の高い彼らは努力を惜しまず最後までやり遂げる可能性が高い（ibid.: 155-156）。

3.2.2　資金調達目的の事業計画の作成

　一方で，計画が文書化されるとはいっても，組織成員に対して企業活動の進むべき方向性を明示しようという考えからではなく，制度的な力によって経営者が事業計画を書くように動機づけられることもある。創業間もない起業家

396人へのサーベイ調査によれば，公的支援機関と密に接している経営者ほど，資金面などの補助を受けるために事業計画を書く傾向にあることや，製造業など事業計画の作成が頻繁に実施されている業界に属している企業ほど，事業計画の作成に注力する傾向があることが示唆されている（Honig and Karlsson, 2004: 32-33, 42-43）。これに従えば，創業間もない企業の経営者は，必ずしも合理的な企業活動の管理を通じた競争優位の獲得を期待して事業計画を作成している者ばかりではない。むしろ，自らの経営能力を外部にアピールするために事業計画を作成することもありうる（Davila et al., 2009: 335）。

この場合，経営者は，事業計画に沿って事業活動を展開しようという意識を必ずしも強くは持っていない。実際の事業活動は，作成した事業計画と「緩やかに（loosely）」しか結合させようとしない。したがって，事業内容は次第に計画とは異なるものになっていく（Karlsson and Honig, 2009: 41）。それどころか，スタートアップ企業の経営者は，企業が成長するにつれて，事業計画を作成することの必要を感じなくなっていくこともある。利益の獲得により自己資本の蓄積が進むと，金融機関やベンチャーキャピタルからの融資に依存する必要性が低くなるため，社外の利害関係者を説得するために事業計画を策定する必要性が低まってくるからである（Risseeuw and Masurel, 1994: 314）。

それでは，スタートアップ企業では，どのようにして計画が経営管理に利用されるようになっていくのであろうか。実態調査によれば，それらは1つの時点で突然利用されるものではなく，少しずつ利用度が高まっていくということが示唆されている。すなわち，予算や資金計画や販売計画といった財務的な計画の作成は，他のマネジメント・コントロールよりも先駆けて比較的初期に始められる。それに対して，財務的評価のツール（設備投資や営業経費の承認手続き，予算差異分析，製品や顧客ごとの収益性分析，顧客獲得費用の分析）を統制に利用する企業が多くなるのは，もう少し後の段階，具体的には会社設立から3〜5年後にかけてである（Davila and Foster, 2007: 934）。このように，財務的評価のツールは，財務的計画のツール導入後一定のタイムラグを経て採用されるという傾向が報告されている。

このように組織ライフサイクルの初期段階において，財務的計画の作成のほうが事後的な財務的管理よりも重視される背景には，利害関係者の期待度の高

さがある。この時期には，あらゆる利害関係者がその企業の将来的成長に対して大きな期待を抱いていることから，その期待に応えるべく，統制よりも計画や予測に対して注力がなされやすくなる（Granlund and Taipaleenmäki, 2005: 49）。

3.3　責任会計

　大企業では，通常は予算管理などの手法に依拠しながら，責任会計が実施されている。部門別に損益が集計され，各部門を統括する管理者はその損益に対して責任を負う。

　これに対して，実は，小規模企業の責任会計の実態はほとんど明らかになっていない。ただし，小規模企業において責任会計があまり導入されていないことは示唆されている。責任会計においては，経営者から管理者に対して委譲された責任と権限に会計責任が対応されるが（上總, 2017: 199），小規模企業では，そもそも経営者と一般従業員の間に管理者階層が存在しない場合がある。製品・サービスの種類や進出地域が少ない場合，経営者は多くの管理会計技法を不要と考える傾向がある（Armitage et al., 2016: 35）。

　したがって，小規模企業では，責任会計の代表格である予算管理が実施されているケースは少数派である。アンケート調査によれば，従業員20人以下の企業においては，予算管理を実施している企業は2割程度にとどまる（飛田, 2021: 56）[3]。その背景要因としては，1つには，前述のように小規模企業の組織や事業構造の簡素性という要因をあげることもできるが，もう1点，大半が同族企業であるという要因も考えることができる。同族企業では非同族企業に比べて，管理者に対して業績目標を設定し，報酬とリンクさせるという実務が行われる頻度が低い（Heinicke, 2018: 484）。同族企業においては，経営者との間に血縁関係を有する人物が管理者を務めている場合が少なからずある。この血縁関係という個人的な結びつきによる信頼関係が存在するため，そのような関係が存在しない非同族企業ほどには，管理会計の利用による管理者のモニタリングを行う必要性が認識されにくい（Neubauer et al., 2012: 48）[4]。

　それでは，予算管理が行われる企業とはどのような企業なのであろうか。たとえば，スタートアップ企業における予算の編成は，経営者の経験年数や，知

識の豊富な会計担当者の採用などによって後押しされる可能性がある。経験年数が長い経営者ほど，過去の経験からその便益を享受した経験を持つことが多くなり，そのことが管理会計システムの便益に対する高い評価につながると考えられる。そしてこのような経営者は，知識の豊富な会計担当者を採用し，管理会計システムの円滑な導入・運用を目指すよう動機づけられる（Davila and Foster, 2005: 1044）。また，ベンチャーキャピタルからの融資を受ける場合にも，そのための資金管理の必要性から予算管理が行われるようになることが示唆されている（ibid.: 1039）。

　なお，通常であれば大企業で実践されているような予算管理や業績評価が行われていなくとも，責任会計が行われている可能性があることには注意しておく必要がある。たとえば，部門ごとに収益や費用の測定が行われ，過去実績との対比で差異分析を行っているケースなども存在する（足立・岸保, 2017: 16）。この実務を「予算管理」に含めるかどうかについては別途検討が必要ではあるが，多くの大企業の予算管理と異なり，短期利益計画を編成方針として予算が設定されているとは限らない。大企業の予算管理プロセスの構成要素としては一般的な要素が揃っていなくとも，責任会計が実施されている場合がありうる。

4 ◆ 小規模企業の管理会計研究の展望

4.1　小規模企業の管理会計の構造的特徴

　以上，本章では，大企業の管理会計の構造（上總, 2017）を基礎として，これまでの小規模企業の管理会計研究の成果を整理し，小規模企業の管理会計の構造の何が特徴になっているのかを整理した。そこから明らかになったことを，図11-1と対比する形で示すと図11-2のようになる。以下，この図11-2に沿って小規模企業の管理会計構造の特徴を整理したい。

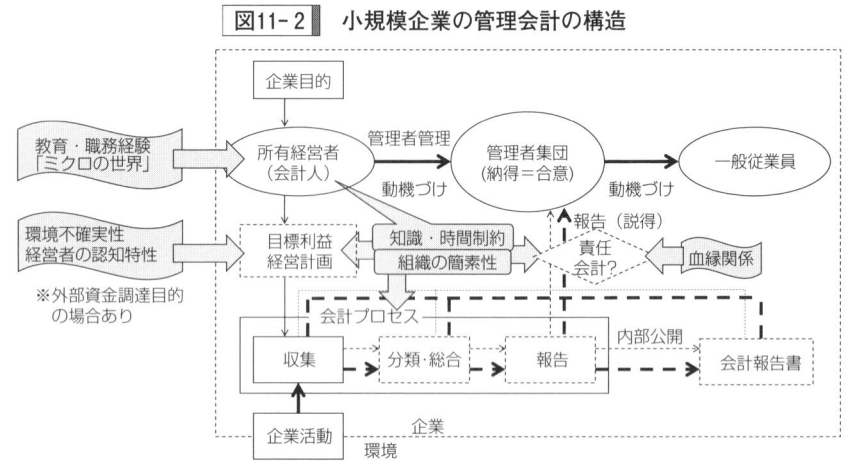

図11-2 小規模企業の管理会計の構造

（出所）上總（2017: 14）の図を参考に，筆者が作成

　第1に，小規模企業では，多数の会計担当者を雇用して管理会計業務を任せることはほとんどない。そのため，経営者が管理会計にかけられる時間や知識が，管理会計全般の実践度に大きく影響する。具体的には，知識がある経営者ほど管理会計の実践度が高く，そこには彼ら彼女らが受けてきた教育の内容や職務経験などが管理会計実践度に影響している可能性が示唆されている。ただしそのような要件があっても，実際の管理会計の導入は，それが経営者の「ミクロの世界」に適合しているかどうかによっても影響を受ける。

　一方，会計専門職の管理会計サービスの購入や，会計担当者の雇用などを行うケースもないわけではない。ただここでも，経営者や会計担当者が一定水準の会計知識を有していることが必要条件となる。ただし，会計専門職や会計担当者の力を借り，内部報告を目的として収集した情報を分類・総合して会計報告書を作成するという会計プロセスが完全には構築されていなくとも，証憑の収集や記憶に頼った管理活動が展開されているケースも考えられる。そして，それらの情報が，組織成員への公開や報告（説得）に用いられているケースもあるかもしれない。

　前述のような経営者の時間面・知識面での制約と，組織構造や事業構造が比較的簡素という小規模企業ならではの特徴とを背景として，小規模企業における管理会計構造の第2・第3の特徴が導かれる。第2の特徴は，小規模企業で

は，目標利益や経営計画が策定されていない場合や，策定されていても文書化されていない場合が大いにあるという点である。目標利益や経営計画が明示されている企業では，環境不確実性が高い傾向がある。その一方では，経営者の認知特性（自己効力感・忍耐力）によっても事業計画が文書化されるかどうかが変わってくる可能性がある。ただし，スタートアップ企業などにおいては，経営管理のためではなく，外部機関からの資金調達を目的として事業計画が利用されていることもある。

　一方で第3に，目標利益や経営計画の作成状況に関して研究知見が蓄積されてきたことに比べれば，それらを組織成員に報告（説得）して実現可能性を高める手段として，責任会計が小規模企業でどの程度行われているかについては，ほとんど明らかになっていない。小規模企業において予算管理の採用率が低いことや，その背景要因として組織や事業構造の簡素性や経営者と管理者の血縁関係による結びつきなどが考えられることまでは示されている。ただ一方で，小規模企業で実践されている責任会計がどのような仕組みやプロセスをとっているのかについては，実態はあまり明らかにされていない。

4.2　今後の研究展望

4.2.1　小規模企業の管理会計の構造

　1つ目の論点は，管理者，あるいは管理者がいない場合には一般従業員を，利潤獲得という経営目的の達成に向けて，どのようにして動機づけるのかという点である。

　企業の経営目的は多様であり，小規模企業の実態調査によれば，非経済的な目標を重視する企業も少なからず存在するという報告がある（Ruiz and Collazo, 2021: 96）。しかし，程度の差こそあれ，利潤の獲得は企業にとってその存続に影響する重要な命題であり，小規模企業の管理会計を論じるにあたって捨象できるものではない。大企業であれば，この経営目的の達成に向けて目標利益と経営計画が設定され，そこから責任予算が展開されて管理者管理が実施される。

　しかしながら，これまでの知見によれば，目標利益や経営計画が策定されている企業ばかりではない。策定されていたとしても，文書化されていないケースや，内部報告目的に利用されていないケースもある。しかも，大企業であれ

ばこの目標利益や経営計画に基づいて責任予算が展開されるが，小規模企業の責任予算の実態はほとんど明らかになっていない。

このことから，小規模企業において，経営者が管理者を利潤獲得に向けてどのように動機づけるのかという研究課題が浮かび上がる。具体的には，第1に，目標利益という管理基準が仮にあったとしても，それが組織成員に対して明示されていない中で，経営者は利潤獲得に向けて管理者をどのように動機づけるのかという論点である。そしてその際には，責任会計はどのようなプロセスで実施されているのか。あるいは，責任会計が実施されていないのであれば，組織成員の目標利益達成に向けた動機づけはどのような方法によって代替されているのか。

また第2に，そもそも管理者が目標利益や経営計画を明確に持ち合わせていない場合も考えられる。たとえば，第9章でも触れられているように，アントレプレナーシップ論の研究では，スタートアップ企業の創業者は，環境が極度に予測不能なために，そもそも目的や目標を明確に有していないこともあり，その場合にはやれることから実現可能な目的を探求し，その結果として目的が偶発的に生まれるケースも考えられる。すなわち，求める結果＝目標からスタートし，それを達成するための手段を追求するのではなく，手元にある手段を使って何ができるかを追求し，交流する人々との相互作用の中で目的を事後的に明確化していく（Sarasvathy, 2009: 73-74）。

これを目標利益や経営計画に置き換えるならば，経営者がそれらをそもそも持ち合わせていない場合には，経営者は利潤獲得に向けた組織成員の動機づけをどのように行うのであろうか。この点について，今後の小規模企業の管理会計研究において明らかにされることが期待される。

4.2.2　経営者が管理会計の費用対効果を判断するプロセス

今後の研究が期待される論点の2つ目は，小規模企業経営者の管理会計の費用対効果の判断がどのようになされた結果，現実の管理会計が実践されるようになっているのかという点である。

4.1で整理したように，小規模企業では経営者や会計スタッフにかかわる知識や時間の制約などによって，あるいは組織が簡素な構造をしていることから，

大企業に比べて管理会計の実践度が低くなることが多い。その一方では，環境不確実性が高まったり，経営者が特定の認知特性を持っていたりする場合には管理会計の実践度が高くなる傾向も確認された。

　ただ，これらの各種の条件が類似した状況に置かれていても，管理会計の実践度は経営者によって異なる可能性が高い。実際に管理会計の実践度を決めるのは，経営者がそれに対してどの程度費用対効果があるものと考えているか次第である（Armitage et al., 2016: 64）。したがって，管理会計導入の促進要因も阻害要因も加味したうえで，経営者の「ミクロの世界」の中で「総合的」判断がなされた結果，管理会計が構築されることとなる。

　しかしながら，その総合的判断がどのようになされているのかについては，現在のところほとんど明らかになっていない。しかも，総合的判断にはたとえば，先行研究で示唆されているように，経営者の認知特性が影響している可能性が考えられる（Brinckmann and Kim, 2015: 155）。例えば，現経営者のビジョンを組織成員に伝達するため，業績管理の仕組みを構築し共有した事例が報告されているが（Giovannoni et al., 2011），経営者は，なぜ自らのビジョンの伝達手段として，業績管理の仕組みに着目したのであろうか。現実の小規模企業の管理会計の実践度の規定要因をより深く理解するには，経営者を取り巻くより多様な事情を考慮・検討する必要がある。

4.2.3　組織ライフサイクルが小規模企業の管理会計構造に及ぼす特徴

　本章では，一般的傾向として，組織の構造や規模が簡素であるほど実践される管理会計も簡素なものになることが指摘されてきたことを受け，小規模企業の管理会計の特徴全般を描くことを試みた。したがって，組織の規模に着目して小規模企業の管理会計研究をレビューした文献と同様（Pelz, 2019），小規模企業の管理会計の特徴を存続年数や成長志向によって分類する試みは行わなかった。

　一方，実際には，小規模企業の中でも，スタートアップ企業は精密に経営計画を策定する傾向がある（Matthews and Scott, 1995: 34）。また，企業が組織のライフサイクルのどの段階にいるかによって，公式的な管理会計システムの利用度が変わってくるともされる（Moores and Yuen, 2001: 383-384）。このように

スタートアップ企業にみられる特徴は，4.2.1で論じた小規模企業の管理会計の構造や，4.2.2で論じた経営者の管理会計の費用対効果の判断においても，影響を及ぼしている可能性が高い。この点についても，今後の研究に期待したい。

● **注**

1 組織の規模以外の要因が管理会計の実践度に影響を及ぼしている可能性を検討した研究もあるが（たとえば，Moores and Yuen, 2001: 383-384; Davila et al., 2009: 328），本章では企業規模の「小ささ」が管理会計の構造にもたらす影響に焦点を絞って検討を行う。
2 経営計画と事業計画の異同については，組織の規模や資源配分の複雑性など，別途検討すべき点は多々存在する（篠原・足立，2022: 38）。ただ，本章は経営者が目標や計画を設定すること自体を議論の対象としているため，スタートアップ企業の事業計画策定も検討対象として含めることとした。
3 先に引用した飛田（2021: 57）では，「ここでいう予算管理は貸借対照表，損益計算書を備えた予算を作成し，それに基づいて予算実績差異分析などの管理を行っているという定義づけをしている」と説明されている。
4 中には，同族企業で責任会計が行われるケースもある。創業者が事業承継を円滑に進めるため，自らのビジョンを非同族の管理者だけでなく後継者や親族に伝達する目的で，業績管理システムを導入したという例も存在する（Giovannoni et al., 2011: 141-142）。

◆ **謝辞**

本研究は，JSPS科研費21 H 00763による研究成果の一部である。

◆ **参考文献**

Alattar, J. M., Kouhy, R., & Innes, J. (2009). Management accounting information in micro enterprises in Gaza. *Journal of Accounting and Organizational Change, 5*(1): 81-107.

Armitage, H. M., Webb, A., & Glynn, J. (2016). The use of management accounting techniques by small and medium-sized enterprises: a field study of Canadian and Australian practice. *Accounting Perspectives, 15*, 31-69.

Benjaoran, V. (2009). A cost control system development: A collaborative approach for small and medium-sized contractors. *International Journal of Project Management, 27* (3), 270-277.

Berry, A. J., Sweeting, R., & Goto, J. (2006). The effect of business advisors on the performance of SMEs. *Journal of Small Business and Enterprise Development, 13*(1), 33-47.

Brinckmann, J., & Kim, S.M. (2015). Why we plan: the impact of nascent entrepreneurs' cognitive characteristics and human capital on business planning. *Strategic Entrepreneurship Journal, 9*, 153-166.

Brinckmann, J., Salomo, S., & Gemuenden, H. G. (2009) Financial management competence of founding teams and growth of new technology-based firms. *Entrepreneurship Theory and Practice, 35*(2), 1-27.

Broccardo, L. (2014). Management accounting system in Italian Smes: some evidences and implications", *Advances in Management and Applied Economics, 4*(4), 1-16.

Cassar, G.（2009）. Financial statement and projection preparation in start-up ventures. *The Accounting Review, 84*(1), 27–51.

Cassar, G., & Ittner, C. D.（2009）. Initial retention of external accountants in startup ventures. *European Accounting Review, 18*, 313–340.

Davila, A. and Foster, G.（2005）. Management accounting systems adoption decisions: evidence and performance implications from early-stage/startup companies. *The Accounting Review, 80*, 1039–1068.

Davila, A., & Foster, G.（2007）. Management control systems in early-stage startup companies. *The Accounting Review, 82*, 907–937.

Davila, A., Foster, G. and Oyon, D.（2009）. Accounting and control, entrepreneurship and innovation: venturing into new research opportunities. *European Accounting Review, 18*, 281–311.

Giovannoni, E., Maraghini, M. P., & Riccaboni, A.（2011）. Transmitting knowledge across generations: the role of management accounting practices. *Family Business Review, 24*(2), 126-150.

Granlund, M., & Taipaleenmäki, J.（2005）. Management control and controllership in new economy firms -a life cycle perspective. *Management Accounting Research, 16*, 21–57.

Greenbank, P.（2000）. Training micro-business owner-managers: a challenge to current approaches. *Journal of European Industrial Training, 24*(7), 403-411.

Halabi, A. K., Barrett, R. & Dyt, R.（2010）. Understanding financial information used to assess small firm performance: an Australian qualitative study. *Qualitative Research in Accounting and Management, 7*(2), 163-179.

Heinicke, A.（2018）. Performance measurement systems in small and medium-sized enterprises and family firms: a systematic literature review. *Journal of Management Control, 28*, 457-502.

Honig, B., & Karlsson, T.（2004）. Instititonal forces and the written business plan. *Journal of Management, 30*, 29–48.

Karlsson, T., & Honig, B.（2009）. Judging a business by its cover: an institutional perspective on new ventures and the business plan. *Journal of Business Venturing, 24*, 27–45.

López, O. L. & Hiebl, M. R. W.（2015）. Management accounting in small and medium-sized enterprises: current knowledge and avenues for further research. *Journal of Management Accounting Research, 27*(1), 81-119.

Marriott, N., & Marriott, P.（2000）. Professional accountants and the development of a management accounting service for small firm: barriers and possibilities. *Management Accounting Research, 11*(4), 475-492.

Matthews, C., & Scott, S.（1995）. Uncertainty and planning in small and entrepreneurial firms: an empirical assessment. *Journal of Small Business Management, 33*, 34–52.

Mengel, S. and Wouters, M.（2015）. Financial planning and control in very small start-up companies: antecedents and effects on company performance. *International Journal of Entrepreneurship and Small Business, 26*, 191-216.

Merchant, K. A.（1981）. The design of the corporate budgeting system: influences on managerial behavior and performance. *The Accounting Review, 56*(4), 813-829.

Mitchell, F. & Reid, G.C.（2000）. Problems, challenges and opportunities: the small business as a setting for management accounting research. *Management Accounting Research, 11*(4), 385-390.

Moores, K., & Yuen, S.（2001）. Management accounting systems and organizational configuration: a life-cycle perspective. *Accounting, Organizations and Society, 26*（4/5）, 351-389.

Nayak, A., & Greenfield, S.（1994）. The use of management accounting information for managing micro businesses. In Hughts, A., & Storey, D. J.（Eds.）*Finance and the Small Firm*, Routledge, London, 182-231.

Neubauer, H., Mayr, S. Feldbauer-Durstmüller, B., & Duller, C.（2012）. Management accounting systems and institutionalization in medium-sized and large family businesses – empirical evidence from Germany and Austria. *European Journal of Management, 12*（2）, 41-60.

Pelz, M.（2019）. Can management accounting be helpful for young and small companies? Systematic review of a paradox. *International Journal of Management Reviews, 21*, 256-274.

Perren, L., & Grant, P.（2000）. The evolution of management accounting routines in small businesses: a social construction perspective. *Management Accounting Research, 11*, 391–411.

Risseeuw, P., & Masurel, E.（1994）. The role of planning in small firms: empirical evidence from a service industry. *Small Business Economics, 6*, 313–322.

Ruiz, T. N., & Collazzo, P.（2021）. Management accounting use in micro and small enterprises. *Qualitative Research in Accounting and Management, 18*(1), 84-101.

Sarasvathy, S. D.（2009）. Effectuation: elements of entrepreneurial expertise, Edward Elgar Pub.（加護野忠男監訳（2015）.『エフェクチュエーション　市場創造の実効理論』碩学舎.）

Shields, J. and Shelleman, J.（2016）. Management accounting systems in micro-SMEs. *The Journal of Applied Management and Entrepreneurship, 21*(1), 19-31.

Ylä-Kujala, A., Kouhia-Kuusisto, K., Ikäheimonen, T., Laine, T., & Kärri, T.（2023）. Management accounting adoption in small businesses: interfaces with challenges and performance. *Journal of Accounting and Organizational Change, 19*(6), 46-69.

朝原邦夫（2010）.「中小企業の経営計画の策定と管理会計の活用について－Ａ会計事務所の顧客企業に対する実態調査の結果分析を中心に－」『名古屋学院大学大学院経済経営論集』13, 1-25.

足立洋・岸保宏（2017）.「小規模企業における管理会計導入プロセス－飲食業における事例考察に基づいて－」『県立広島大学経営情報学部論集』10, 11-25.

足立洋・岸保宏（2019）.「経営者の認識を伴わない管理会計実践の可能性－中小飲食企業 4事例のケース・スタディに基づいて－」『中小企業会計研究』5, 35-45.

上總康行（2017）.『管理会計論　第 2 版』新世社.

工藤栄一郎（2011）.『会計記録の基礎』熊本学園大学産業経営研究所.

篠原巨司馬・足立洋（2022）.「経営計画－環境変化に対処し，イノベーションを促進する」

加登豊・吉田栄介・新井康平編著『実務に活かす管理会計のエビデンス』中央経済社，37-47.

高寺貞男（1967）．『簿記の一般理論』ミネルヴァ書房．

高橋賢（2017）．「簿記と管理会計」『横浜経営研究』37(3/4)，35-45.

中小企業庁（2023）．「中小企業・小規模企業者の定義」URL: https://www.chusho.meti.go.jp/soshiki/teigi.html（2023年8月6日閲覧）.

飛田努（2021）．『経営管理システムをデザインする－中小企業における管理会計実践の分析』中央経済社.

牧野功樹（2020）．「中小企業の管理会計研究－システマティック・レビューによる統合の試み－」『管理会計学』28(1)，71-95.

三浦紘嵩（2022）．「小規模企業の管理会計に対する環境の不確実性の影響－居酒屋小満〈みちる〉の事例研究－」『原価計算研究』46(2)，79-91.

頼誠（2004）．「中小企業の管理会計（一）－英国における研究をめぐって－」『會計』166(2)，188-201.

第12章

新製品開発における管理会計実践
―エクスプローラージーンズの事例から―

1 ◆ はじめに

　製品のライフサイクルが短縮化しているといわれている今日，企業は売れる新製品を短い期間で開発することが強く求められている。こうした環境の中で管理会計研究でも製品開発に関する研究が1990年代以降行われるようになってきており，近年こうした流れは加速している。たとえば雑誌 *Management Accounting Research*では2015年に製品開発に関する特集号を掲載している。

　ただし，すべての研究で具体的な管理会計実践を扱っているわけではない。*Management Accounting Research* 2015年の特集号の巻頭にてMoll（2015）は，製品開発に焦点を当てた初期の研究が管理会計の表層部分しかとらえておらず，管理会計をどのように設計するのかといったところまでは踏み込めていないことを指摘している。

　日本の管理会計研究に目を移すと，製品開発に焦点を当て，具体的に管理会計の仕組みにも言及した研究として原価企画に関する研究があげられる。原価企画は「製品の企画・開発にあたって，顧客ニーズに適合する品質・価格・信頼性・納期等の目標を設定し，上流から下流までの全ての活動を対象としてそれらの目標の同時的な達成を図る，総合的利益管理活動」（日本会計研究学会，1996: 23）と定義されるとおり，研究開発も含むバリューチェーンの上流にも焦点を当てた管理会計実践であるといえる。

　上總（2017）は，原価企画を次のような図で表現している。

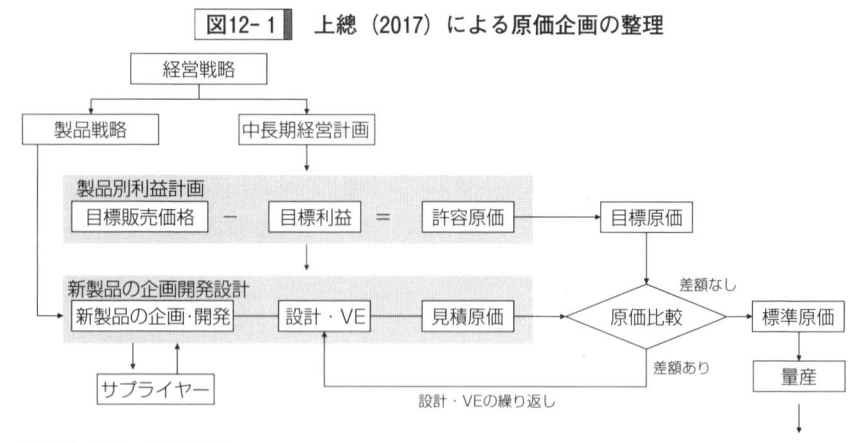

図12-1　上総（2017）による原価企画の整理

（出所）上総, 2017: 133

　原価企画には2つの側面がある。第1に経営戦略から導かれる中期経営計画から目標利益を設定し，目標販売価格から差し引くことで許容原価を設定する。そのうえで目標原価を設定するという，新製品別利益計画の側面である。第2に製品戦略を実現する新製品の企画開発設計という側面である。第1の側面から目標原価を，第2の側面から見積原価を算出しそれを比較し，見積原価が目標原価を超えるような場合，設計・VEが繰り返し行われることとなる。

　トヨタのパブリカを起源（丸田, 2009）として構築された原価企画はその後日本の管理会計実践の先端事例として，日本国内・海外の実務家や研究者から多くの注目を集めた。その結果として，トヨタに関する数多くの研究だけではなく，トヨタ以外の企業での導入事例が蓄積されてきた。クラリオン（現フォルシアクラリオン・エレクトロニクス）のカーオーディオ事業（山田, 1994），電機メーカーのパソコン事業，エアコン事業，液晶事業（吉田, 2001），電気機器メーカーの電源装置や光学関連製品（近藤, 2004），モジュール化が進んでいる輸送機器組立メーカー2社と電気機器部品メーカー（畑井ほか, 2013），準大手造船企業（宮地, 2015; 宮地・柊, 2015），富士ゼロックス（現富士フイルムビジネスイノベーション）の複写機事業（吉田・伊藤, 2019, 2020）等があげられる。

　管理会計研究で注目してきた原価企画導入を行っている企業が原価企画を活用してきた製品には共通点が存在する。それは，「すでにある製品」を対象としているという点である。このことは2つの意味合いがある。第1に競合ある

いは類似製品が存在するため，価格競争が激しい市場が想定されているという点である。厳しい競争市場の中で，どれだけいいものを作るのかが原価企画が活用されてきたフィールドであるといえる。

第2に，「いいもの」を作るというのは，既存の製品のモデルチェンジを意味しているという点である。今までになかった製品を作るよりも，今ある製品の価値をどのように高めるのかを検討することになる。

要するに，今までの製品をどれだけ良くするのか，良い機能を載せられるのかということを検討する際に原価企画は多く用いられているということである。

裏返せば今までになかった新製品の開発をするときに管理会計をどのように実践すべきなのかという点は原価企画に関する研究では十分に検討できていない。管理会計研究に広く目を向けたとしてもごく一部の研究（たとえば田坂・李, 2022）を除いて非常に限られた研究蓄積が行われているのみである（伊藤, 1998）。

そこで本章では，今までになかった製品を開発した企業とその製品を対象とした調査を行い，どのように管理会計が実践されていたのかを明らかにする。

2 ◆ 研究方法

今までになかったような製品を開発した企業の管理会計実践を研究するため，本章では事例研究を採用した。企業の選択にあたっては次の2点を要件とした。第1に，製品の新規性が高いことである。本章の研究目的と照らし合わせて，今までにないものを作ったといえることが求められる。第2に，実際に製品を開発した担当者にインタビューができることである。全社的な管理会計の仕組みだけではなく，実際に開発する担当者がどのような会計数値を意識していたのか，どのような計算を行っていたのかまで踏み込んだ検討を行うためには，担当者へのインタビューは必須である。

この要件をもとに選択したのが株式会社クシタニ（以下，クシタニと略記する）である。クシタニの創業は1947年数人の職人たちで革ジャンパー等の皮革製品を製造販売する小さな商店（櫛谷商店）を開いたことに遡る。櫛谷商店のあった浜松市はバイクメーカーのメッカであり，現在の国内4大バイクメー

カーのうち3つが浜松市から誕生した。1950年代に入るとバイクのレースが開催されるようになった。当時，バイクレースに出場する選手の服装の多くは布製であった。そこでライダーの安全性を高めるために，鈴木自動車工業（現スズキ）が革ツナギを発案した。この製造を任されたのが地元企業の櫛谷商店であり，クシタニは革ツナギを日本で初めて製造したメーカーとして広く知られることとなった。

これ以降，クシタニは「安全性を追求する we create safety world」という理念のもと，バイク用ウェアの製造・販売に携わり続けてきた。売上高27億円（2022年度），純利益2億1千万円（2022年度），社員数はグループ企業を除いて45名である。現在も静岡県浜松市に本社工場があり，日本各地に直営店あるいはフランチャイズ店を有している。

クシタニにおいてそれまでになかった製品として多くのライダーにとっても著名であるのが，1995年に開発されたカントリージーンズ，現在の名称でいえば「エクスプローラージーンズ（Explorer Jeans）」（以下，エクスプローラーと略記する）である。

エクスプローラーは革製のライダーズパンツである。そもそもライダーが革製のパンツを穿くのにはいくつかの理由がある。第1に，耐摩耗性の高さである。バイクに乗る以上転倒のリスクからは逃れられない。皮革は耐摩耗性に優れているため，転倒した際にライダーを擦り傷などのけがから守ることができる。前述のレースからの需要もこの点に関係している。第2に熱伝導率の低さである。バイクに乗る際にはエンジンを抱え込んで運転することになる。エンジンからの排熱は主に太ももに伝わるため，火傷を防ぐことが重要になる。第3に，ライディング姿勢のサポートのためである。バイク運転中はバイクのタンクを膝で挟んで姿勢を安定させる必要がある。革は滑りにくく，その他の素材と異なり少しの力でグリップ力を効かせることができるため，ライダーの疲労を軽減させることができるのである。

エクスプローラーはそれまでの皮革が用いられたライダーズパンツとはかけ離れたものであった。まず，見た目がまったく異なる。それまでの革のパンツといえば，つやがあってまさに「革の」パンツといえるものが主流であった。エクスプローラージーンズはその名前のとおり，ジーンズに見える革のパンツ

なのである。革に型押しをして，表面を加工することで，ジーンズに似た模様を出している。革のパンツを着れば，ライダーであることをアピールするようなアイテムであったところ，よりカジュアルに，たとえばツーリング先で出歩くときに悪目立ちしないような見た目・風合いであったのである。

　エクスプローラーが新しかったのは見た目だけではない。撥水性をもつだけではなく，革製品であるにもかかわらず自宅で洗濯できるという優れた機能性を有していたのである。革は基本的には水に弱く，洗濯可というのは従来の革製品の発想とは180度異なるといっていい。幅広い速度域で公道を走る以上，汚れは避けられない。それを解決するために，自宅で洗えるような製品を開発したのである。

　本研究でインタビュー対象としたのはこのエクスプローラーを開発した当の本人であるクシタニの取締役副社長，穂永晴義氏である。穂永氏がクシタニに入社したのは1986年である。自身もライダーであり，クシタニの製品については知っていたものの，皮革の性質，あるいは縫製等の製造方法についてはまったくの素人であった。生産管理の担当者として入社した穂永氏は，生産管理主任，企画開発生産管理課長，販売部長を経て現職に就いている。クシタニの歴史を知る人物であるとともに，今までになかった製品の開発者であるということから本研究を行ううえでこれ以上ない人材であるといえる。

　本研究では穂永氏に対して2021年から2023年にかけて計4回10時間のインタビューを行った。その中には当時の雑誌に取り上げられていた内容や，開発を行うときに作成していたメモの閲覧も含んでいる。内容についての不明点はメール等で確認を取るとともに，文章の表現が適切なのかについても確認をとっている。

　次節ではエクスプローラーの開発の流れに沿って，どのような背景で開発がなされたのか，どのような順番で機能が検討されていったのか，その中で管理会計実践としてどのようなことが行われていたのかについて述べることとする。

3 ◆ エクスプローラー開発の背景とコンセプトの決定

3.1 エクスプローラー製造の流れ

エクスプローラー開発の背景を述べる前に，エクスプローラーの製造の流れについて概要を記載する。以下の図12-2のとおりである。

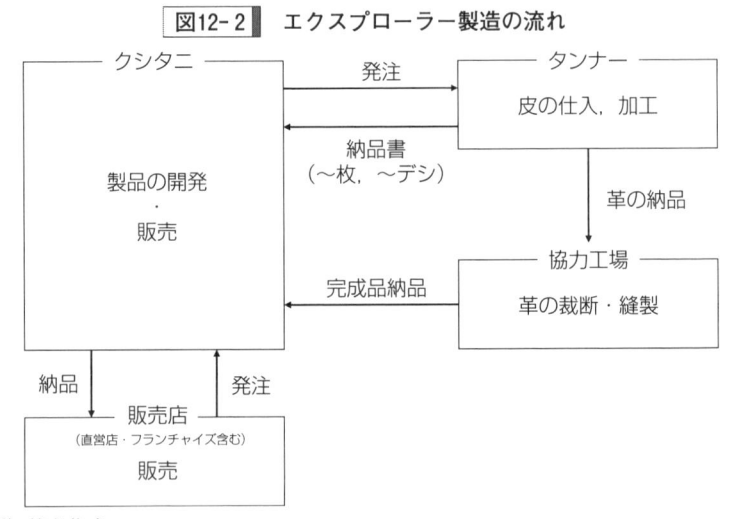

図12-2 エクスプローラー製造の流れ

（出所）筆者作成

エクスプローラーの製造は皮の仕入・処理を行うタンナーが仕入先から皮をロットで仕入れることから始まる。皮は防腐処理がなされただけの牛の皮であるため，これを加工可能な革にするための表面処理や平面に伸ばす工程が行われる。そのうえで，デニムに見せるための型押しを行い，撥水性をもたせるためのフッ素加工が行われる。

こうして作られた革が，クシタニの製品のみを受注し，クシタニの量産を担っている協力工場に納品され，クシタニに納品書が送付される。この協力工場で，革の裁断・縫製・検品が行われる。

完成したエクスプローラーはクシタニに納品され，それが直営店やフランチャイズの店舗に卸されることとなる。

3.2　バイク需要の減少に伴うキャパシティーの縮小

エクスプローラーは順風満帆な環境下で開発されたわけではない。むしろ業界全体が危機的状況にある中で，なんとか生き延びる道がないだろうかと考え抜かれた結果，開発された製品であるといえる。

エクスプローラーが開発された1995年はバブル崩壊後一時のバイクブームも収束し業界全体が低迷していた。クシタニもその影響からは逃れられず，売上低下に歯止めがかからないといった状況であった。

穂永氏は当時入社8年目で，企画開発生産管理課長つまりは製造の責任を負うポジションであり，直接の上司は社長であるという認識であった。業界の低迷とともに，この数年前から穂永氏は製造の責任者として自社工場（第2工場，第3工場）の閉鎖，協力工場10社以上との取引を停止した。外部からみれば穂永氏は事業再生請負人として入社した人物であると捉えられていたほどであった。

この頃になると経営者からは数字に関する指摘がなされるようになった。一部部門別採算管理を意識したような計算が行われるようになり，採算を向上させるように指示はあったものの，具体的にどうすればいいのかまでは指示がなく，行動に移せないような状況であった。

端的にいえば，当時製造現場を動かすだけの仕事，つまり作って売れるものがなかったのである。穂永氏はこの状況が続けば，製造のキャパシティーをさらに縮小させねばならずクシタニのものづくりを残せないと感じていた。そこで，自社工場と残された協力工場のための仕事を作ること，つまり革のヒット製品の開発が急務であると考えるようになったのである。

革の製品を企画するうえで重視したのが「革を身近なものにする」という点である。これはクシタニが革製品を製造してきた歴史もその背景にあって，より多くの人に自社を知ってもらい，自社製品を使ってもらいたいという想いがベースにある。

3.3　製品コンセプトの決定

エクスプローラーの製品コンセプトとしては，デニムに見える革，撥水性，

自宅で洗濯ができるという3点が設定された。それぞれについてどのように設定されたのかについて述べることとする。

　エクスプローラーの開発の直接的なきっかけとなったのは，取引先からデニムに見える革を見せてもらったことである。それまで革らしさを消す，革を革として見せないということは検討していなかったので，まったく新しい着眼点を得たのである。このデニムに見える革を使ってライダーズパンツを作れば，いいものができるのではないかと漠然と感じた。これは前述した革を身近にするという点とも合致している。

　この「デニムに見えるという」コンセプトに加えて検討されたのが，撥水性である。穂永氏は入社時皮革製品の設計・製造についてはまったくの門外漢であった。生産管理担当として入社した以上，メイン商材の皮革についての理解や知識が求められると感じた穂永氏は皮革のプロであるタンナーの社長に教えを乞うことにした。入社時から半年〜1年程度は毎日のように電話をかけ，皮革についての質問を投げかけるように心がけ，最低でも2カ月に1回はタンナーを訪問していた。その結果，エクスプローラー開発時には皮革についてタンナー内の工程についても理解しているほどノウハウが蓄積されていた。

　このタンナーとのやり取りの中で，フッ素加工によって撥水性がある皮革を作れるということを聞いていた。そこでエクスプローラーにはこの撥水性を取り入れることとなった。

　ここで，前述した革を身近にすることをかなえるために必要なことを考えたときに思い至ったのが「自宅で洗濯可能である」という点である。革が身近でない理由として汚れた場合は専門のクリーニング会社に出さなければならない点であると感じ，これを打破するためにこのコンセプトが設定された。

　こうして3つのコンセプト，デニムに見える革，撥水性，自宅で洗濯できるという点が設定され，社長の後押しを得て実際に試作する段階に進むこととなった。開発についてスケジュールや発売時期のような期限が設けられることはなく，開発費の予算等が設定されることもなかった。そもそもこうしたコンセプトの製品が実現可能なのか開発者の穂永氏でさえわからなかったのである。

　ただし，まったくコストを意識しなかったわけではない。開発を進めるにあたって，販売価格は5万円以内に抑えたいと考えていた。これは当時のライ

ダーズパンツの価格を参考にしながらも，手に取ってもらえる価格として穂永氏自身が考えた価格である。これを意識に置きながら以降の開発が進められていくこととなった。コンセプトを実現するうえで，仮にコストが8万円かかるようなことがあれば完成したとしても売れないと言ったことが懸念され，このコンセプトは断念せざるを得ないといったような形で考慮されていた。

4 ◆ 試作・テスト期

　エクスプローラーの試作はタンナーと二人三脚で行われた。まず取り組んだのが見た目をデニムらしくするという点である。革をデニムに見せるような型押し革はそれ以前にもあったものの，単にデニム模様を型押ししただけであり，質感とくに素材の凹凸感については再現度が低かった。この加工方法をタンナーと見直し，デニムの風合いと質感により近い革の開発に成功した。のちにこの加工方法は特許を取得している。

　撥水性については，前述のとおりタンナーからフッ素加工について知識を得ていたため，それを採用することとした。ここで意識されたのがタンナーの社内でかかるコストであった。革にフッ素を浸透させる際には，その吸収率には限界がある。たとえばフッ素を10入れたとして，革に6しか残らないのであれば，最初から6入れるほうがコストがかからない。フッ素の量と撥水の性能を検証するため複数のパターンを試作し，それをクシタニが外部の撥水性試験の検査機関に持ち込んだ。これによってタンナーにとってもコストがかからないような形で撥水性を獲得した。

　試作を重ねていく中で，最も困難だったのは洗濯できるという点であった。皮革は通常，原皮の状態で仕入れられてから，表面の処理が行われる。そして，もとは動物の体を包むような三次元的形状をしている皮を，加工しやすいように二次元に伸ばす工程が行われる。ここで伸ばされるがゆえに，水を入れ乾燥させると元の形に戻ろうとする力が加わって，縮んでしまう。逆にこの工程でまったく伸ばさないと，水を含んだ影響でよれて伸びてしまうのである。自宅での洗濯に耐えうるように革の伸ばし方の程度を調整するのが非常に難しかった。最初に作った試作品は洗濯後に10%も縮んでしまったのである。

　この工程で自宅での洗濯環境を再現するため，洗濯機・乾燥機を社内に設置した。サンプルの製品が仕上がってくるたびに，市販されているさまざまな洗剤で洗濯・乾燥のテストを行った。試作の回数は10回以上になり，タンナーからは「本当に洗濯できないとだめなのか」と相談されたほどであった。ただ，穂永氏は試作が５回を超えたぐらいから，目標としているものができるのではないかと感じていた。技術的に新技術が用いられているわけではなく，その組み合わせをどこまで突き詰めるのかといった作業であったため，完成に近づいているという実感があった。

　試作の中で，タンナーとはコストに関する情報のやり取りが行われていた。たとえば撥水加工でデシ（10cm×10cm）当たりの加工賃が３円であったとして，１着のライダーズパンツを製造するのに400デシの革が必要である場合，コストが1,200円かかる計算になる。これを目標としていた販売価格の５万円と突き合わせて，加工費1,200円で理想としている製品が実現できるのであればコストをかけてでも採用しよう，といった意思決定がなされていた。

　これに付随して，使用する革の原材料自体の見直しも行った。皮の品質はタンナーが仕入れ，表面の処理を行って初めて見えてくる部分がある。特に細かいキズなどは仕入れ前には判別できない。つまり，タンナーが一度仕入れを行うと，キズがまったくないような革からキズが入っている革まで，さまざまな革を在庫として持つようになる。当然，キズがないものから売れていくことになる。エクスプローラーはデニムに見えるということからそのキズを風合いや味として取り入れられると考えたのである。そのため，タンナーにとってはそれまで抱えてしまっていた在庫を出すことにつながり，クシタニにとっては仕入単価の引下げにつながったのである。

　試作が進行するとともに，穂永氏は実際に自分で着用してバイクに乗ることでテストを行っていた。社長にも試作品を着用してもらい，かなりの好感触を得ていた。

5 ◆ 量産の準備と製品原価計算

　試作を繰り返し，製品化の見通しが立つと量産の準備のために協力工場との

調整が行われた。特に重要になったのは革の裁断についてであった。型押しした革であるのに加えて，前述のとおり革本来のキズを風合いとして活かすことを考えていたため，従来の革製品とは異なる考え方が現場の作業員に求められたのである。具体的に言えば，それまでの製品ではキズを避けて裁断を行うところ，風合いとして活かせそうなキズはうまく取り込んで裁断するということである。製品の歩留りを安定化させるためにもこの点は重要であり，結果的には協力工場内で専属の担当者を置いてもらうことになった。

　縫製については，それまでもライダーズパンツを製造していたことから，単価や作業スピードについて穂永氏も大方のところは把握していた。それまでの実績や目標としていた販売価格を考慮して，「1着当たり〇〇円」という形でクシタニ側から提示し，協力工場との調整を経て契約を行った。

　この段階になると製品のコストを詳細に考えられるようになり，売価を設定するために原価表の作成を行った。下記の図12-3のとおりである。

図12-3　クシタニの原価表

原価表（イメージ）				
		使用量	単価	
a. 材料費	革	〜枚	???円	???円
	副材料	・・	???円	???円
	・・・	・個		
b. 協力工場工賃				???円
c. 経費	(a＋b)×??%			???円
	(a＋b＋c)÷理想原価率			???円

（出所）筆者作成

　まず材料費を計算するうえで，1着当たり革を何枚使うのかを計算した。ここには試作を行っていた協力工場の所感が反映されている。そこに革の仕入単価を掛けることで材料費の大部分を占める革のコストが計算できる。さらにファスナー等の副材料費を加えて材料費が計算される。

　ここに協力工場工賃を加え，a. 材料費とb. 協力工場工賃を足し合わせたものに対してすべての製品に共通したパーセンテージを掛けることで経費を計算

する。このパーセンテージは本社の設計開発にかかる費用を賄うためのコスト
を見越して設定されている。

　最後にa. 材料費とb. 協力工場工賃とc. 経費を足したものを理想原価率で割
り算することで売価が設定される。

　穂永氏の入社時の原価表はかなり粗いものであった。革の使用量の目安が正
確ではなく，価格決定の理由やルールが明示されているものではなかった。ま
た，経費も計上されていなかった。これを現在の構造に作り替えたのが穂永氏
である。この計算方法について以下のように述べられていた。

　　メーカーとしてブランドとしてというか，広告宣伝費，ブランド料とかっていう
　　ものはのせていない。実際にかかった原価に素直に上代をのせているので。そう
　　いう意味では時としてクシタニは高いって言われ方をしますけれども。最終的に
　　は使ってみて，仮に転んだりしたときにけがをしなかったとか，使いやすいとか，
　　疲れにくいとか。トータルで見た時に絶対に損はさせない値段以上のものは提供
　　しているという自負じゃないですけど，そういうつもりでものをつくって，値段
　　をつけて買って頂いている。(第1回インタビュー)

　エクスプローラーもこの計算方式によって売価の設定が行われた。皮革を何
枚使うと何着の製品ができるのかを裁断工程を指導しながら見極め，材料費を
算定する。それまで同種の製品を裁断・縫製してきた実績から工賃を決定し，
それに設計開発の労務費分を賄えるだけの経費（全製品一律）をのせることに
した。

　そのうえでどれだけの利益をのせるのか，つまり原価率をどれぐらいに設定
するのかといった点が検討された。当時の状況がクシタニにとっては今すぐ仕
事が欲しいというようなものであったこと，なるべく手の届く価格にして，よ
り多くの顧客にクシタニの製品を知ってほしいという考えから，従来よりも高
い原価率を設定し3万9千円で販売することとした。

6 ◆ エクスプローラー販売後の反響

　結果的に当初目標の価格としていた5万円を切る3万9千円で販売すること
になったエクスプローラーだったが，販売開始までは営業担当者やそれを売る
店舗スタッフの反応は鈍かった。デニムに見える革を使ったライダーズパンツ
はそれまでに類似する製品がなかったため，ともするとデニムでいいのではな
いか，革の良さを失った中途半端な製品なのではないかという懸念があったの
である。

　穂永氏自身は市場動向を分析したわけでも，明確なマーケティング戦略に基
づいたわけでもないものの，エクスプローラーの素材自体の魅力を感じており，
素材さえできれば売れると確信していた。が，売れると思っていたのは試作や
テスト等も行ってきた社長と穂永氏だけであった。

　販売開始されると3カ月で初期生産分が完売した。想定以上の売れ行きに急
遽増産することで対応するような形になった。2023年現在でもエクスプロー
ラーはクシタニを代表する製品である。

7 ◆ 考　　察

　ここまででクシタニのエクスプローラーを事例として，どのような背景が
あったのか，どのように開発が進められてきたのか，その開発プロセスの中で
どのように管理会計実践が組み込まれているのかを述べた。本節では原価企画
との比較をしながら，エクスプローラーがどのような管理会計実践のもとで作
り上げられたのか議論する。

　上總（2017）の図に当てはめながらエクスプローラーの事例を整理すると，
次の図12-4のとおりである。

　まず，経営戦略，中長期経営計画，製品戦略といったものは読み取れない。
当時数字を追求されるようにはなったものの，実際に開発を行っている穂永氏
にとっては目標を具体的に指し示すようなものではなかった。これには当時の
クシタニの状況が工場を動かすだけの仕事がないほど切羽詰まった状況であっ

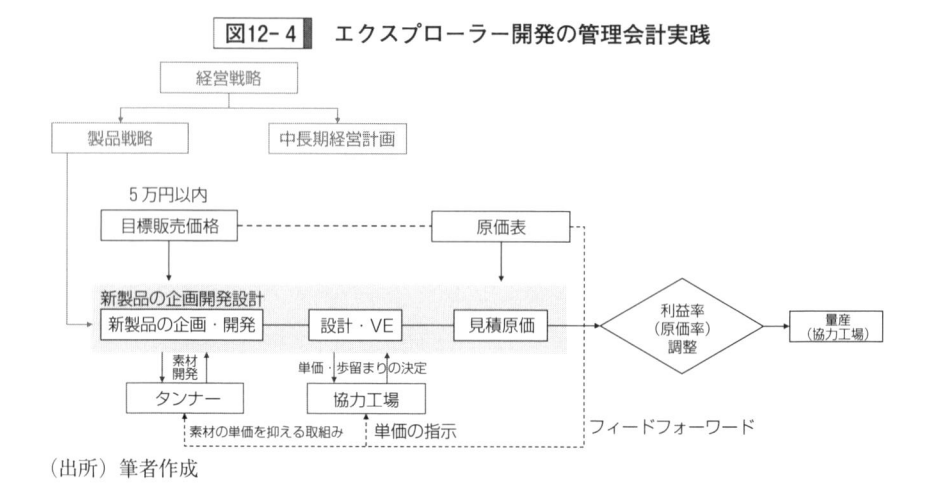

図12-4　エクスプローラー開発の管理会計実践

（出所）筆者作成

　たことも関係している。とにかく売上減を食い止めることができる売れる製品を作ることが喫緊の課題だったわけである。

　そのうえで，エクスプローラーの開発においては目標販売価格から目標利益を差し引いて許容原価を算出する，いわゆる利益からの逆算は行われていない。しかし，原価企画とまったく接点がないというわけではない。穂永氏によって売れる価格として考えられていた5万円は目標販売価格と近しい。

　この5万円という数字は開発プロセス全体で販売価格やそのコストに上限を設ける，いわゆるキャップとして機能している。コンセプトができてから試作を行っている中でも，たとえばコストが5万円を超過する場合，その機能を実装するのをあきらめなければならない。

　逆算が行われていない代わりに，むしろ原価表によってコストプラスで売価が設定されている。この原価表の特に経費部分は，自社を存続させるために必要な費用をコストとして計上していると考えられる。

　目標販売価格と原価表は上記のとおり新製品の企画開発設計の中で活かされていくが，それに加えてこの2つは，タンナーや協力工場に素材の単価を抑えるため革のキズを活かすような取組みや，協力工場への単価の指示など，フィードフォワードの機能を有しているということである。

　では次に，こうした管理会計実践を成立させている要因についても検討する。

まず第1に，エクスプローラーの開発が穂永氏1人によって主導されていたことがあげられる。目標販売価格の設定から開発，原価率の設定まで一貫して穂永氏によってリードされている。つまり責任が分散しておらず，穂永氏にのみ集中している。

たとえば，エクスプローラーが営業担当者を巻き込んだプロジェクトとして運営されていた場合，当時営業や販売店の反応が鈍かったことを考えると，そもそもこの開発自体が行われなかったあるいは後回しにされていた可能性がある。たとえ開発が行われていたとしても，洗えないとだめなのかというタンナーからの相談があれば，洗えるという機能をなくしていた可能性も考えられる。革に精通しなおかつ原価表といった管理会計の仕組みを構築してきた穂永氏だったからこそ可能であった製品開発であるとも捉えられる。

第2に，そもそも原価表でコストプラスの価格決定を行えるのは，自社が良いものづくりをしているという自負があるからである。買ってもらえれば後悔はさせない，価格以上の価値を提供しているという想いによって支えられているのである。

8 ◆ おわりに

本章では今までになかった製品を開発する際にどのような管理会計実践が行われうるのかという点について，クシタニのエクスプローラーの事例から明らかにした。

まず重要なのは，今までにない製品を開発するときにも管理会計が重要な役割を果たすという点である。仮にエクスプローラーの開発時に原価表がなければ適切に売価設定を行うことができず，結果的に年次決算で赤字であることが判明するということも考えられる。むしろ今までにない製品だからこそ管理会計が，あるいは管理会計をベースとした考え方が必要であるといえる。

本研究の貢献は，今までにない製品を開発する際の管理会計実践として，目標販売価格を加味したうえで，開発できた製品に対して利益をのせるという管理会計実践が行われうることを原価企画との対比の中で明らかにしたことである。これは原価企画でいうところのマーケット・インの発想とコストプラスの

価格決定が統合された形であるといえる。マーケット・インでありながらあくまでも逆算を行わずコストプラスでの価格決定を行うのは，クシタニが自社のものづくりに誇りを持っていることを指し示すものであり，自分たちが作りたいと思うものを作るための計算構造であるといえるかもしれない。

　本研究の限界は，インタビュー対象者が製品の開発者に限定されていることである。調査ができていないだけで，経営者からするとエクスプローラーについて，売れると確信できるだけの明確なマーケティング戦略等があった可能性もある。また，タンナーや協力工場がどのように考えて製品開発に携わっていたのかといった点も明らかではない。

　本事例は穂永氏による製品開発であると同時に組織の壁を超えた製品開発プロジェクトであるとも捉えられる。管理会計研究の文脈としては，組織間管理会計に位置づけられる管理会計実践であるともいえる。この点について，より広範囲なインタビューを行うことで明らかにしていきたい。

◆参考文献

Moll, J. (2015). Editorial: Special issue on innovation and product development. *Management Accounting Research, 28,* 2-11.

伊藤和憲 (1998).「新製品開発の統合的コスト・マネジメント」『品質』28(3)，33-39.

上總康行 (2017).『管理会計論 (第2版)』新世社.

近藤隆史 (2004).「原価企画の導入に関する予備的考察：ある電気機器メーカーの事例研究」『經營と經濟：長崎工業経営専門學校大東亞經濟研究所年報』84(2)，81-118.

田坂公・李会爽 (2022).「YKKにおける原価企画戦略とインタンジブルズの結合：両利きの経営の視点から」『福岡大学商学論叢』66(4)，753-782.

日本会計研究学会 (1996).『原価企画研究の課題』森山書店.

畑井竜児・鈴木新・松尾貴巳・加登豊. (2013).「原価改善と原価企画の実践における連携：製造業3社の事例から」『原価計算研究』37(1)，40-52.

丸田起大 (2009).「トヨタ・パブリカ開発における原価企画」『原価計算研究』33(1)，28-40.

宮地晃輔 (2015).「地域造船企業の再興のための原価企画の活用に関する研究－A社造船所の事例を通じて－」『管理会計学』23(2)，17-32.

宮地晃輔・柊紫乃 (2015).「地域造船企業における原価企画の導入等による 採算性改善・競争優位に関する研究－国内A 社造船所の実践と日本・中国・韓国造船業の動向の視点から」『メルコ管理会計研究』8(1)，65-76.

山田義夫 (1994).「クラリオン (株) の原価企画と原価管理」『原価計算研究』18(1)，27-36.

吉田栄介 (2001).「原価企画活動を支援する組織能力とパフォーマンスとの関係：某電機

　　メーカーにおける事業間比較」『原価計算研究』25(2)，1-9.

吉田栄介・伊藤治文（2019）．「原価企画の優れた実践：富士ゼロックスのコスト変動管理」
　　『三田商学研究』62(1)，51-64.

吉田栄介・伊藤治文（2020）．「富士ゼロックスの原価企画における目標達成管理」『三田商
　　学研究』62(6)，55-71.

索　引

〈編者紹介〉

上總　康行（かずさ　やすゆき）

1977年　立命館大学大学院経営学研究科博士課程単位取得後退学
1989年　名城大学商学部教授
1991年　経済学博士（京都大学）
1996年　京都大学経済学部教授
2007年　福井県立大学経済学部教授
2012年　公益財団法人メルコ学術振興財団代表理事（常勤）
現　在　京都大学名誉教授，福井県立大学名誉教授・地域経済研究所客員研究員

学会賞受賞

日本会計史学会（1990年），日本原価計算研究学会（2003年），日本管理会計学会（論文賞2013年，功績賞2015年，論文賞2022年）

主要業績

『アメリカ管理会計史』（上下巻），同文舘出版，1989年；『管理会計論』新世社，初版・1993年，第2版・2017年；『次世代管理会計の構想』（共編著）中央経済社，2006年；『戦略的投資決定と管理会計』（デリル・ノースコット著）（監訳），中央経済社，2010年；『ケースブック管理会計』新世社，2014年；『次世代管理会計の礎石』（共編著），中央経済社，2015年；『コマツのダントツ経営』（編著），中央経済社，2021年；『現場改善会計論—改善効果の見える化—』（共著），中央経済社，2023年，ほか多数。

次世代管理会計の進展

2024年9月14日　第1版第1刷発行

編　者　上　總　康　行
発行者　山　本　　　継
発行所　㈱中央経済社
発売元　㈱中央経済グループ　パブリッシング

〒101-0051　東京都千代田区神田神保町1-35
電　話　03（3293）3371（編集代表）
　　　　03（3293）3381（営業代表）
https://www.chuokeizai.co.jp

印刷／三英グラフィック・アーツ㈱
製本／誠　製　本　㈱

© 2024
Printed in Japan

＊頁の「欠落」や「順序違い」などがありましたらお取り替えいたしますので発売元までご送付ください。（送料小社負担）

ISBN978-4-502-51001-4　C3034